innenwelt verlag

Haftungsausschluss:
Die im Buch veröffentlichten Ratschläge und Übungen wurden von der Verfasserin und dem Verlag mit größter Sorgfalt erarbeitet und geprüft. Eine Garantie und Haftung kann jedoch nicht übernommen werden. Die Durchführung der im Buch enthaltenen Übungen erfolgt in Selbstverantwortung.

FSC www.fsc.org
MIX
Papier aus verantwortungsvollen Quellen
FSC® C083411

1. Auflage 2018
Umschlaggestaltung: Silke Bunda Watermeier, www.watermeier.net
Coverbild: https://stocksnap.io/photo/QCCEZ16Q6Y, Aleksei Bakulin

www.innenwelt-verlag.de

Druck: CPI books, Leck
Printed in Germany
ISBN 978-3-942502-93-1

KATRIN JONAS

DER WEG DES WASSERS

FRAUEN MEDITIEREN ANDERS

Für Lisa

Inhalt

Einleitung

Frauen meditieren anders.

Das weiß ich, weil ich eine Frau bin.

Doch Frauen meditieren nur dann anders, wenn sie das Feminine in sich umarmen. Je selbstverständlicher das für sie ist, desto organischer und tiefer erfahren sie auch die Meditation. Und andersherum: Wenn Frauen ihre feminine Energie blockieren, landen sie schnell auf dem maskulinen Weg der Kontemplation. Das konzentrative Bezwingen von Gedanken und Emotionen wird für sie attraktiv.

„Moment mal!", werden jetzt die Meditationsexperten unter Ihnen rufen. „Die Erfahrung von Meditation ist weder männlich noch weiblich." Den Aussagen Erleuchteter zufolge sind wir in unserem Zentrum weder Frau noch Mann. Dort sind wir pures Bewusstsein. Dort sind wir neutral.

Wir als Neutrum?

Stimmt. In den Momenten der inneren Stille und Nichtidentifikation mit dem „Ich" fällt das Unterscheiden zwischen dem Femininen und dem Maskulinen tatsächlich weg. Da bleibt nur „Sein" übrig, das ungeschlechtlich ist. Dennoch wird es nicht überflüssig, dass eine Frau ihre femininen Qualitäten lebt. Während wir die Reise in das Zentrum unseres Organismus antreten, sind wir nämlich nicht erleuchtet und nur gelegentlich „neutral". Da stecken wir Frauen in einem weiblichen Körper und benutzen unseren geschlechtlich konditionierten Verstand. Wir erfahren das Meditieren durch den Filter unseres Rollenbildes, unseres Körperbewusstseins und unserer Sexualität. Und diese Aspekte bestimmen mit, ob wir das „Zentrum" unseres Organismus berühren oder nicht.

Innere Windstille

„Moment mal!", mögen die Experten jetzt erneut den Finger heben. „Vom Körper und vom Verstand wollen wir uns beim Meditieren doch distanzieren! Eben weil wir den inneren und äußeren Turbulenzen entsagen wollen, nehmen wir diese vielen Stunden des Sitzens doch auf uns! Den Körper lassen wir hinter uns zurück, sodass er keine Rolle mehr spielt."

Stimmt auch. Meditation beginnt mit unserem Körper und geht irgendwann über diesen hinaus. Doch hier halten wir erst einmal an.

Rollenspiele auf dem Meditationshocker

Wenn es um den femininen Ansatz zum Meditieren geht, komme ich nicht an der Tatsache vorbei, dass die gegenwärtige Meditationswelt eine maskulin geprägte ist und deshalb Scharen von Frauen an ihren femininen Bedürfnissen vorbeimeditieren. In dem Glauben, dass das Nonplusultra des Meditierens in dem buddhagleichen Vor-sich-hin-Sitzen besteht, fragen sie kaum danach, ob die Meditationspraxis mit ihnen und ihrem Körper harmoniert. Die Erfahrung zeigt es immer wieder: Der feminine Weg der Innenschau wurde bisher noch nicht einmal ansatzweise beschritten. Wir werden ihn erst noch finden müssen. Und dafür hisse ich in diesem Buch die Segel.

Das Weib innen drin

Bevor ich mit Ihnen gemeinsam in die Meditationspraxis eintauche, werfen wir einen Blick darauf, wie sich feminine Qualitäten aus der Biologie des weiblichen Körpers ergeben. Weil das Bedürfnis nach Ganzheit und innerem Flüssigsein dessen Funktionsweise entspricht, muss dieses zum Antrieb weiblichen Handelns werden. Eines vorweg: Während die Rolle, die eine Frau in ihrem Leben spielt, der Beziehung zu ihrem Körper entspricht und umgekehrt, schwappt dieser

Zusammenhang auch in die Meditationspraxis hinein. Meditation wirkt wie eine Lupe: Lehnt die Frau das Feminine in sich ab, zeigt sich das auch beim Meditieren. Sie verpasst ihre Chance auf Erfüllung und innere Transformation.

Weil das sehr häufig passiert, gebe ich Ihnen außerdem einen Überblick über die körperlichen und emotionalen Folgen, die entstehen, wenn eine Frau ihre Femininität verlässt. Indem sie sich mit dem Maskulinen identifiziert, ihr Verstand zum Zentrum ihrer Selbstwahrnehmung wird und sie verkehrte Werte zu den ihren macht, findet sie sich in innerer Dysbalance wieder, die sogar mit massiven Symptomen verbunden sein kann.

Um diese Schieflage schnellstens auszugleichen, öffne ich im Praxiskapitel die **„Rezepte-Bar"** der Meditationsressourcen. Ich stelle Ihnen bewährte Methoden vor, die nicht nur die femininen Qualitäten in Ihnen aktivieren, sondern Bewegung erlauben und Kreativität in Ihre Meditationspraxis schleusen. Immer wieder lade ich Sie in die **„ME-TIME-LOUNGE"** ein, wo Sie Ihre Erfahrungen mit den praktischen Impulsen des Buches notieren können. Anhand Ihrer Reflexionen zeigt sich schnell, welche Meditationsformen für Ihre persönliche Konstitution die richtigen sind.

Flüssig leben

Schließlich holen wir die Meditation ins Leben, weil das für Frauen am natürlichsten ist. Meditative Free-Style-Techniken und knackige Espresso-Explorationen vermitteln Ihnen ein Gefühl dafür, auf welche Weise sich das innere Zentrieren wie ein roter Faden durch Ihren persönlichen Alltag ziehen kann.

Meditatives Erleben bleibt nicht mehr als etwas Separates stehen. Es gibt Ihrem Dasein als Frau genau die flüssige Note, die dem Leben von Moment zu Moment, dem Weg des Wassers entspricht.

1

Der Körper der Frau ist feminin

Feminin-maskulin

Die Quelle

Dieses Buch ist weder ein feministisches Buch noch richtet es sich gegen den Mann. Ich möchte die Frau weder als den besseren Menschen aufs Podest heben noch ihr Ego bauchpinseln. Aber es liegt in der Natur der Sache: Da ich das Schwächeln des Femininen und das Fehlen einer weiblichen Spiritualität kaum erklären kann, ohne dass ich die Hintergründe der maskulinen Übermacht berühre, entsteht schnell der Eindruck einer Gegen-den-Mann-Polemik. Ich riskiere, dass mir ein Anheizen des Geschlechterkampfs angekreidet wird.

Doch wissen Sie was? Dieses Risiko gehe ich gern ein. Wenn dabei herauskommt, dass Sie als Frau Ihren echten Bedürfnissen eine innere Stimme geben, Ihre versteckten spirituellen Begabungen aus Ihrem Safe holen und all das auch in Ihre Meditationspraxis hineintragen, lehne ich mich vollkommen entspannt zurück.

Frausein in der maskulinen Welt

Auf den ersten Blick könnten wir das gesamte Thema Femininität natürlich auch als Privatsache jeder einzelnen Frau stehen lassen und abwinken. Ach was! Wenn Frau und Mann sich mit ihrer Lage arrangieren, egal ob diese eine Schieflage, eine Ungerechtigkeit oder sonst was ist, scheint doch alles in Butter zu sein.

Wie sagt man? Wenn beide Seiten zustimmen, ist alles okay.

Doch genau das ist es eben nicht.

Wenn wir uns einmal unsere gegenwärtige Welt ansehen, stehen wir vor dem Ergebnis dessen, was passiert, wenn eine extrem maskulinisierte Vorgehensweise das zwischenmenschliche Zusammenleben regiert. Gewalt, Umweltzerstörung, Kriege, Konkurrenzkampf, Leistungsobsession, Ausbeutung und Hiobsbotschaften von Terrorattacken sind das Ergebnis maskulinen Handelns im Extrem.

Viel zu viele Menschen leiden. Und in den hochentwickelten Industrienationen leiden insbesondere die Frauen. Sie leiden an ihrer Unzufriedenheit, an ihren Minderwertigkeitsgefühlen, an ihren stöhnenden Körpern, an ihren emotionalen Abstürzen und an ihren Depressionen, an ihrer sexuellen Unzufriedenheit oder an ihrem niemals zur Ruhe kommenden Verstand. Darüber hinaus hat die Me-too-Debatte auf Facebook so deutlich wie noch nie ans Licht gebracht, wo die moderne Frau in Beziehung zum machtgewohnten Mann steht. Was den Verfechterinnen der Frauenbewegung vor ein paar Jahrzehnten als Hirngespinst angekreidet wurde, haben wir nun real vor uns auf unseren Facebook-Timelines stehen: Die Frau ist für viel zu viele Männer ein Objekt, mit dem man so ziemlich alles machen kann, was „Mann" denkt.

Deshalb nein! Es ist alles andere als eine private Ansichtssache, dass wir uns mit der Entwicklung der femininen Kräfte in uns befassen. Die einseitig maskulinen Wertmaßstäbe haben unsere Welt in eine Kampfarena verwandelt, obwohl diese, wenn sich feminine und maskuline Elemente die Waage hielten, ein Platz der Kreativität, der Freude und des Überflusses sein könnte.

Die Frau im Untergrund

Protestieren Sie jetzt? Sagen Sie, dass das alles ja vollkommen übertrieben, viel zu polemisch und unproportional dargestellt ist?

Nein, das ist es nicht.

In meinem Berufsfeld als Körper-Mind-Trainerin und Meditationsmentorin begegne ich hauptsächlich Frauen, die unter massiven physischen und emotionalen Symptomen leiden. Viele von ihnen stecken ihre Energie nahezu hundertprozentig in die Anstrengung, sich bestmöglich mit den Regeln der männlich geprägten Welt zu arrangieren. Zumeist suchen sie den Fehler bei sich und fühlen sich schuldig, wenn sie dem maskulinen Status Quo nicht genügen. Und: Gar nicht so wenige Frauen lassen ihre Lebensjahre verstreichen, ohne sich ihrer ureigenen femininen Potenziale je bewusst geworden zu sein.

Ich übertreibe bei weitem nicht, wenn ich sage, dass unsere Welt eine durch und durch maskulin funktionierende ist, an der sich Frauen in den entwickelten Nationen ein wenig beteiligen dürfen. Ihnen wird gestattet, sich ein kleines Scheibchen von dem Kuchen abzuschneiden, den sie für den Mann gebacken haben. Und da sehen wir einmal ganz von den Ländern ab, in denen die Frau immer noch vollkommen unterprivilegiert ist, in überholten patriarchalischen Strukturen steckt und als Besitz, Konkubine, Dienende oder Dekoration des Mannes lebt. Ganz nebenbei gesagt, schwappt deren Lage durch die Immigrationswelle nun auch in unser Bewusstsein hinein. Bei näherem Hinsehen ist es ein Fakt, dass die Frau auf unserem Globus immer noch als Mensch zweiter Klasse gilt.

Historisches

Die Sache ist die: Leider haben sich die gesellschaftlichen Strukturen, die das einseitig maskuline Funktionieren des Lebens aufrechterhalten, nicht erst seit gestern, sondern über die Jahrhunderte hinweg formiert. Das Feminine war, einmal abgesehen von den frühen matriarchalischen

Gesellschaften, schon immer unterrepräsentiert, weil die Frau nie eine wirkliche Stimme in der Öffentlichkeit besaß. Noch bis ins letzte Jahrhundert war sie in ihren hormonellen Blütejahren vorwiegend damit befasst, Kinder in die Welt zu setzen, sie großzuziehen und der Familie ein Zuhause zu bereiten. Im öffentlichen Leben hatte die Frau mit ihrer Femininität kaum eine Stimme, selbst dann nicht, wenn sie berufstätig war.

Und da liegt der Hund begraben: Da diese Strukturen so immens verfestigt sind und sich trotz Wahlrecht, Pille und Frauenquote nur sehr langsam aufweichen, hat sich die Frau in ihrem konkreten Handeln immer noch überwiegend in einem maskulin geprägten, vom männlichen Verstand entworfenen Aktionsfeld einzurichten. Nicht selten muss sie ihre femininen Qualitäten genau dort, wo sie dringend einsetzbar wären, hinter Schloss und Riegel verbannen. Sie hat sich einer Funktionsweise anzupassen, die ihrem Wissen und Können widerspricht. Selbst wenn eine Frau im Berufsleben erfolgreich ist, sagt man nicht umsonst, dass sie „ihren Mann steht". Gewissermaßen lebt die Frau wie ein Fisch ohne Wasser. Und ohne Wasser schwimmt sich's im Fluss des Lebens nun mal nicht gut.

Worum geht es? Ich sehe hier drei Faktoren.

Ein neues Bewusstsein muss her!

Weil das gesellschaftliche Leben maskuline Regeln favorisiert und feminine Qualitäten in unserer Welt immer noch vollkommen unterrepräsentiert sind, geht es erst einmal darum, dass sich Frauen dieses Umstandes überhaupt bewusst werden und sich mit ihrer Femininität befassen. Jede einzelne Frau sollte herausfinden, was es denn im Einzelnen heißt, im Einklang mit ihren femininen Qualitäten zu sein - und dies auch beim Meditieren zu nutzen.

Die Essenz des Femininen liegt im „inneren Wissen"

Da gerade das fehlende Bewusstsein und das daraus hervorgehende Nicht-Reflektieren der Situation vielen Frauen physische und emotionale Probleme bereitet, ist es essenziell, dass sie Ressourcen kennenlernen, durch die sie ihre Situation wenden können. Die Entwicklung von Körperbewusstsein und „innerem Wissen" durch Meditation hilft, der Frauenfalle zu entkommen.

Das volle Potenzial entwickeln durch Meditation

Weil sich die Maskulinisierung auch in der Welt der Meditation durchgesetzt hat, muss eine Frau besonders ihren eigenen femininen Weg finden. Das betone ich, weil eine Frau den Zugriff auf ihre weiblichen Eigenschaften beim Meditieren dringend braucht. Erst durch diesen erhält sie eine echte Chance, sich in sich wohlzufühlen und ihre Potenziale zu entfalten.

Diese drei Punkte sollten Sie sehr gut verinnerlichen. Da wir mittlerweile im 21. Jahrhundert leben, sind diese inzwischen nicht nur mir, sondern immer mehr Frauen und Männern bewusst, die ihre Augen und Herzen offenhalten. Nicht umsonst spricht man seit dem Millennium vom Jahrhundert der Frau.

Energetisches

Auch wenn ich das Feminine, also weibliche Eigenschaften, der Frau zuordne und das Maskuline dem Mann, ist das nicht hundertprozentig korrekt, weil sowohl Frauen als auch Männer beide Anteile, feminine und maskuline, in sich tragen. Das ist den meisten Menschen nicht bekannt, weil es weder in unserem Kulturkreis noch in unserer Medizin eine Rolle spielt.

Wenn wir beispielsweise einen kurzen Blick auf das System der Traditionellen Chinesischen Medizin (TCM) werfen, finden wir das Konzept von Yin und Yang, das in seinem Symbol, dem *Taijitu*, mit den schwarzen und weißen Anteilen zwei gleichwertige Energien repräsentiert. Diese ergänzen einander, wobei Yin das Weibliche, das Weiche, Nachgiebige und passive Element repräsentiert, während Yang für das Männliche, das Aktive, nach außen Gerichtete steht.

Obwohl sich beide Elemente die Waage halten, hat eine Frau dennoch mehr feminine Qualitäten als ein Mann, weil sie in einem weiblichen Körper steckt. Selbst dann, wenn sich eine Frau als sehr männlich erlebt, ist sie von ihrer Konstitution her femininer als der femininste Mann. Und umgekehrt. Ein Mann hat mehr maskuline Qualitäten als eine Frau. Es gibt sehr feminine Männer, die dennoch maskuliner als die maskulinste Frau sind, genau, weil sie in einem männlichen Körper stecken. Ohne hier auf die gegenwärtigen „Genderdebatten" einzugehen, sind diejenigen Frauen, die in einem weiblichen Körper geboren wurden, mehr Frau als Mann. Und das geht rein auf ihre Physiologie zurück, die an die weibliche Anatomie gebunden ist.

Ungleichgewichte

Im großen Bild gesehen geht es sowohl im Inneren als auch im Äußeren um den angemessenen und fließenden Ausgleich beider Anteile. Und damit berühren wir bereits die Grundlage des Feminin-Maskulin-Konflikts. Nämlich genau an dieser Stelle, wo die femininen und die maskulinen Elemente einander bedingen, bereichern oder ergänzen können, hapert es gewaltig. Das liegt zum einen daran, dass sehr viele Frauen ihre femininen Qualitäten nie vollständig entwickeln, weil sie keine Bühne dafür haben. Oder sie vernachlässigen diese, weil sie nicht gefragt sind. Sie richten sich gewissermaßen in der „Nische" ein und halten ihre wahren Potenziale hinter dem Berg. Ich habe einige Frauen kennengelernt, die sich abkapseln und für den Rückzug in ihre eigene Welt entscheiden, weil ihre Erfahrungen mit dem Ausgleich der femininen und maskulinen Anteile zu unbefriedigend geblieben sind.

Andere Frauen wiederum verlieren sich in dem Bestreben, mit dem Mann zu konkurrieren, und richten sich als selbst ernannte „Powerfrauen" nicht nur in ihrem Selbstausdruck, sondern unglücklicherweise auch in ihrem Empfinden maskulin aus.

Deshalb kommt in den Lebensbereichen, in denen das Feminine gebraucht wird, nicht selten eine gähnende Leere auf, die dann auch der Grund dafür ist, warum die soft klingende Theorie von der Balance zwischen dem Femininen und dem Maskulinen oftmals eine Illusion bleiben muss. Wenn die femininen Eigenschaften einer Frau entweder nicht ausgebildet worden sind, missinterpretiert werden oder aber nur im Untergrund existieren, stehen sie folglich auch nicht zum Abruf bereit. Dann brauchen wir weder über ein Gleichgewicht noch über das gegenseitige Ergänzen zu reden. Jede Fachsimpelei darüber bleibt gegenstandslos und hohl.

Das Feminine zum Blühen bringen

Lassen Sie uns hier eine grundlegende Begriffserklärung vornehmen. Wenn ich im Folgenden vom Femininen spreche, berufe ich mich auf innere Qualitäten, welche sowohl die fließenden, empfänglichen wie passiven Elemente als auch die schöpferischen, ganzheitlich orientierten und balancebezogenen Potenziale der Frau umfassen. Sie können diese als Energie, als Antriebs- oder Ausdruckskraft oder schlichtweg als eine Vorgehens-, Reaktions- und Lebensweise verstehen, mit der sich Frauen durchs Leben bewegen.

Beim Hineinfühlen in deren innewohnende Kräfte gleichen sie tatsächlich dem, wie sich Wasser bewegt: Es kann sprudeln, quellen, fließen, rauschen, gurgeln oder strömen. Es kann überlaufen, versickern, hochkochen, rinnen, verdampfen oder herabregnen. Es kann wie eine Fontäne springen, wie ein Wasserfall donnern, Stromschnellen erzeugen, Strudel bilden oder still bleiben wie ein See. Tatsächlich vereint das Feminine enorm viele Elemente, die, so viel kann ich Ihnen schon vorweg sagen, unsagbar viele Lebensbereiche berühren. Und sie sind dann am wirkungsvollsten, je gebündelter und unzerstückelter, und je flüssiger sie sich zeigen können.

Die Geburt des Femininen

Schließlich ergibt sich daraus die Frage, wohin wir denn segeln, wenn wir in dieses feminine Boot einsteigen.

Indem Sie hier dem Weg des Wassers folgen, weil dieser dem inneren weiblichen Prinzip entspricht, werden Sie als Frau mit Ihren persönlichen und typisch femininen Potenzialen im Mittelpunkt stehen. Ich werde Sie so eindringlich wie ich nur kann an Ihre ureigenen weiblichen Qualitäten erinnern, damit Sie diese zum Leben erwecken und maximal entfalten. In diesem Zuge werden Sie sich eine wundersame Wechselwirkung zunutze machen: Wenn Sie unter Berücksichtigung Ihrer Femininität meditieren, vertiefen Sie automatisch Ihre Meditationserfahrungen.

Und anders herum: Mit zunehmendem Vertrauen in Ihre Innenwelt und einem immer wacher werdenden „inneren Auge" kommen Ihre femininen Qualitäten zum Blühen. Schließlich meditieren Frauen tatsächlich anders, wenn sie mit ihrer Femininität verbunden sind. Und dieses Wechselspiel transferiert sich schließlich in Ihren Alltag, sodass Meditation gewissermaßen zu Ihrem Lebensstil wird.

Jetzt genug der Theorie! Schauen Sie sich Ihre feminine Seite einmal ganz aus der Nähe, nämlich mit Ihrer ersten persönlichen Bestandsaufnahme an.

Willkommen in Ihrer Me-Time-Lounge!

Dazu lade ich Sie jetzt in die **ME-TIME-LOUNGE** ein, für die ich einen besonderen Platz geschaffen habe. Dorthinein dürfen Sie sich immer dann begeben, wenn ich Ihnen Fragen zur Selbsterforschung stelle oder Aufgaben zum Reflektieren vorschlage. Bei einer Tasse Tee, einem Glas Rotwein, einem Chococcino, einem Detoxsmoothie oder was auch immer Sie mögen, machen Sie sich Ihre Notizen und reflektieren Sie schriftlich, was für Sie persönlich wichtig ist.

Wann immer Sie schreiben, tun Sie das in einer angenehmen Atmosphäre! Entspannen Sie sich, lassen Sie die Schultern nach unten sinken und kommen Sie bei sich an. Sie können das sogar ganz bewusst organisieren, indem Sie sich fürs Lesen und Schreiben einen schönen Platz in Ihrer Wohnung, Ihrem Garten oder Ihrem Zimmer suchen, an dem Sie ungestört sind, Zeit mit sich verbringen und ganz und gar „Sie" sein können. Die Aufenthalte in der Lounge helfen Ihnen dabei, sich besonders gut mit Ihren femininen Qualitäten kurzzuschließen.

Darüber hinaus können Sie die **ME-TIME-LOUNGE** aber auch unabhängig von den im Buch angesprochenen Stellen aufsuchen, wenn Sie etwas schreibend reflektieren möchten. Das kann sein, wenn Sie überraschende Erfahrungen gemacht haben, etwas Sie besonders berührt hat oder Sie einen Aha-Moment hatten, der Ihre Erfahrungswelt bereichert.

Falls Sie nicht klassisch schreiben, sondern tippen, können Sie sich gern eine Datei im Smartphone, Tablet oder im Notebook vorbereiten. Doch ich möchte Ihnen beim Benutzen der Technik eines ans Herz legen: Stellen Sie alle Töne ab, die Sie ablenken und vom Beantworten der Fragen weglotsen könnten. Lassen Sie nicht zu, dass Ihre digitalen Gewohnheiten Ihre Selbstreflexionsmomente diktieren.

Linksverkehr!
Und hier gibt es eine Besonderheit: Schreiben Sie unbedingt **mit Ihrer linken Hand!** Ja genau! Diese repräsentiert und aktiviert Ihre femininen Qualitäten insofern als sie ihre Informationen aus Ihrer rechten Gehirnhälfte bezieht, welche sowohl in unserer Bildungslandschaft als auch in unserem allgemeinen Leben viel zu wenig Beachtung findet. Schreiben Sie also mit Ihrer linken Hand!

Linke Hand-aufs-Herz-Frage:

Worin sehen Sie Ihre Femininität?

Gehen Sie etwas in sich, wobei Sie gern Ihre Augen schließen können, und spüren Sie in sich hinein. Legen Sie Ihre linke Hand aufs Herz.

Und hier ist meine Frage an Sie: Worin besteht Ihre Femininität? Notieren Sie jetzt mit Ihrer linken Hand alles, was Ihnen spontan in den Sinn kommt. Es müssen weder vollständige Sätze sein noch müssen Ihre Notizen einen Sinn ergeben. Selbst wenn es nur Stichworte sind, ist das vollkommen okay.

Für den Fall, dass Ihr Blatt leer bleibt, lassen Sie die Frage offen und tragen Sie diese einfach mit sich herum. Ich bin sicher, dass sich nach und nach Antworten zeigen werden.

Noch einmal: Worin besteht Ihre Femininität?

Der weibliche Körper fließt

Genial feminin

Wenn wir das Feminine in der Frau besser verstehen wollen, ist das im Grunde genommen gar keine komplizierte Sache. Das ist es nicht, weil sich die femininen Qualitäten einer Frau aus ihrer Biologie, ja, aus der Funktionsweise ihres Körpers ergeben.

Tatsächlich ist es ganz simpel: Die Femininität der Frau ist an ihren Körper gebunden. Und dieser ist von der Natur ursprünglich dafür ausgestattet worden, dass er das menschliche Leben erhält. Indem die Frau hauptsächlich dafür sorgt, oder sorgen kann, dass ein neuer Mensch ins Leben tritt, braucht sie einerseits die entsprechende Anatomie und andererseits auch die entsprechenden inneren Voraussetzungen, die für das Ausfüllen der Fortpflanzungsfunktion das optimale Klima schaffen. Tatsächlich ist ein Hauptteil der femininen Qualitäten einer Frau mit der biologischen Funktion der Fortpflanzung verbunden.

Die Ausbildung dieser Funktionen beginnt bereits sehr früh in ihrem Leben, nämlich nach durchschnittlich einem Dutzend Lebensjahren, wenn ein Mädchen geschlechtsreif wird und der Menstruationszyklus einsetzt. Dieser prägt dann das Leben einer Frau über etwa vier Jahrzehnte, indem die Gebärmutterschleimhaut alle vier Wochen für den Zweck der Befruchtung aufgebaut wird. Wenn die Befruchtung der Eizelle nicht stattgefunden hat, wird das aufgebaute Szenario wieder eingerissen, geweblich ausgeschieden und erneut in Gang gesetzt.

Fruchtbarkeiten

Kommt es hingegen zur Befruchtung der Eizelle, ermöglicht es dieselbe Physiologie, dass aus einem kleinen Zellbündel ein vollständiges

Lebewesen im Körper der Frau wächst. Dieser gleicht in der Schwangerschaft einem Phänomen: Indem der Stoffwechsel der Frau mit dem des Kindes über die Plazenta verbunden ist, gibt die Frau dem Kind alle Zutaten, die es zum Wachsen und Ausbilden seiner körperlichen Strukturen braucht. Exakt in dem Rhythmus und in der Menge, wie es verlangt wird, steht dem Fötus alles zur Verfügung.

Schließlich kommt es zur Geburt, mit der die Frau das Kind in die Welt entlässt. Ihr Körper leistet dabei Heroisches. Mit den Kontraktionen der Gebärmutter versetzt sie dem Kind den notwendigen Kick ins Leben. Und des Wunders immer noch nicht genug: Auch nachdem sie ihr Kind in die Außenwelt entlassen hat, kann sie es mit ihrem bloßen Körper vollständig ernähren. Die in ihr produzierte Muttermilch gibt dem Kind die nötigen Stoffe, die es für sein Reifen und Wachsen in den ersten Lebensmonaten braucht.

Die schöpfende Frau

Diese Kurzreise in die weibliche Biologie habe ich bewusst aus zwei Gründen unternommen: Wenn Sie sich diese nämlich im Detail ansehen, fällt Ihnen vielleicht schon ganz von selbst auf, wo der Ursprung der femininen Qualitäten liegt und mit welchen Funktionen und Ausdrucksweisen diese verbunden sind. Und das gilt unabhängig davon, ob eine Frau ein Kind gebärt oder nicht.

Darüber hinaus habe ich Ihnen die Begabungen des weiblichen Körpers auch deshalb ins Gedächtnis gerufen, weil die Art und Weise, in der er funktioniert oder funktionieren kann, einem wahren Wunder gleicht. Auch wenn wir all diese Entwicklungsschritte von der Eizelle bis zum neugeborenen Baby medizinisch erklären können und der Vorgang der Geburt aufgrund der sage und schreibe 137 Millionen Kinder, die jährlich geboren werden, wie etwas Selbstverständliches scheint, bleibt er für mich dennoch ein inneres Geheimnis: Eine Frau kann, einmal abgesehen vom Sperma, das der Mann zur Befruchtung beisteuert, ein vollständiges Leben in sich erzeugen. Sie kann Leben schöpfen. Ja, sie kann eine Schöpferin sein. Und bereits dieses „Kann" reicht aus, dass wir das Feminine in uns Frauen verstehen: Das Feminine ist multidimensional, elastisch und unendlich reich.

Der weibliche Kosmos

Eben weil das Feminine so vielgestaltig ist, erhebe ich, wenn ich jetzt auf verschiedene feminine Eigenschaften eingehe, keinen Anspruch auf Vollständigkeit. Das feminine Reich der Frau ist ein Kosmos, der weder vollständig erklärbar noch in ein einziges Buch verfrachtbar ist. Ich musste also eine Auswahl treffen.

Wie Sie gleich sehen werden, habe ich mich für das Herausstellen derjenigen femininen Qualitäten entschieden, die essenziell sind, weil sie andere hervorrufen oder für die besonders delikaten femininen Gaben die Hebamme spielen. Außerdem möchte ich diejenigen hervorheben, die eher in versteckter Form auftreten und deshalb am wenigsten gelebt werden oder aber zu den missverstandenen oder am meisten diffamierten Qualitäten zählen.

Okay. Fangen wir an!

Der Körper im Strom

Lassen Sie mich an dieser Stelle eine erste, aus meiner Sicht die essenziellste feminine Qualität herauskehren: die Eigenschaft der Frau, ein ganzheitlich „funktionierendes" und sich in ihrer Vollkommenheit wahrnehmendes Wesen zu sein. Ausnahmslos alle Aspekte ihres Lebens wie das Fühlen, Wahrnehmen, Denken, Kommunizieren und Agieren verschmelzen miteinander und vereinen sich zu einem gemeinsamen Strom. Wenn eine Frau mit ihrer Femininität verbunden ist, existiert in ihr keine Idee davon, diese Bereiche selektiv zu trennen, eine Entscheidung beispielsweise ganz ohne Gefühle zu fällen, den

Kopf vom Herz abzukoppeln oder sich wohlzufühlen, ohne dass der Körper dabei involviert ist. Im Gegenteil: Eine Frau funktioniert ganz und gar.

Und ja. Wie sollte es auch anders herum gehen, wenn wir ihre Physiologie verstehen? Wie sollte sie die verschiedenen Aspekte des Lebens bei der Austragung, Geburt, Begleitung und beim Aufwachsen eines Kindes auseinanderhalten? Indem die Frau diejenige ist, die das Leben hütet und erzeugt, muss sie vollkommen im Fluss mit ihren inneren Anteilen und den verschiedenartigen Facetten des Lebens sein. Vorausgesetzt dass eine Frau ihre femininen Potenziale lebt, ist es für sie das Selbstverständlichste der Welt, als komplexes Wesen mit dem Strom des Daseins zu schwimmen.

Freiheit im Fluss

Und es verhält sich hier ja nicht anders als ein echter Fluss. Auch ein solcher ist dann am stärksten und freisten, wenn er ungehindert fließen kann. Das ist dann der Fall, wenn er keinen Widerstand, keine Barriere, kein Hindernis zu überwältigen hat. Dann ist er reines Fließen. Nicht-Tun. Ein einziger „Flow". Genauso ist es bei einer Frau: Auch eine Frau ist umso mehr in ihrem Fluss, je kompletter und ungespaltener sie sich ihm anvertrauen kann.

Und da kommen wir bereits zu einem der Grundsätze der Femininität: Eine Frau ist dann im wirklichen Vollbesitz ihrer Kräfte, je vollkommener, ungehinderter und freier sie mit dem Strom des Lebens fließen kann. Das schließt ein, dass sie ihre weiblichen Potenziale und Möglichkeiten ohne Einschränkung in sich vereinen kann und ungespalten zum Ausdruck bringt.

Tatsächlich reicht es nicht aus, wenn ihre Hingabe an das Fließen halbherzig bleibt und sie mit dem Fluss des Lebens ein bisschen vor sich hin „fließelt". Weibliche Rinnsale, seichte Pfützchen, trübe Tümpel und „umgekippte" Teiche gibt es zu viele. Doch ein ungebremster klarer Flusslauf hat eine ganz andere Kraft! Wenn das Wasser ungehindert in eine Richtung fließt, ist es klar und ungetrübt. Und so ist es auch mit der Frau. Erst wenn ihre femininen Qualitäten voll und ganz zum Einsatz kommen, fühlt sie ein vollmundiges inneres Ja zum Leben. Und dieses Ja ist verbunden mit ihrem Ja zu sich selbst.

Hochwasser

Während ich dieses Kapitel schreibe, kommt mir immerfort ein Hochwasser in den Sinn, das ich einmal miterlebt habe und das sich tief in meine Erinnerung eingegraben hat. Tatsächlich verstand ich damals erst wirklich, welch riesige Kraft im Wasser liegt.

Ohne dass ich über ein großartiges hydrologisches Wissen verfüge, meine ich zu wissen, dass sich das Fließen der Flüsse aus der Entwicklungsgeschichte der Erde heraus vollkommen natürlich ergeben hat. Ganz simpel gesagt, hat sich das gequellte Wasser seine Flussbetten durch die Landschaften gebahnt und seinen Weg zum Meer gesucht. Die Bewegung des Wassers, sein Fluss, entstand auf natürliche Weise und das tut er gewissermaßen immer noch.

Wäre da nicht der - maskulin - denkende Mensch mit seiner Überheblichkeit, der sich permanent in die Natur einzumischen versucht. Und das bringt mich zurück zum Hochwasser. Damals waren vermehrte Regenfälle und eine ungewöhnlich große, aus der Schneeschmelze in den Bergen anfallende Wassermenge zusammengekommen. Diese konnte der Fluss, der einst künstlich begradigt und umgeleitet worden war, nicht mehr kanalisieren. Den Beobachtungen von Hochwasserexperten und Umweltforschern zufolge entstand die Flutwelle genau dort, wo der Mensch eingegriffen und den Lauf des Flusses begradigt oder eingedämmt hatte, weil Häuser und Firmengebäude in der Flussaue gebaut werden sollten. Die Verfechter der Flussbegradigungen hatten argumentiert, dass es seit etwa einem halben Jahrhundert kein Hochwasser mehr gegeben habe und deshalb alles unter Kontrolle sei.

Doch warum erzähle ich Ihnen das so genau? Ich erzähle Ihnen davon, weil ich damals, als ich die Wassermassen und die vielen Schäden sah, eines begriff: Wasser muss frei fließen können. Und genau so ist es mit dem Femininen in uns Frauen. Wenn wir sinnbildlich vom weiblichen Weg des Wassers sprechen, hat dieser eine umso größere Chance, je freier und unverbauter, je kompromissloser und uneingeschränkter er ist.

Freiheit im Fluss

Und noch eine weitere Parallele zum Femininen fiel mir auf: Genauso, wie ein großer Fluss in der Begradigung oder in seiner Verengung über lange Zeiten unauffällig dahinfließen kann, schaffen es auch die Frauen, ihre weiblichen Fähigkeiten ziemlich lange in Schach zu halten und in dieser Beengung sogar über lange Phasen und ohne größere Zwischenfälle zu funktionieren. Doch in dem Moment, wenn es zu herausfordernden Lebenssituationen oder unerwarteten Wendungen kommt, wie die plötzlich anfallenden massiveren Wassermengen für den Fluss, läuft das ganze Fass über. Es entstehen Probleme, die mitunter irreparabel sind.

Nicht wenige Menschen sahen beim Hochwasser ihre Häuser wegschwimmen und ganze Firmenteile wurden zu Schwemmholz. Ähnliches kann einer Frau passieren, wenn sie den Fluss ihrer femininen Qualitäten auf Dauer einengt oder ausbremst. Nicht nur, dass sie plötzlich „überläuft", scheinbar aus dem Nichts heraus einen hysterischen Anfall bekommt und aus den Fugen gerät. Und mehr noch: Sowohl das Ausbremsen und Einengen des Femininen als auch das weibliche Hochwasser können zu dauerhaften physischen und seelischen Problemen führen, die mitunter sehr, sehr schwer zu reparieren sind.

Deshalb: Geben Sie sich nicht mit den vielen größeren oder kleinen Einengungen, Halbwahrheiten, Zugeständnissen, den attraktiven Kompromissen und hübschen Kompromisschen zufrieden! Mogeln Sie keine

Abschwächungen oder Abkürzungen hinein, sondern überprüfen Sie den Flusslauf Ihrer femininen Qualitäten auf Durchlässigkeit. Kompromisse rächen sich. Und wenn sie sich rächen, wird es hart.

Deshalb: Bleiben oder werden Sie in Ihrem femininen Fluss so klar, wie es nur geht. Stehen Sie zu der flüssigen/fließenden Natur, die zu Ihrem Körper gehört!

Fließen Sie?

Kommen wir jetzt zu einer weiteren **Hand-aufs-Herz-Frage,** zu der zweiten aus der Vierundzwanzig-Antworten-Reihe.
Zum Beantworten lade ich Sie wieder in die **ME-TIME-LOUNGE** ein.

„Vierundzwanzig Antworten?"

Nora, eine Klientin, blieb fast die Sprache weg, als ich ihr diese Selbstreflexion mit nach Hause gab. Wenn es Ihnen ähnlich geht und Sie nicht sofort vierundzwanzig Antworten aus dem Ärmel schütteln können, geben Sie nicht auf! Selbst auf die Gefahr hin, dass Sie sich unbewandert oder einfallslos fühlen, versuchen Sie sich einmal auf die Essenz der Frage einzulassen.

Aus der 24-Antworten-Reihe:

Worin besteht Ihr innerer Fluss?

Erster Schritt: Reines Fließen

Schreiben Sie alle Bereiche Ihres Lebens auf, in denen Sie Ihr „inneres Fließen" zum Ausdruck bringen und Sie sich „flüssig/ im Fluss" fühlen.

Zweiter Schritt: Noch flüssiger?

Tragen Sie jetzt mindestens 24 Punkte zusammen, durch die Sie noch flüssiger werden und sich, bildlich gesprochen, noch mehr mit dem Fluss des Lebens verbinden könnten. Das kann heißen, dass es vielleicht Bereiche in Ihrem Leben gibt, in denen Sie „Dinge" fließen lassen oder dem Strom des Lebens übergeben könnten, anstatt sie zu kontrollieren oder krampfhaft festzuhalten.

Auch hier können Sie sich Zeit zum Beantworten der Fragen lassen. Zumeist arbeiten sich die tiefer liegenden Antworten erst dann ins Bewusstsein vor, wenn die Frage so richtig in Sie eingesickert ist. Und: Seien Sie dort großzügig mit Ihrer Zeit. Ein entsprechend großes Textfeld ist präpariert.

Vollkommen im Fluss

Fassen wir die beiden femininen Qualitäten kurz zusammen, die wir bisher kennengelernt haben und die sich aus der Physiologie der Frau ergeben: Zum einen ist eine Frau dann am engsten mit sich und ihren Potenzialen verbunden, wenn sie als Ganzes, in der Vereinigung all ihrer inneren Aspekte, also vollkommen und ungespalten agieren und leben kann. Und darüber hinaus ist das Wesen einer Frau „flüssig", so flüssig wie Wasser in all seinen Formen und Konsistenzen. Da ihr Körper das Leben schöpft, muss er anpassungsfähig, flexibel und, ja, bereit zum Fließen mit dem Strom des Lebens sein.

Wenn diese beiden Wesensmerkmale, das Ganz- und das Flüssigsein, ineinander übergreifen, ist die Frau in ihrem Agieren, Entscheiden und Fühlen sicher, in sich ruhend und von innen heraus kraftvoll. Genau in dieser ureigenen Sicherheit fühlt sie sich wohl und bringt noch weitere feminine Qualitäten hervor.

Die Kraft des Passivseins

Schwemmholz sein?

Aus der Tatsache, dass die Frau hauptsächlich das Leben erhält und deshalb auf das Engste mit dessen Fluss verbunden sein muss, ergibt sich noch eine weitere typische feminine Qualität: die Fähigkeit, passiv sein zu können. Aus meiner Sicht ist die weibliche Form der Passivität eine der wundervollsten Eigenschaften, die ich kenne, aber leider auch die am meisten missverstandene und schlimmer: eine, die der Frau sogar zum Nachteil werden kann.

Wenn eine Frau gerade das Passivsein in ihrem Leben umsetzen möchte, ist das je nach Lebensgewohnheiten, sozialem Umfeld und nicht zuletzt je nach ihrer eigenen Wertvorstellung keine spielend leichte Sache. Die Fähigkeit zur Passivität wird wie kaum eine andere innere Kraft verpönt, und zwar so umfassend, dass sie sogar in bestimmten Berufsfeldern, Branchen bis hin zum Privatleben für ein persönliches Defizit steht. Wenn wir diesem Vorgang einmal auf den Zahn fühlen, stoßen wir auf den Fakt, dass viele Menschen Passivität oder ein Passivsein damit assoziieren, das Leben zu verschlafen, den Anschluss zu verpassen oder die Kontrolle über etwas zu verlieren. Das Passive, so glauben sie, ist wertlos und wird eher dem Loser zugeordnet als einer lebenstüchtigen Person. Viel wichtiger ist das Machen und Schaffen, das konstante Busy-Sein, das 24/7-Leben auf Hochtouren, welches Anerkennung und Erfolg verspricht oder zumindest genügend Geld einbringt. Während das konstante Aktivsein ganz oben auf der Liste persönlicher Stärken steht, kommt Passivität in dieser nicht einmal vor.

Aktion um jeden Preis

Und ja: Wenn Sie Ihr Leben rechnerisch und kalkulierend, also maskulinisiert gestalten, mag tatsächlich der Eindruck entstehen, dass Passivität etwas Nutzloses ist. Doch wenn wir hier zur natürlichen Physiologie der Frau zurückkehren und aus einer weiblichen Perspektive schauen, gelangen wir zu einer anderen Sichtweise. Erstens würde, wenn eine Frau nicht passiv sein könnte, kein einziges Kind das Licht der Welt erblicken. Zweitens wäre die Welt das komplette Desaster, wenn sich nicht ab und zu eine Frau mit ihrer Fähigkeit zur Passivität in diese einbringen würde. Und drittens wäre die Sexualität zwischen Mann und Frau ein Albtraum, der keine Chance auf nur einen Funken Erfüllung hätte. Schauen wir uns jetzt etwas genauer an, was es mit dem Passivsein-Können der Frau auf sich hat.

Die Frau kann warten

Kommen wir zum ersten Punkt, der die Rolle der Passivität im Hinblick auf die Erhaltung des Lebens beschreibt. Wenn eine Frau schwanger wird, liegt eine lange Periode des Wartens vor ihr. Sie kann weder etwas dazu tun, dass das Kind flotter in ihrem Körper wächst, noch kann sie bestimmen, wie zügig es ihren Körper verlässt. Ob es Letzteres bereits nach acht Monaten oder erst nach neuneinhalb Monaten tut, liegt abgesehen von terminierten Geburten nicht in ihrer Hand. Eine schwangere Frau übt sich also über lange Zeitabschnitte in ein und derselben Qualität: im Warten und im Passivsein.

Und das ist nicht zu Ende, wenn das Kind geboren ist: Eine Mutter kann ihr Kind nicht schneller wachsen und reifen lassen. Es braucht nun einmal ein knappes Jahr, bis ein Kind laufen kann, ein weiteres, bis es spricht und noch eins mehr, bis es grundlegende Zusammenhänge zu verstehen beginnt. Wenn eine Frau weise ist, versteht sie instinktiv, dass sie dabei „passiv" bleiben muss. Im Idealfall gibt sie ihrem Kind alles, was es zum Leben braucht, doch sie mischt sich in seine Entwicklung nicht ein. Sie lässt es. Sie lässt es reifen und wachsen, die Welt entdecken und seine eigenen Wege gehen. Sie bleibt passiv, weil sie spürt, dass Mutterschaft ein Warten und Lassen, genau, ein Fließen mit dem Strom des Lebens ist.

Ich weiß. Im realen Leben nehmen die Dinge oftmals andere Wege. Da passiert es eher, dass Mütter sich in das Leben ihrer Kinder permanent einmischen, es prägen, bestimmen, beeinflussen oder lenken wollen. Als Matronen oder Helikopter-Mütter verfolgen sie jeden Schritt, den ihr Kind macht. Von Passivität und Weisheit fehlt jegliche Spur. Auch wenn wir uns hier nicht mit diesen Auswüchsen näher befassen können, zeigen sie, wie wenig Wertschätzung das Passivsein in unserem allgemeinen Lebensverständnis hat.

Missverständnisse

Wenn wir uns nämlich die Fähigkeit des Passivseins ganz aus der Nähe ansehen, bezieht sie sich viel mehr auf die Fähigkeit, nicht einzugreifen in etwas, das im Fluss ist und deshalb von selbst seine Wege nimmt. Ganz simpel ausgedrückt bedeutet es, nichts zu machen oder zu tun, wenn es nichts zu machen oder zu tun gibt.

„Pah!", höre ich da einige meiner Klientinnen rufen. Selbst wenn der Tag achtundvierzig Stunden hätte, gäbe es immer etwas zu tun. Ich kenne nicht wenige Frauen, die, wenn sie das Wort „Passivität" hören, sofort abwinken. Sie assoziieren damit, herumsitzen, faul sein und wertvolle Zeit verstreichen lassen. Das entstammt der Idee, dass die Zeit, in der sie passiv bleiben, wertlos ist.

„Ich kann mich gar nicht ruhig hinsetzen", sagte Lea, die Chefin einer Bekleidungsfirma. „Da fällt mir entweder die Decke auf den Kopf oder ich denke an meine dreiseitige To-do-Liste, die mir im Nacken sitzt." Lea ist felsenfest davon überzeugt, dass sie sich, wenn sie sich das Passivsein erlaubte, noch mehr Druck bereiten würde, weil sich dann ihre unerledigten Aufgaben stauten. Sie sah erst im Zuge ihrer sich vertiefenden Meditationserfahrungen, dass sie einen Teil ihres übermäßigen Arbeitspensums selbst verursachte, indem sie sich permanent in Vorgänge einmischte und Prozesse verkomplizierte, die eigentlich ganz von allein gelaufen wären. Und ja: Lea hatte das sogar gefühlt. Doch sie misstraute ihrem Eigenempfinden und konnte es partout nicht ertragen, tatsächlich passiv zu bleiben und Umstände sich entwickeln zu lassen. Also agierte sie so, wie es alle machten, und folgte einem maskulinen Weg des ständigen Getriebenseins.

Passiv-aktiv

Dieser Umstand begegnet mir bei Frauen häufig. Doch einmal abgesehen davon, dass Zeitforscher die Vorstellung von „Zeit ist Geld" entkräften, widerspricht diese auch den innewohnenden „Gesetzen" des Lebens. Aktivität, oder sagen wir potente Aktivität anstelle von Scheingymnastik, geht aus der Passivität, aus dem Nicht-Aktivsein hervor. Ohne Passivität keine Aktivität. Und anders herum.

Wenn Sie dieses innere Gesetz außer Kraft zu setzen versuchen, schießen Sie sich genauso in den Fuß, wie es viele Männer und Frauen auf diesem Planeten tun. In der Kalkulation gefangen, dass das Passive ruhig eingespart werden kann und der Körper darauf abrichtbar ist stets aktiv zu sein, gehen sie davon aus, dass bei mehr Aktivität auch „mehr" herauskommen wird. Die Passivität ist ihr Feind, denn mit dieser verdient man kein Geld.

Dieses kalkulationsbezogene Prinzip des Aktivismus ist sowohl ein weit verbreitetes als auch ein sehr typisches maskulines Prinzip. Seine Anwendung durch den leistungsorientiert agierenden Menschen hat unsere Welt in eine riesige Rennstrecke verwandelt, weil klar ist, dass alle „mehr" haben wollen. Aus der Vogelperspektive gesehen rasen die Menschen in großen Teilen der Welt des bloßen Aktivseins wegen wie besessen herum und stürzen sich in der Hoffnung auf „mehr" selbst in die absurdesten Aktivitäten. Jeder will beim Aufteilen des Kuchens dabei sein. Bloß nicht innehalten. Nur nicht abwarten. Und nein! Um nichts in der Welt passiv sein!

Der aktivistische Körper heult

Doch im Kleinen wie im Großen, im Beruflichen und Privaten tötet dieser blinde Aktionismus einen Großteil der Femininität der Frau ab. Er beraubt sie nicht nur ihrer Kraft, die aus dieser natürlichen Vorgehensweise entsteht, sondern ruiniert auch ihren Körper, weil er den sympathischen Teil des Nervensystems permanent auf Hochtouren laufen lässt. Er versetzt ihn in eine Art Dauererregung, die, wie sowohl Körper-Mind-Mediziner als auch Neuroforscher immer detaillierter aufzeigen können, viele stressbedingte Symptome, Erkrankungen und Schmerz verursachen kann. Das auf permanente Aktion ausgerichtete Prinzip des „Mehr", das Phasen des Passivseins, des Innehaltens und Pausemachens ausklammert, macht uns Menschen krank. Es erschöpft die Ressourcen des Körpers und treibt ihn in Notsituationen hinein. Weil das keine Seltenheit ist, gibt es dazu im zweiten Kapitel mehr.

Passives Wachsein

Doch das ist noch nicht alles. Nach immer mehr und mehr zu streben, versinkt außerdem in der Lächerlichkeit, wenn wir es uns aus einer inneren Perspektive, ja, vor dem Hintergrund der Meditation ansehen. Sofern Sie das Prinzip des „Mehr" leben, konstante Aktivität zu Ihrem Lebensmotto machen und dies mit in Ihre Meditationspraxis nehmen, werden Sie mit Sicherheit alles verfehlen, was es in Ihrer Innenwelt zu entdecken gibt. In dieser brauchen Sie das Passivsein dringendst, damit Sie sich in das Innere Ihres Organismus hineinentspannen können. Es ist ein Fakt: Passivität kennzeichnet die innere Grundhaltung in der Innenschau. Wenn Sie nicht passiv sein können, weil Ihr Nervensystem Sie unentwegt antreibt und jagt, werden Sie – auf Ihrem Meditationsschemel, Yogablock oder norwegischen Felsvorsprung sitzend – nur verzweifeln und den Zustand der Meditation kaum berühren können.

Aktivität und Passivität im Fluss

Knüpfen wir jetzt, wenn es um den Stellenwert des Passiv-sein-Könnens im meditativen Rahmen geht, noch einmal an das feminine Fließen an. In beiden Qualitäten nämlich, im Passivsein und im Fließen, steckt ein und dieselbe Qualität, die besonders uns Frauen in der Meditation zugutekommt: wach, da und aufmerksam zu sein.

Ja genau: Wenn Sie Passivsein mit dem Treiben auf dem Wasser gleichsetzen, ist dieses kein dumpfes, durch Selbstaufgabe geprägtes Dahingeschwemmt-Werden. Das ist ein Missverständnis, das viele Menschen in sich tragen, Sie aber ganz nebenbei gesagt einem Kind beispielsweise nicht erklären müssten. Sowohl das Fließen mit etwas, das sowieso im Fluss ist, als auch das Passivsein schließen ein, dass wir wach, anwesend und mit unserer Aufmerksamkeit im Moment sind. Erst eine innere passive Haltung, ganz gleich wie lang oder kurz sie dauert, erlaubt uns mitzubekommen, was in unserem Inneren und um uns herum passiert. Dadurch könnten wir, um beim Bild des Flusses zu bleiben, erkennen, ob wir auf einen Staudamm zutreiben oder ein Schiff in der Fahrrinne erscheint. Feminine Passivität bedeutet in diesem Sinne einzig, abseits von blindem Aktionismus zu sein, wach für den Moment zu bleiben und mit dem mitzufließen, was ist.

Passivsein im Leben

Deshalb entspringt aus der Fähigkeit der Frau zur Passivität noch eine andere Qualität: das ausgesprochen gute Gefühl einer Frau für Situationen. Frauen, die mit ihrem Passivsein vertraut sind, verfügen nicht nur über ein sehr feines Gespür dafür, was eine aktuelle Situation erfordert, sondern nehmen außerdem sehr schnell wahr, wann es gut ist, einen Kurswechsel vorzunehmen oder Veränderungen einzuläuten. Sie spüren im Idealfall sehr genau, wann sie etwas loslassen sollten, weil es ausgereift oder ausgeschöpft ist, und wann etwas frische Impulse braucht, weil sich das Leben weiterbewegt hat und eine neue Phase beginnt. Und ja. Auch das wurzelt in der weiblichen Physiologie. Eine Mutter muss sich beispielsweise permanent im sogenannten Loslassen üben. Sie muss das Kind nach neun Monaten dem Leben übergeben, ob ihr das gefällt oder nicht. Selbst wenn sie das Kind nicht gehen lassen will, schafft sie es maximal für zwei bis drei Wochen, es in sich festzuhalten und zu „übertragen". Doch dann muss es geboren werden.

Genauso nachher. Wenn sie das Kind stillt, hat sie es irgendwann von der Brust zu nehmen, weil es festere Nahrung braucht. Sie bemerkt instinktiv, wenn die Zeit des Stillens vorüber ist und das Kind andere Bedürfnisse hat. Und auch im Weiteren muss sie es entsprechend seiner Selbstständigkeit und seines Wachstums ungezählte Male gehen lassen, sich mit dem Neuen und Veränderten befassen, weil ihre Fürsorge mit jedem Tag überflüssiger wird. Der natürliche „Job" jeder Mutter besteht im Loslassen, unabhängig davon, ob ihr das bewusst ist, ob es ihrem Geschmack entspricht, ob sie es praktisch umsetzen kann oder nicht. Und auch, wenn eine Frau keine Kinder gebärt, ist diese Fähigkeit in ihr angelegt.

Festklammern und verlorene Freiheit

Wann immer ich diese besondere Eigenschaft des Lassen- und Loslassenkönnens als Ausdruck des Passivseins erwähne, horchen nicht wenige Frauen erstaunt auf. Viele von ihnen empfinden sich nämlich überhaupt nicht als Meisterinnen im „Loslassen", ganz im Gegenteil. Sie kritisieren sich selbst dafür, dass sie in Situationen oder Umständen viel zu lange steckenbleiben, selbst wenn sie deutlich spüren, dass deren Verbrauchsdatum längst abgelaufen ist. Egal, ob es sich dabei um Beziehungen zu anderen Menschen, insbesondere zu Partnern, Freunden oder Familienmitgliedern, um eine Tätigkeit oder eine alte Gewohnheit handelt, sie kriegen es einfach nicht hin, die Lage zu wenden. Deshalb können sie kaum glauben, dass gerade das Gespür fürs Loslassen zu ihren Stärken zählen soll.

Und ja: autsch, autsch! An dieser Stelle kann ich es nicht vermeiden, den Finger kurz in die feminine Wunde zu legen: Das Nicht-Loslassen-Können und das Festhalten am Alten und Abgeschlossenen entsteht nämlich erst dann, wenn Frauen dem Femininen in sich „Ade!" gesagt und sich im maskulinen Agieren verheddert haben. Indem sie ihr Leben rational-rechnerisch und argumentativ ausrichten, wägen sie ständig das Für und Wider ab und treffen ihre Entscheidungen auch aus diesem Kontext heraus. Deshalb noch einmal: Von Natur aus hat die Frau durch ihr Talent fürs Passivsein ein ausgeprägtes Gespür für die Aktualität von Situationen. Und diesem folgt sie, weil sie instinktiv weiß, dass alles andere gegen die Intelligenz des Lebens verstößt. Auch wenn es paradox klingen mag, schätzt eine Frau ihre Passivität gerade deshalb, weil sie fühlt, dass in dieser eine der größten Quellen für Entwicklung, Wachstum und Erneuerung liegt.

Die Grenzen des Denkens

Kommen wir an dieser Stelle, weil es so gut passt, zu einem Wechsel der Gewohnheiten. Wenn ich jetzt in Sachen Passivität noch mehr ins Detail gehe, versuchen Sie einmal weiterzulesen, ohne den rationalen Teil Ihres Verstandes zu benutzen. Vielleicht muss ich das gar nicht erwähnen, weil Sie schon selbst bemerkt haben, dass Sie dieses Buch weniger mit Ihrem üblichen Denken noch mit dem nach Schubladen suchenden Verstand aufnehmen können. Tatsächlich ist es besser, wenn Sie die Essenz der femininen Qualitäten fühlend verstehen, sich auf Ihre weiblichen Instinkte einschwingen und von Ihrer inneren intuitiven „Drehscheibe" aus lesen.

Pur passiv

Diesen Hinweis habe ich an genau dieser Stelle ganz bewusst gegeben, weil ich Ihnen jetzt, wenn ich noch einmal auf die Passivität der Frau zurückkomme, eine kleine, aber wichtige Unterscheidung deutlich machen möchte. Diese ist so hauchdünn, dass Sie sie tatsächlich nur erspüren können.

Nachdem ich eingangs erwähnt habe, dass Aktivität und Passivität einander bedingen und sich die Waage halten, heißt das nicht, dass Passivität eine zweckgebundene Sache ist und im Dienste des Aktiven steht. Sich in Passivität zu üben ist nicht deshalb bedeutsam, weil wir es brauchen, um unsere Erschöpfung zu relativieren und im Endeffekt noch mehr und noch hyperaktiver sein zu können, wie ich es immer wieder höre. Vorsicht hier! Diese Idee entspringt dem kalkulierenden maskulinen Verstand, der einen Trick anwendet und Sie auf die falsche Fährte führt. Er verwässert die Kraft des Passivseins insofern, als er es zum Diener des Aktiven degradiert. Akzeptierten Sie das, ließen Sie zu, dass Passivität wieder auf dem Level des kausalen Denkens abgehandelt wird und doch wieder in Abhängigkeit zur Aktion steht. Die unterschwellig transportierte Überlegenheit des maskulinen Aktivismus über das Passive schimmert hier ziemlich klar hindurch.

Tatsächlich setze ich hier auf Ihr Feingefühl, mit dem Sie diesen minimalen, aber wesentlichen Unterschied spüren können: Obwohl Passivität nur in der Dualität mit dem Aktiven existiert, darf sie dennoch nicht funktionalisiert werden und im Dienste der Aktion stehen. In diesem Fall würde die Essenz der Passivität, deren ganz eigene „Schönheit", Fülle und Potenz den Bach runtergehen.

Energiesparmodus

Und das ist noch nicht alles. Ohne Passivität zu funktionalisieren und zur Handlangerin des Aktiven zu machen, ist es dennoch ein Fakt, dass das Passivsein-Können der Frau dabei hilft, mit ihren Kräften zu haushalten. Indem eine mit ihrem Passivsein vertraute Frau mit ihren Energien instinktiv klug umgeht, vergeudet sie diese weder im Ehrgeiz noch verballert sie ihre Kräfte in blinder Aktion. Auch wenn es merkwürdig klingen mag: Die im Passivsein geschulte Frau „spart" Energie, ohne bewusst sparsam sein zu müssen. Und ja: Auch diesen Vorgang sollten Sie eher erfühlen als kalkulierend verbuchen.

Dieser innere und vollkommen natürliche „Energiesparmodus" ist der Grund dafür, dass eine Frau, wenn sie denn ihre Passivität verlässt und aktiv wird, das Heft so richtig in die Hand nehmen kann. Dann packt sie enorme Kraftreserven aus, die andere, selbst Männer, in pures Erstaunen versetzen. Kein Wunder! Sie ist mit ihren Ressourcen intelligent umgegangen und verfügt deshalb über enorme Kräfte, die ihr nun geballt zur Verfügung stehen.

Verlorene Passivität

Vielleicht fragen Sie sich bereits, warum mir gerade dieser Unterschied so wichtig ist, wo es doch viele andere, möglicherweise sogar attraktivere Eigenschaften der Frau zu besprechen gäbe. Stimmt. Tatsächlich mache ich das aus zwei Gründen.

Der erste: Ich kriege fast ein Magendrücken, wenn ich erlebe, dass etwa ein Drittel meiner Klientinnen aus Gründen der Erschöpfung, des Sich-ausgelaugt-Fühlens, des Müdeseins, des Nicht-mehr-Könnens und des Burnouts vor mir sitzen. Tatsächlich ist das ein riesiges Paradox: Wenn der Körper einer Frau geradewegs dafür gemacht ist, zum einen passiv zu sein und zum anderen ausgesprochen „energieeffizient" funktionieren zu können, stellt sich berechtigterweise die Frage, wie es wohl dazu kommt. Das werden wir uns im nächsten Kapitel genauer ansehen.

Der zweite Grund hängt damit zusammen, dass Sie das Passivsein später in der Meditationspraxis anwenden werden. Wenn Sie Passivität in der Meditation nur dann anerkennen, weil Sie Ihnen Zeit zum Schwungholen und Vorbereiten einer nächsten Aktion gibt, Sie dadurch leistungsfähiger oder im Äußeren profitabler werden, verschließen Sie sich den Entdeckungen in Ihrer Innenwelt komplett. Sie fallen nicht nur auf einen typisch maskulinen Trick herein, sondern gehen auch einer der Hauptlügen gegenwärtiger Meditationspraxis auf den Leim.

Es ist einer der größten Irrtümer auf dem Gebiet der Meditation, dass wir zielgerichtet meditieren können und unseren Fokus nach innen richten, um oder damit Sie in der Konsequenz besser, leistungsfähiger und effektiver sind. Bei Frauen nimmt das mitunter noch einmal verrücktere Züge an: Ich habe gar nicht so selten erlebt, dass sich Frauen in der Hoffnung mit der Meditation befassen, sich durch diese in ihrem - maskulinen - Umfeld besser behaupten zu können.

Falls solche oder ähnliche Überlegungen auch in Ihrem Kopf kreisen, wären diese Ihr Alarmsignal dafür, Ihren Ansatz an Meditation zu überprüfen. Ein solcher unterwirft die Innenschau dem Zweck, noch mehr zu leisten, noch resistenter gegenüber Überlastungen zu werden und dadurch die ganz nebenbei gesagt natürlichen Stressreaktionen des Körpers zu eliminieren. Zu meditieren, um oder damit Sie besser und noch profitabler werden, führt Sie auf die falsche Spur.

Ganz anders hier: Wenn Sie die Einkehr nach innen hingegen als Akt der puren Passivität akzeptieren, eröffnet es Ihnen eine enorm große Spanne der Selbstwahrnehmung. Es gibt Ihnen den Blick auf die Weite Ihres Innenlebens frei.

Empfänglichkeit und Hingabe

Empfänglichsein ist feminin

Kommen wir jetzt zu einer weiteren femininen Eigenschaft, die so etwas wie die Zwillingsschwester der Passivität ist: die Empfänglichkeit der Frau.

Ich glaube, dass es ganz offensichtlich ist, wie sich auch diese aus der weiblichen Physiologie ergibt: Während sich eine Frau einerseits für eine Schwangerschaft bereithält und sie in der Zeit des Eisprungs den Gipfel ihres Empfänglichseins erreicht, wird ein Großteil der weiblichen Sexualität von diesem passiven Empfänglichsein geprägt.

Doch gerade das Gebiet der Sexualität scheint, wenn ich meinen Klientinnen zuhöre, eine der Hauptreibungsflächen zwischen dem Femininen und dem Maskulinen zu sein. Das liegt insofern nahe, weil das Feminine und das Maskuline genau dort am stärksten aufeinandertreffen und sich im Idealfall miteinander vereinen sollten. Weil es hier aber oftmals ein enormes Ungleichgewicht gibt, kommt es gerade auf dem Sektor der Sexualität zum Clash, sodass nicht wenige Frauen und Männer über unerfüllte sexuelle Bedürfnisse klagen. Das ist wiederum schade, weil gerade im Sexakt eine enorme Chance zur Vereinigung der femininen und maskulinen Energien besteht, von der beide, Mann und Frau, enorm profitieren können.

Von Seiten der Frau bestände der erste Teil der Lösung darin, dass sie lernt, in sich zu ruhen und sich mit ihrer empfänglichen inneren Grundhaltung vertraut macht.

Sexuell passiv

Wenn ich allerdings von der empfänglichen oder passiven Rolle der Frau in der Sexualität spreche, kriegen das nicht wenige Frauen schnell in die falsche Kehle. Sie haben das Bild vor Augen, dass sie beim Sexualakt untätig, still oder inaktiv bleiben, sich in der Missionarsposition, Frau unten, Mann oben, befinden oder entsprechend der alten Rollenverteilung hinnehmen, was ihnen von Mannesseite geboten wird, selbst wenn es ein Sechzig-Sekunden-Gerappel unter der Bettdecke ist. Nein, nein. Darum geht es hier nicht.

Zunächst beziehe ich mich darauf, dass die Frau ihre Empfänglichkeit gewissermaßen als ihre „innere Partitur", als ihre Vorgehensweise oder als ihre „Melodie" lebt. Sexualität bedeutet ja nicht, wie entsprechend einer maskulinen Denkweise oft angenommen wird, Sex, Sexualverkehr, der Akt als solches. Sexualität bezieht sich viel mehr auf das Sich-selbst-Wahrnehmen als geschlechtliches Wesen, auf das Wie, in diesem Falle wie sich eine Frau in Beziehung zum anderen Geschlecht empfindet und verhält.

Und da ist die Frau ganz klar die Empfangende. Entgegen vieler Missverständnisse wird sie erst in ihrem „passiven Fluss" attraktiv für das männliche Gegenüber. In ihrer Empfänglichkeit und nicht in ihrem „Take-me-take-me-Gehabe" zieht sie die Fäden. Auf Balzgebaren verzichtend bleibt sie passiv und sendet ihren ureigenen „Duft" aus, durch den der Mann ihre Empfangsbereitschaft spürt. Ohne etwas Vordergründiges tun zu müssen, zieht sie das Maskuline vollkommen anstrengungslos an. Und dann, ja dann ist es ein einziges Fließen, ein Fließen auf der Welle der sexuellen Energie. Mit dieser verschmelzend findet sie mit der des Mannes zusammen, indem sie ihn nun auch körperlich willkommen heißt und ihn empfängt.

Weibchengehabe?

Wenn ich das schreibe, höre ich die Frauen, die sich gern als emanzipiert bezeichnen, stöhnen. Was soll denn dieses „Weibchengehabe"? Gehört das nicht dem letzten Jahrhundert, oder schlimmer, dem Tierreich an? Und vielleicht haben auch Sie das soeben gedacht.

Doch diese Frage entsteht nur, wenn eine Frau sich „maskulinisiert" hat. Das Feminine in seiner empfangenden Energie ist nämlich alles andere als schwächlich, reh-, mäuschen- oder weibchenhaft. Es kann sogar sehr klare Zeichen setzen, auch wenn es von seiner inneren „Ausrichtung" her empfangend und entgegenkommend ist. Es trägt die Qualität des „Ja" in sich. Die Frau sagt „Ja" zu etwas. „Ja, ich möchte". „Ja, ich möchte das."

Und natürlich: Wie wir wissen, ist dieses Ja im öffentlichen Leben ein heißes Pflaster, weil die Empfänglichkeit der Frau auf vielen Podien des Lebens ausgenutzt und ins falsche Licht gerückt wurde und wird. Deshalb kam es schließlich dazu, dass wir per Gesetz regeln und festschreiben müssen, wie ein „Ja" der Frau im Kontakt mit dem anderen Geschlecht auszusehen hat. Und das müssen Sie sich einmal auf der Zunge zergehen lassen: In einem der hochentwickeltsten Länder der Welt, wie es Deutschland ist, muss gesetzlich festgeschrieben werden, was das Ja einer Frau, ob innerhalb oder außerhalb einer Ehe, bedeutet und was nicht. Ich glaube, dass diese Tatsache Bände darüber spricht, wie unausgewogen das Verhältnis zwischen femininen und maskulinen Wertmaßstäben in unserer alltäglichen Realität wirklich ist.

Empfangsbereit beim Sex

Doch bleiben wir hier einmal bei der femininen Qualität der Empfänglichkeit. Wenn es nämlich zum Sexakt kommt, bleibt die Frau auch weiterhin empfangend, was durch den Bau der äußeren Geschlechtsmerkmale schon einmal ziemlich eindeutig vorgegeben ist. Der Mann dringt in den Körper der Frau ein und wird von diesem empfangen. Und genau diesen Vorgang sollte jede Frau, wenn sie sexuell zufrieden sein will, verstehen: Auch wenn sich die Frau beim Sex bewegen kann, sie ihre Position wählt, sich frei äußert, sich einbringt und genießt, bleibt es für sie ein empfangender, aufnehmender und willkommenheißender Akt. Ob beim Ausdrücken ihrer Sexualität oder beim Sex als solchem bezieht sich die Empfänglichkeit der Frau auf eine innere Qualität des Entgegennehmens und Hingebens, die allerdings nicht mit Zurückhaltung oder Inaktivität verwechselt werden darf.

Die Frau auf Empfang ist wach

Und ja. Wieder hat es einen Grund, dass ich mich mit dem Empfänglichsein der Frau so eingehend befasse. Der Begriff „Empfänglichkeit" bringt nämlich zum Ausdruck, dass sich die Frau nicht nur empfangsbereit fühlt, sondern dabei auch „auf Empfang" eingestellt ist. Dieses Wortspiel zeigt, dass eine Frau beim Empfänglichsein auch wach und aufmerksam, ja, ganz im Hier und Jetzt anwesend ist.

Diesen Aspekt kennen Sie bereits von der Passivität, sodass sich der Kreis gewissermaßen schließt. Beides, Empfänglichkeit und Passivität, sind Seinszustände, die ein Da- und Wachsein beinhalten und eine grundlegende Aufmerksamkeit bedingen. Das heißt, dass eine empfängliche, empfangsbereite Frau sofort handlungsfähig ist, wenn die Notwendigkeit aufkommt, aber genauso gut in der Passivität verbleiben kann, je nachdem wie es die Situation verlangt.

Und schließlich kommen ihr diese Eigenschaften auch in der Meditation zugute. Die Kombination aus beidem, also die Fähigkeit der Frau, zum einen passiv und empfänglich und zum anderen „auf Empfang" eingestellt sein zu können, verschafft ihr in der Meditationspraxis eine solide Grundlage, da sie ihren Blick nach innen richten und dort belassen kann.

Die Hingabe der Frau

Im Zusammenhang mit der Passivität und der Empfänglichkeit der Frau tauchen noch zwei weitere feminine Eigenschaften auf: nämlich dass sie sich hingeben und dabei immens vertrauen kann. Und ja. Wie sollte es anders sein? Auch diese beiden Qualitäten sind ein Spiegelbild ihrer Physiologie. Die Hingabe der Frau spiegelt sich beispielsweise in einer schwangeren Frau wider, die ihren Körper dem Kind in der Schwangerschaft zur Verfügung stellt. Sie gibt sich ihm vollkommen hin, sodass es sich aus ihrem Blut und aus ihren Zellen genau das nehmen kann, was es braucht. Später, wenn sie das Kind stillt, erlaubt sie ihm dasselbe, indem sie dem Kind ihre Brust überlässt. Und schließlich erlaubt sie dasselbe ihrem Partner, indem sie gemeinsam den Gipfel der Intimität erleben. Sie öffnet sich ihm und gibt sich ihm hin.

Vertrauen versus Kontrolle

Und das bringt uns automatisch zur Fähigkeit der Frau, immens vertrauen zu können, die ich für eine der wundersamsten femininen Qualitäten halte. Auch wenn diese ungezählte Wenns und Abers aufwirft, auf diesem Sektor so vieles im Argen liegt und Frauen sich weder mit dem Sich-Hingeben noch mit dem Vertrauen-Haben immer leichttun, proste ich Ihnen hier einmal mit meiner Kaffeetasse zu: Ein Hoch auf das Urvertrauen der Frau!

Ich nämlich empfinde es als ein pures Glück, dass eine Frau in ihrer Hingabe und Empfänglichkeit vollkommen vertrauen kann. Sie argwöhnt weder, dass um die Ecke eine Gefahr auf sie wartet noch grübelt sie darüber nach, ob sie in ihrem Vertrauen ausgenutzt oder betrogen wird. Wenn sie vertraut, vertraut sie. Und wenn sie vertraut, schließt das ein, dass sie dadurch auch dem Lauf des Lebens Vertrauen entgegenbringen kann.

Also Frauen! Hoch die Cappuccinotassen, Weingläser oder Smoothiebecher! Ein Toast auf das Urvertrauen der Frau!

Meditieren heißt vertrauen

Und sofort können wir auch wieder die Brücke zur Meditation schlagen. Die Fähigkeit, sich hinzugeben und zu vertrauen, sind zwei immens wertvolle Voraussetzungen dafür, dass sich eine Frau in sich selbst tief hineinentspannen und sich in ihrer Befähigung zur Hingabe gewissermaßen vollkommen „auflösen" kann.

Während wir diese unglaubliche Befähigung bisher nur in die Beziehung zu anderen Menschen gesetzt haben, sich eine Frau also ihrem Kind oder ihrem Geliebten hingibt, setzt das voraus, dass sie sich auch sich selbst hingeben kann.

Vielleicht staunen Sie jetzt. Doch ja, so etwas geht! Und es geht nicht nur! Gewissermaßen ist es die Grundlage dafür, dass sich die Frau auch anderen Menschen gegenüber hingeben kann. Und mehr noch: Indem sie sich nämlich „sich selbst" schenkt, erfährt sie in ihrem Inneren einen „Raum", der ihr eigentliches Zuhause ist. Mit der Hingabe an sich selbst kommt eine Frau vollständig bei sich an.

Hingabe und Selbsthingabe

Werden wir wieder praktisch und schließen wir diesen Teil mit einer kleinen Übung ab, für die ich in der anschließenden **ME-TIME-LOUNGE** ein entsprechendes Textfeld vorbereitet habe. Dort gibt es wieder vierundzwanzig offene Zeilen, die Sie mit Ihren inneren Ressourcen füllen können.

Aus der 24-Antworten-Reihe:

Auf Empfang sein, empfänglich sein

Erster Schritt: Ihre Hingabe

Schreiben Sie mindestens 24 Punkte auf, egal ob große oder kleine, die Ausdruck Ihrer Hingabe an etwas sind. Ja: Wann begeben Sie sich in eine hingebungsvolle Rolle hinein? Welche Tätigkeiten betreiben Sie mit Hingabe? Wann geben Sie sich etwas oder jemandem hin?

Zweiter Schritt: Ihre Selbsthingabe

Und nun probieren Sie einmal aus, wie es ist, wenn Sie sich „sich selbst" hingeben.

Machen Sie es sich in einem Sessel, auf dem Sofa, auf der Sauna- oder Sonnenliege bequem. Schließen Sie Ihre Augen, legen Sie die linke Hand auf Ihr Brustbein und die rechte auf Ihren Bauch und begeben Sie sich in eine innere Stimmung hinein, mit der Sie das Gefühl der „Selbsthingabe" verbinden. Verweilen Sie in dieser so lange, wie Sie können, idealerweise mindestens sieben Minuten lang.

Wenn wir auf die passiven femininen Talente der Frau, also das Empfänglichsein, das Vertrauenkönnen oder die Selbsthingabe schauen, wird sehr schnell klar, dass die femininen Qualitäten genau diejenigen Zutaten umfassen, die unserem Leben wirkliche Tiefe, echte Erfüllung und inneren Genuss bringen. Sie nähren uns und halten uns auf physischem und psychischem Level gesund.

Das Sensorium der Frau ist grenzenlos

Sensorisch empfänglich

Auch die nächste feminine Eigenschaft, die ich mit Ihnen besprechen möchte, ist eine „typisch weibliche". Es handelt sich um die hohe Sensibilität der Frau.

Mein Eindruck ist, dass diese im öffentlichen und Berufsleben keine allzu große Lobby hat, oftmals den inneren „Sparmaßnahmen" zum Opfer fällt und es nicht wirklich viele Menschen gibt, die ihre Sinne und Herzen wirklich offen halten. Oftmals ist das Gegenteil der Fall.

Und ja. Auch das Fühlen und Empfinden-Können gehört zu den Qualitäten, die in der maskulinen Welt zu einer Nebensächlichkeit verkümmert sind, entweder als netter Zusatz angesehen oder aber als störend oder behindernd empfunden werden. Sensibelchen oder Mimosen, wie man feinfühlige Frauen oftmals nennt, schaffen es freilich nicht, permanent mit Ellenbogeneinsatz zu agieren, Geschäfte ohne Rücksicht auf Verluste durchzuziehen und dort, wo Feinfühligkeit gefragt ist, cool, unberührt und aalglatt zu bleiben. Tatsächlich ist die Sensibilität als eine der „typisch weiblichen" Eigenschaften vom Aussterben bedroht.

Frauenfreuden

Bevor wir uns aber näher mit dem Wert der Sensibilität befassen, möchte ich Ihnen von einer kleinen Begebenheit erzählen, die unter der Rubrik „Frauenfreude unplugged", die ich hiermit eröffne, nicht die einzige bleiben wird. Unter dieser Überschrift werde ich Ihnen von Erlebnissen berichten, die sich durch die ihnen innewohnenden feinen und zumeist wortlosen Schwingungen in mein Gedächtnis eingegraben haben. Diese entstanden immer dann, wenn Frauen unter sich waren und ihre Femininität vollkommen frei und ungeschminkt verkörpern konnten. Und nach dieser ersten Geschichte kümmern wir uns dann um die weibliche Sensibilität.

„Frauenfreuden unplugged": Zu Gast im Hamam

Ich weiß gar nicht, wie es kam, dass ich mich in meinen Dreißigern besonders für die orientalische Bäderkultur zu interessieren begann. Jedenfalls wagte ich mich während einer Reise in ein türkisches Frauenhamam hinein.

Bereits am Eingang fiel ich mit meinen blonden Haaren auf. Die Frau am Einlass heftete ihren Blick an mein unverschleiertes Haar. Dem entnahm ich, dass eine blonde Frau, die das Hamam betrat, kein häufiger Anblick war. Auch die Masseurin begutachtete mich während der Badezeremonie mit neugierigem Blick. Während ich danach auf dem heißen Stein schmorte, wunderte ich mich nur, wie anders, unprätentiös und gewissermaßen simpel alles abgelaufen war.

Bevor die Masseurin den Raum verließ, wies sie zu einer Tür auf der anderen Seite, durch die ich offenbar den Raum verlassen sollte. Nachdem ich einen ziemlich kühlen Gang entlanggegangen war, fand ich an dessen Ende eine Tür. Da es die einzige war, öffnete ich sie und stand mit einem Mal in einer riesigen Umkleidehalle. Diese glich einem Basar, auf dem Frauen jeden Alters wild durcheinander schnatterten. Der Unterschied war nur, dass die meisten von ihnen nackt oder halb bekleidet waren. Sie frottierten ihren Körper ab, trockneten ihrer Nachbarin den Rücken oder ölten ihre Haut. Dazwischen saßen einige wenige bereits in ihren dunklen Kleidern, massierten ihre Füße oder falteten ihre Kopftücher zurecht. Eine Frau war in ihre Handarbeit vertieft und hatte offenbar keine Eile zu gehen.

Da alle Bänke besetzt waren, quetschte ich mich irgendwo dazwischen und begann mein Haar zu kämmen, was aufgrund seiner

Dichte nie ganz einfach ist. Schließlich kämpfte ich mit den letzten zerzausten Stellen.

„Take!", sagte plötzlich eine Frauenstimme neben mir.

Eine ältere Türkin hielt mir ein braunes Fläschchen hin und nickte. „Thank you!" Ich nahm ein paar Tropfen des schwer duftenden Öls und massierte sie in mein Haar. Die Türkin schüttelte den Kopf, nahm das Fläschchen zurück, schüttete dessen ganzen Inhalt in ihre fleischige Hand und knetete das Öl in meine Haare hinein. Dann holte sie ihre Bürste - eine Riesenbürste! - und kämmte mein Haar in aufgeteilten Strähnen durch. Okay. Ich ließ es geschehen und entspannte mich mehr als bei der Massage.

Plötzlich hörte ich ein Kichern hinter mir. Ich drehte mich herum und sah, dass inzwischen fünf, sechs Frauen hinter mir standen und der anderen beim Kämmen zusahen. Sie schienen sich zu amüsieren und zeigten immer wieder auf mein Haar. Ich lächelte. Das ermutigte eine der Frauen offenbar dazu, ebenfalls ihre Bürste zu holen und das Auskämmen von der anderen Seite aus zu beginnen. Als ich das Hamam müde und glücklich verließ, duftete mein Haar wie eine frisch aufgeblühte Gardenie und glänzte so seidig wie noch nie.

Als ich am nächsten Tag noch einmal am Hamam vorüberging, winkte mir die Frau am Einlass freudig zu. Mit einer wellenförmigen Bewegung ihrer Hände zeigte sie auf ihre Haare, faltete dann ihre Hände wie zu einem Gebet und verneigte sich vor mir. „Friend, friend!", rief sie. In meinem Brustkorb verströmte sich Wärme. Ah ja. Nach dieser hatte ich eigentlich in der Hamambehandlung gesucht. Doch gefunden hatte ich sie in den Herzen der Frauen.

Körperverbundenheit

Tatsächlich scheinen Frauen sich auf einer anderen Ebene verständigen zu können, als es in unserem hektischen Alltag passiert. Und auch das hat etwas mit ihrer Physiologie zu tun. Ja: Frauen sind stärker mit ihrem Körper verbunden als die meisten Männer. Schließlich sind wir wieder bei der typisch weiblichen Sensibilität angelangt.

Die Sensibilität der Frau wächst bereits in den Kinderjahren. Ausgehend davon, dass wir als hochgradig fühlende Wesen geboren werden, müssen wir das Fühlen nicht erlernen. Im Gegenteil. Wir können von Glück sprechen, wenn wir es uns erhalten. Und da sind Mädchen entsprechend des gängigen Rollenbildes im Vorteil. Kleine Mädchen werden im Allgemeinen nicht so hart im „Nehmen", im Einstecken, Durchhalten und Sich-Behaupten geschult wie Jungen. Man gesteht ihnen eher eine gewisse Feinfühligkeit zu.

Darüber hinaus spielt auch hier die hormonelle Seite eine Rolle, denn Mädchen entdecken ihren Körper durch ihre frühere Geschlechtsreife und die damit verbundene Menstruation auf einem sehr anderen Weg: Ab ihrem zwölften bis vierzehnten Lebensjahr kümmern sie sich in der Zeit der Regelblutung einmal monatlich noch intensiver um sich. Ob bewusst oder unbewusst, ob sie es mögen oder nicht, beobachten sie ihren Körper in seinen Wandlungen und erwerben dabei ein Grundmaß an Körperwissen, das sie empfindungssicher macht.

Mit den Jahren wissen Frauen allein durch das Beobachten der Menstruation eine ganze Menge über sich. Sie fühlen, wie die Periode heranrückt, bemerken die Wassereinlagerungen in der Bauchgegend oder das Ziehen in den Brüsten, spüren die Stimmungsschwankungen und nehmen veränderte Bedürfnisse hinsichtlich Ernährung, Sexualität und Tagesroutine wahr. Manche Frauen spüren sogar den Eisprung und wissen ziemlich genau, wann sie empfänglich oder schwanger sind.

Wenn ich sage, dass eine Frau körperbezogener und feinfühliger ist, meine ich damit weder, dass ein Mann diese Qualitäten nicht auch haben kann, noch dass jeder Mann ein empfindungsloser Klotz ist. Doch weder seine gesellschaftliche Rolle noch seine Physiologie tragen primär dazu bei. Er muss dafür in der Regel mehr „tun". Frauen hingegen fließen, sofern sie sich nicht bewusst dagegenstellen, auf natürliche Weise in ihre Empfindungsvielfalt hinein.

Die Senso-Falle

Doch die Sensibilität der Frau ist, wie wir wissen, keine Qualität, die im allgemeinen Leben einen hohen Stellenwert genießt. Feinfühlige Frauen werden nicht selten als „Übersensible", als zu viel fühlende Menschen hingestellt. Als mir kürzlich ein Buch über die sogenannte Hochsensibilität in die Hände fiel, habe ich mich gefragt, woher es denn kommt, dass wir plötzlich für die sensibilisierten Menschen unter uns, von denen der überwiegende Teil weiblich sein soll, in die Bresche springen müssen. In diesem Kontext fällt es auch auf, dass man in Jobbeschreibungen immer häufiger von den sogenannten „Soft Skills" liest. Dies ist nur ein Ausdruck dessen, dass wir sensible Qualitäten - das vollkommen natürliche gesunde Empfindungsvermögen des Menschen - als etwas Gesondertes herausstellen müssen, und ja, dass es aus unserem selbstverständlichen inneren Repertoire gefallen ist.

Hoch- oder Übersensibilität?

Nach einer Erklärung brauchen wir nicht lange zu suchen. Der Begriff der Hochsensibilität beispielsweise wurde höchstwahrscheinlich deshalb geprägt, weil die sensorischen Leistungen der maskulin operierenden oder volldigitalisierten Menschen rapide schrumpfen, sodass der Kontrast zwischen den Gefühllosen und den Einfühlsamen immer offenbarer wird. Die Empfindungsfähigen ragen immer mehr als die Aliens aus der abgestumpften grauen Masse heraus und müssen sich darin mit ihrem vollkommen normalen Fühlen behaupten. Auch wenn es ein paar Ausnahmen geben mag, schlängelt sich die Trennlinie zwischen den Fühlenden und den Gefühlsamputierten fast ausschließlich zwischen den Männern und den Frauen hindurch. Das ist das eine.

Und in demselben Zuge, in dem der Begriff der „Hochsensibilität" Eingang in unseren Wortschatz gefunden hat, ist das Wort „Resilienz" in der Liste der Persönlichkeitsmerkmale ganz nach oben gerückt. Ja. Der belastbare, durch nichts zu erschütternde Mensch, dem nichts und niemand etwas anhaben kann, wird als Ziel formuliert. Gefühle, so glaubt man, stehen diesem im Wege. Und das ist reiner Blödsinn! Denn erst ein zu Empfindungen fähiger Mensch kann flexibel und genau auf das Leben mit seinen Beanspruchungen antworten, während der verpanzerte, von sich selbst abgeschirmte Mensch diesem eher ausgeliefert ist.

Und: Paradoxerweise soll ausgerechnet die Meditation hier das Stählungsmittel der Wahl sein. Das „Ommm" der asiatischen Mönche steht witzigerweise dafür, dass dem kontemplationsgeschulten Menschen nichts mehr etwas anhaben kann. Weder Hast noch Leistungsdruck, emotionale Tiefs oder Gefühlsduseleien bringen ihn aus dem Konzept. Und genau dieses komplette Missverstehen der Innenwelt des Menschen decken die als hochsensibel bezeichneten Frauen auf.

Die sensible Frau

Deshalb in aller Deutlichkeit: Falls Sie zu den feinfühligen oder „hochsensiblen" Frauen zählen, dürfen Sie jetzt den Klang des Unnormalen aus diesem Urteil lösen. Sehen Sie Ihren ausgemachten Spürsinn als etwas Normales an, das Ihnen von der Natur als Geschenk gegeben wurde und nur in der maskulin orientierten Welt an die Grenzen stößt. Vielleicht drehen Sie die Sache ja einfach herum und machen sich bewusst, dass jetzt Ihre Zeit gekommen ist. Das ist sie, weil die Welt der ewig rationalisierenden, sensorisch tauben Menschen bei näherem Hinsehen im Scheitern begriffen ist.

Deshalb: Feiern Sie Ihr Gespür für sich und das Leben! Entwickeln Sie es und fügen Sie ihm, damit es für Sie in Ihrem konkreten Lebensumfeld gut umsetzbar ist, eine Prise Standfestigkeit hinzu. Geben Sie ihm ein „Grounding", einen Boden unter die Füße! Durch Meditation härten Sie sich nicht ab, sondern Sie zentrieren sich, sodass Sie als Hochsensible genuss- und lebensfähig sind.

Genuss ist feminin

Mein Hoch auf die sensiblen Frauen kommt aber ebenfalls nicht von ungefähr. Es ist nämlich eine Tatsache, dass diejenigen Qualitäten, die unserem Leben einen wirklichen Wert geben, die uns erfüllt sein lassen und uns zufriedenstellen, mit der Sensorik verbundene Eigenschaften sind. Lieben, genießen, sich wahrnehmen, wohlfühlen, erfüllt und glücklich sein ist tatsächlich nur anhand von femininen, sensiblen und mit dem Empfinden verbundenen Qualitäten machbar. Auch wenn heute sehr viele Menschen, leider auch zunehmend Frauen, diese Tatsache ignorieren und, wie wir im Folgekapitel sehen werden, einzig den Auswürfen des maskulinen Verstands folgen, ist es dennoch ein unumstößlicher Fakt: Fürs Genießen und Erfülltsein brauchen Sie das Fühlen und Empfinden. Und nochmals: Besonders in der Meditationspraxis muss diesem ein großer Spielraum zustehen können.

Körperbewusstsein und Meditation

Tatsächlich gibt es hier eine der wundersamen Wechselwirkungen, die sich, wie es nicht zum ersten Mal passiert, kaum auf rationaler Ebene erklären lassen: Erst eine gut ausgeprägte Sensibilität macht Sie auch hochempfänglich für meditatives Erleben, während Sie eine stimmige Meditationspraxis noch feinfühliger für Ihren Körper, Ihre Mitmenschen und Ihre Umgebung macht.

Darüber hinaus habe ich im Laufe der Jahre gerade bei Frauen beobachtet, dass sie, wenn sie sensorisch wach sind und meditieren, das auf ganz besondere Weise tun. Sie gehen ausgesprochen aufmerksam mit sich um und kümmern sich auch beim Meditieren um ihren Körper, sein Empfinden und seine Zufriedenheit.

Tatsächlich stoßen wir hier auf einen sehr wichtigen Zusammenhang: Eine Frau meditiert genau auf dieselbe Weise, wie sich ihr empfindungsbezogenes Verhältnis zu ihrem Körper gestaltet. Ist es freundlich, bewusst und positiv, nimmt sie diese Qualitäten auch mit in die

Meditationspraxis hinein. Und im Gegenteil: Geht eine Frau mit ihrem Körper nachlässig um, wird sie seine Bedürfnisse auch auf dem Meditationshocker ignorieren. In diesem Fall verschließt sie sich eigenhändig nicht nur ihrem inneren Erleben, sondern auch den vielen positiven Effekten von Meditation.

Spiralwirkung

Das ist auch ein Grund dafür, dass ich im Meditationskapitel auf feminine Meditations- und Bewusstheitsformen eingehen werde, die der inneren Erlebniswelt des weiblichen Körpers entsprechen. Diese körperorientierten Methoden schließen dessen aktuelle Bedürfnisse, seine Empfindungen und Sehnsüchte ein und dienen den Meditierenden als Fingerzeige, damit diese ihre Innenwelt noch leichter und anstrengungsloser erobern können.

Sobald Frauen ihrem Eigenempfinden folgen und diesem entsprechend meditieren, setzen sie einen spiralförmigen Prozess in Gang, der sie mit der Innenwelt Ihres Organismus noch vertrauter sein lässt: Auf diesem werden sie nicht nur empfindungssicherer, sondern oftmals so verbunden mit sich, dass ihre Intuition auf ihrem Zenit ankommen kann.

In die Tiefe geht's

Tatsächlich ist das eine spannende Reise! Sobald eine Frau sich nämlich auf ihre intuitiven Fähigkeiten verlassen kann, heißt das nichts anderes, als dass ihr noch eine ganz andere Wahrnehmungs- und Entscheidungsebene zur Verfügung steht. Sie kann Vorgänge in ihrem Inneren oder im Außen wahrnehmen und auf diese rein gefühlsbezogen antworten, ohne dabei die Ratio zu bemühen. Fernab von Allgemeinwissen und Argumenten hat sie ein Gespür dafür, wie die Energie oder Essenz einer Angelegenheit ist. Ihr reicht eine kurz aufflackernde „Ahnung", um sich von etwas ein Bild zu machen und mitunter sogar, um eine Entscheidung zu fällen.

Und das ist eine enorme Stärke der Frau! Mit dem Vertiefen der Intuition hat sie eine Qualität im Gepäck, die man auch als innere Weisheit bezeichnet. Ohne gefundene Lösungen oder nächste Schritte benennen zu müssen, ohne den „Geist" von Situationen mit Worten und Verbalgymnastik zu verdrehen, vertraut die Frau ihrem innewohnenden Gespür. Aus meiner Sicht ist die weibliche Intuition eine der größten Quellen menschlicher „Intelligenz", die allerdings, wie wir im zweiten Kapitel sehen werden, der Frau in ihrer Geschichte viele Nachteile gebracht hat.

Die Kraft der Intuition

Und hier werde ich tatsächlich einmal polemisch: Das Zurückgreifen-Können auf die Intuition bereichert die Frau nicht nur, sondern verschafft ihr inmitten einer maskulin ausgerichteten Welt auch ganz praktische Vorteile. Wenn eine Frau den Zugang zu ihrer Intuition pflegt, bewahrt sie sich selbst davor, in ungute oder selbstschädigende Situationen, Beziehungen und Umstände hineinzustolpern und folglich unnötige Irrwege zu gehen oder auf diesen zugezogene Blessuren verarzten zu müssen.

In einer maskulinen Welt ist es einfach ein Fakt, dass Frauen, wenn sie sich verfahren oder auch nur eine einzige falsche Entscheidung getroffen haben, ungleich mehr Energie aufbringen müssen, um sich aus den Konsequenzen wieder herauszuwühlen. Ganz klar. In einer Umgebung, deren Grundmechanismen anders als die eigenen funktionieren, reparieren sich Dinge nunmal schwerer. Die Situation ähnelt einem Fisch, der ohne Wasser wenig Spielraum zum Sich-Freischwimmen hat. Auch aus diesem Grund ist eine präzise entwickelte Intuition für die Frau, wenn sie gesund sein will, in einem maskulinen Umfeld nahezu essenziell geworden.

Aus der 24-Antworten-Reihe:

Verstärken Sie Ihre Intuition!

Erster Schritt: Ihre Intuition kennen

Schreiben Sie jetzt diejenigen Lebensbereiche und Entscheidungsfelder auf, in denen Sie sich bereits auf Ihre Intuition verlassen können beziehungsweise schon intuitiv entscheiden.

Zweiter Schritt: Ihrer Intuition vertrauen

Tragen Sie 24 Möglichkeiten, große, kleine oder auch ganz unscheinbare Spielräume zusammen, wo Sie Ihrer Intuition noch mehr vertrauen könnten. Lassen Sie sich in der **ME-TIME-LOUNGE** viel Zeit und Muße für diese Aufgabe. Besonders wichtig ist, dass Ihre linke Hand zum Einsatz kommt.

Urvertrauen ohne Worte

Ganz gleich ob es sich um die sensorischen weiblichen Fähigkeiten oder die Intuition handelt, eine Frau hat einen sehr einfachen, natürlichen Zugang zu dem „inneren Bereich" im Organismus, der komplett nonverbal, ohne Begriffe und Worte funktioniert. Und diesen Zugang kann sie, selbst wenn er arg verschüttet ist, durch eine bewusst feminin gestaltete Meditationspraxis wiederbeleben. Schließlich zum Leben erweckt, verfügt die Frau mit diesem über eine Ressource, die ihr eine wort- und argumentationslose Sicherheit im Leben gibt. Und jetzt werden Sie vielleicht staunen: Genau hier fließen alle femininen Qualitäten und meditativen Begabungen zusammen. Diese wortlose und von Intuition getragene Sicherheit können wir auch als Urvertrauen der Frau bezeichnen, das Vertrauen in den Fluss, der das Leben ist.

Hier schließt sich der Kreis. Wir sind genau an dem Punkt angelangt, an dem wir ursprünglich gestartet sind, nämlich bei der Ganzheit der Frau. Wenn Sie nämlich in die Essenz hineinspüren, welche in Ihrer Passivität, Ihrer Hingabe, Ihrer Empfänglichkeit oder in Ihrer Sensibilität liegt, bemerken Sie, dass Sie diese femininen Fähigkeiten kaum voneinander trennen können. Sie sind untrennbar miteinander verbunden und zwar so sehr, dass es nicht einmal eine erkennbare Nahtstelle zwischen ihnen gibt. Wenn wir vollkommen korrekt sein wollten, wäre es bereits verkehrt, sie getrennt aufzuzählen.

Und dieses Einssein, diese Ganzheit entspricht dem Element des Wassers, das sich immer als - ganze - Flüssigkeit ergießt, unabhängig davon, ob es die Gestalt eines Stromes, einer Woge, Welle, Quelle, einer Fontäne oder die eines Rinnsals annimmt. Es ist dieselbe Ganzheit, in der sich die Frau als eins mit sich selbst erlebt

2

Wenn das Weibliche in der Krise steckt

Die verlorene Femininität

Natürlich feminin

Ich nehme an, dass es Ihnen nach dem Ausflug in die weiblichen Qualitäten noch bewusster geworden ist, wie wichtig und selbsterhaltend die Entfaltung der Femininität für uns Frauen ist. Vielleicht hat er Sie auch in dem Wunsch bestärkt, Ihren weiblichen Potenzialen zukünftig eine noch größere Bühne zu geben.

Zum großen Rahmen: Wenn Sie Ihre femininen Qualitäten lieben und leben, haben Sie sehr gute Voraussetzungen, um tiefe Meditationserfahrungen zu machen, denn die femininen Qualitäten bereiten Ihnen gewissermaßen das Plateau dazu. Sei es Ihr Potenzial passiv und empfänglich zu sein oder Ihre Freude an der Hingabe - all diese Eigenschaften beinhalten bereits die Einladung zum Verbundensein mit Ihrer Innenwelt. Und das liegt nahe: Für eine feminine Frau ist es vollkommen natürlich, vertraut mit dem Inneren ihres Organismus zu sein. Meditationspraxis als solche sollte, ohne etwas vorwegnehmen zu wollen, an diesen Umstand anknüpfen. Sie wird nicht obendrauf gesetzt, sondern fließt - wie bei der Vereinigung zweier Flussläufe - mit dem physiologischen Strom des Körpers zusammen. Wie gesagt: Frauen meditieren anders und feminine Frauen noch einmal mehr.

Femininität auf dem Abstellgleis

Und ja. Sie haben recht. Dieser Ausgangspunkt entspricht einem Idealbild, das so in den wenigsten Fällen existiert und das wir wahrscheinlich nur bei wenigen Frauen finden werden. Tatsächlich fiel es mir beim Benennen der femininen Eigenschaften im Zusammenhang mit der weiblichen Physiologie nicht immer leicht, diese als etwas ganz Natürliches herauszustellen, aber die Realität der Frau erst einmal hintenan zu stellen. Deshalb habe ich immer wieder darauf hingewiesen, dass meine Beschreibungen nur dann zutreffen, wenn eine Frau mit ihrer Femininität verbunden ist.

Und ja, tatsächlich fällt die Realität oft anders aus. Viele Frauen, denen ich begegnet bin und insbesondere die meisten meiner Klientinnen sind von diesem femininen Idealzustand sehr weit weggerückt. Sie ringen mit massiven physischen Problemen und finden aus dem Dschungel ihrer Emotionen nur schwer heraus. Sie wünschen sich nichts sehnlicher, als endlich schmerz- oder stressfrei zu sein oder nach einer gesundheitlichen Krise wieder zu ihrer Normalität zurückzukehren. Manche formulieren ihr Anliegen auch differenzierter: Sie möchten einfach nur in Frieden mit sich sein oder „innere Tiefenheilung" erfahren, wie erst kürzlich eine neue Klientin die Sitzung eröffnete.

Ähnliche Erfahrungen habe ich mit Frauen gemacht, die sich den beruflichen Weg in sogenannte Spitzenpositionen gebahnt haben, in die Führungsetagen aufgestiegen sind oder eigene Unternehmen entweder als One-Woman-Show oder mit hunderten Angestellten leiten. Auch wenn es den Eindruck macht, dass sie ihr Frausein aktiver leben, sind sie dennoch mit denselben Themen konfrontiert. Auch für sie geht es um die Mehrfachbelastung, das „Sich-ausgebrannt-Fühlen", das Sich-Zerreißen zwischen Familie und Beruf. Wenn es einen Unterschied gibt, dann ist es der, dass Frauen mit verantwortungsvollen Jobs häufiger berichten, die Gesamtbelastung nicht mehr stemmen zu können.

Auch wenn die Situationen meiner Klientinnen ganz unterschiedlich sind, eint sie allesamt ein und derselbe Fakt, nämlich dass sie die

Harmonie mit ihrer Femininität nur eingeschränkt leben. Diese wurde von Beginn ihres Frauseins an bereits wenig entwickelt oder ist im Laufe der Jahre ins Hintertreffen geraten.

Enttäuschte Körper

Das Veränderungsbedürfnis meiner Klientinnen rührt so gut wie nie daher, dass sie ihre Femininität anzweifeln oder diese verbessern wollen. Der Körper mit seinen Signalen steht im Vordergrund, der zumeist klare Worte spricht. Da ist der Wunsch nach Veränderung groß.

Die meisten Frauen erzählen davon, dass sie schon einige Anläufe unternommen haben, um eine solche einzuleiten. Doch sie sind zu keinem zufriedenstellenden Ergebnis gelangt. Ich sag's mal so: Bei mir kommt in der Regel keine Frau an, die beginnende physische Ungereimtheiten spürt, einfach einmal etwas für ihre Gesundheit tun will oder einen ersten Versuch zur Linderung körperlicher Beschwerden unternimmt. Es ist für sie der fünfte, zehnte oder fünfzehnte Versuch, Verbesserungen zu erzielen, wenn sie sich auf die „sanften Mittel" Körperbewusstsein und Meditation einlassen. Einige Frauen warten sehr lange, bis sie merken, dass die Lösung ihrer Beschwerden ein anderes Verständnis braucht als ein paar Gesundheitstipps von Google, Pillen aus der Apotheke, Spritzen vom Hausarzt, Routineoperationen oder die separate Analyse der Seele.

Wenn ich sie dann auf ihre femininen Potenziale anspreche, ist das oftmals der Punkt, an dem sie aufhorchen und sich erinnern. Ach ja! Da war doch noch was! Ah ja. Ich bin ja auch noch eine Frau.

Energiewahrheiten

Sobald es darum geht, einen Startpunkt zu finden, beginne ich oft mit einer ersten, ganz simplen Bestandsaufnahme. Ich erfrage, wie viel Aufmerksamkeit sie in ihre Femininität investieren. Und da komme ich mitunter aus dem Staunen nicht heraus! Der überwiegende Teil meiner Klientinnen steckt einen Großteil ihrer Energie in den Ausgleich mit dem „Außen", in andere Menschen, in alle möglichen Dinge, in dieses und jenes und jeden, nur nicht in sich selbst. Ich weiß nicht, wie oft ich mich schon gefragt habe, wie es denn wäre, wenn alle Frauen auf dem Globus ihre Energie zuerst einmal für sich selbst einsetzen könnten. Ja wie sähe es aus, wenn die Frau als solche aufhörte, ständig für andere mitzudenken und stattdessen in ihrem Sinne zu agieren? Wie wäre es, wenn sie ihre Kräfte nicht zuerst in die maskuline Welt hineinbuttern würde, sondern in ihre eigene, die feminine? Und wie fiele ihre Situation aus, wenn der Mann als solcher sowohl im privaten wie im beruflichen Leben „seinen Mann" stünde und für seine Bedürfnisse selbst aufkäme? Wie wäre der Energiehaushalt der Frau, wenn sie sich nicht immerfort in einseitig maskuline Denkprozesse hineinzuversetzen bräuchte?

Ich sage Ihnen eins: Ein Wunder würde geschehen. Ach was! Ein Weltwunder! Es würde die Welt zum Wundern bringen.

Die Energietorte

Doch hier zurück zur Bestandsaufnahme! Kommen wir zu einer energetischen Reflexion, die auch Sie anwenden werden: Ich bitte meine Klientinnen, ihre energetischen Investitionen zu untersuchen und ihre „Energietorte" zu zeichnen. Ich frage sie, wofür sie ihre Lebensenergie benutzen, und bitte sie dann diese aufzuteilen. Um es ganz simpel zu halten, gehen wir davon aus, dass die verfügbare Energiemenge einer Torte mit zwölf Stücken entspricht. Und dasselbe frage ich jetzt auch Sie. Ich lade Sie wieder in die **ME-TIME-LOUNGE** ein, damit Sie sich dort Ihre energetischen Investitionen bewusst machen.

Energetisches I: Wie sieht Ihre Energietorte aus?

Erster Schritt:

Machen Sie es sich bequem, entspannen Sie sich und gehen Sie ein wenig in sich. Gern können Sie dabei auch die Augen schließen. Sobald sich Ihr Körper auf Ruhe eingestellt hat, halten Sie sich einen normalen, durchschnittlichen Tag vor Augen und machen Sie sich klar, wofür Sie Ihre Energievorräte verwenden.

Zeichnen Sie zunächst eine Torte mit zwölf Stücken. Neben die Stücke schreiben Sie die Adressaten Ihrer Energie, wobei Sie diese auch zusammenziehen können, falls Sie beispielsweise fünfzig Prozent Ihrer Kraft in die Betreuung Ihrer Kinder stecken. Wenn Sie exakter vorgehen möchten, können Sie die Tortenstücke auch noch einmal halbieren, sodass Sie vierundzwanzig Energieanteile zum Zuordnen haben.

Zweiter Schritt:
Wenn Sie fertig sind, heben Sie genau denjenigen Energiebetrag hervor, der in Sie selbst fließt.

Hier kommt wieder eine **Hand-aufs-Herz-Frage:**
Wie hoch ist der Anteil der Energie, den Sie in sich selbst investieren?

Energetische Überraschungen

Ohne Ihr Ergebnis vorwegnehmen oder beeinflussen zu wollen, ich habe viele Male erlebt, dass diese Bilanz in zwei Richtungen gehen kann: Entweder führt sie zu einer positiven Überraschung, indem die Frauen staunen, dass sie sich mehr Energie geben als angenommen. Oder: Das Bilanzieren ist mit Schmerzen verbunden, die aus der Einsicht rühren, wie viel Lebensenergie die jeweilige Frau einfach verschenkt. Während der erste, der positive Überraschungseffekt eher seltener vorkommt, entsteht der schmerzhafte aus dem Fakt, dass vielen Frauen zumeist gar nicht bewusst ist, wodurch sie ihre Kräfte verlieren. Sie stecken diese in alles Mögliche, sodass für sie selbst kaum etwas übrigbleibt. Und das liegt daran, dass nicht wenige Frauen ihren Selbstwert darüber definieren, wie nützlich sie für andere sind und welchen Mehrwert sie für ihre Mitmenschen, ihre Familie, Partner, Kollegen oder ihren Chef erbringen. Sie sind erst dann zufrieden, wenn alle anderen um sie herum zufrieden sind. Doch sie selbst rangieren an letzter Stelle und pfeifen, wie es beispielsweise Helene, eine Klientin, ausdrückt, „aus dem letzten Loch".

Ute, die seit Jahren mit Erschöpfung und ständiger Müdigkeit kämpft, verschleißt ihr Energiereservoir so vollkommen, dass es nach ihren eigenen Worten einer Wüste gleicht.

Marion, eine alleinstehende Mutter von drei schulpflichtigen Kindern mit Sechzigstunden-Job, stellt alle Menschen in ihrer Umgebung, einschließlich ihrer Kunden zufrieden. Doch sie selbst schrumpft, wie ihr Hausarzt bei jedem Check misst, pro Jahr um einen halben Zentimeter. Und so fühlt sie sich auch. „Der Alltag ist wie eine Last, die mich runterdrückt", sagt sie. „Er presst den letzten Saft aus mir raus."

Es macht also jede Menge Sinn, wenn Sie sich die Aufteilung Ihrer Energietorte genauer ansehen, sei es, damit Sie sich auf die Schulter klopfen können oder um Grenzsituationen zu erkennen und sofort die Notbremse zu ziehen.

Wo Sie jetzt schon einmal Ihre Energietorte vor sich haben, nutzen wir diese Gelegenheit gleich und kommen zu einer weiteren, der femininen Tortenfrage.

Energetisches II: Feminine Investitionen

Sehen Sie sich jetzt die in Tortenstücke aufgeteilten Energieinvestitionen genauer an und finden Sie heraus, welche femininen Qualitäten Sie innerhalb dieser verwirklichen. Gern können Sie ins erste Kapitel zurückblättern und die Details der weiblichen Potenziale auffrischen.
Machen Sie sich in der **ME-TIME-LOUNGE** relevante Notizen dazu.

Falls Sie sich jetzt selbst anerkennend zunicken, weil Sie Ihre femininen Qualitäten lebendig halten, ist alles gut. Gratulieren Sie sich dazu!

Doch aus der Erfahrung mit meinen Klientinnen weiß ich, dass viele Frauen ihren weiblichen Qualitäten ziemlich häufig die Luft abschnüren, weil es ihre Lebensumstände einfach nicht hergeben. Sie sehen, dass sie diese nicht nur komplett vergessen, sondern dass sie ihnen wie ein unnötiger Luxus vorkommen. Dieser erhielte erst dann seine Berechtigung, wenn die Basisaufgaben des täglichen Lebens erledigt sind. Und da diese die meiste Energie verschlingen, tritt dieser Luxus nie ein. Femininität als ein - unnötiger Luxus. Interessant!

Und ja: Darüber hinaus gibt es nicht wenige Frauen, die sich bewusst von ihren femininen Eigenschaften distanzieren. Ihrer Erfahrung nach sind diese eher bremsend und behindernd. Sie sehen sie als die Ursache dafür an, dass Frauen „ihren Alltag nicht gebacken kriegen", wie es Bärbel formuliert, oder „verweichlichen", wie Inge gelebte Femininität interpretiert, „am Herd landen und dort versauern", wie es Heike vermutet, oder „noch ausnutzbarer" werden, wie es Sonja sieht.

Und manche Frauen gestehen sich auch ein, dass sie nur eine sehr unklare Vorstellung davon haben, was es überhaupt bedeutet, feminin zu agieren und sich als Frau zu fühlen. Einige von ihnen schauen mich an, als käme ich von einem anderen Stern. Sie können nur mit den Schultern zucken, wenn es um das Ausleben des Femininen geht.

Frauenwunden

Bereits durch das Aufteilen der Energietorte und der energetischen Investitionen geschieht es, dass Frauen zu entscheidenden Erkenntnissen gelangen: Einige von ihnen spüren deutlich, dass die Abwendung von ihrer Weiblichkeit oftmals den Nährboden schafft, auf dem ihre physischen oder psychischen Beschwerden wachsen. Sie sehen, dass ihr Körper gar nicht anders kann, als Spannung aufzubauen, Hilferufe zu senden und in seinem Bestreben nach Heilung Symptome zu zeigen.

Ganz klar. Wenn Frauen in ihrem Tun ausschließlich funktionieren, anstatt zu fließen, vorrangig an andere denken, anstatt sich selbst zu fühlen, oder alles unter Kontrolle halten, anstatt zu vertrauen, arbeiten sie nicht nur gegen ihre Femininität, sondern gleichzeitig auch gegen ihre physische Natur. Nachdem wir nun wissen, dass sich die weiblichen Gaben an den Körper anlehnen und sich aus seinem Funktionieren ergeben, liegt dies näher als nah.

Frauen sollten sich diesen Zusammenhang vor Augen halten: Die femininen Potenziale sind an die natürliche Ausstattung des weiblichen Körpers gebunden. Und wenn sie nicht gelebt werden, ist der Körper oftmals auch derjenige, der diesen Mangel auszugleichen hat und dies mit Sichtbarmachen von Symptomen kompensiert.

Warum?

Natürlich kommt im Großen wie im Kleinen gesehen sehr schnell die Warum-Frage auf. Ja, warum vernachlässigen so viele Frauen ihre Femininität, wo sie doch zu ihrer Grundkonstitution gehört? Wie kommt es dazu, dass sie ihre eigenen Bedürfnisse in die Ecke stellen, sich aufopfern, zur Handlangerin anderer machen oder ihre ureigenen Kräfte im Äußeren verschleißen?

Und wissen Sie was? Genau bei der Beantwortung dieser Frage passiert etwas ganz Verrücktes! Viele Frauen, die mir gegenübersaßen, richteten die Antwort wie selbstverständlich gegen sich selbst: Sie suchten die Schuld dafür in ihrem eigenen Unvermögen, darin, nicht zu genügen und nicht besser, organisierter oder profilierter zu sein. Ich könnte Ihnen hier eine endlose Liste von Makeln aufzählen, die Frauen an sich finden und für die sie sich auch noch schuldig fühlen.

Und das ist es! Durch die vielen Frauen, denen ich in meinem Beruf begegnet bin, wurde ich immer wieder angeschubst, die Rolle der Frau in unserem heutigen Lebensgefüge, Gesellschaft genannt, zu reflektieren. Mir ist klar geworden, dass die Beziehung, die eine Frau zu sich selbst und zu ihrem Körper mit seinen femininen Qualitäten hat, der Rolle entspricht, die eine Frau in ihrem konkreten Lebensumfeld spielt. Und diese wiederum ist, auch wenn sie für jede Frau eine individuelle sein mag, eine lange geprägte.

Verwobenes

Hier greife ich schon einmal vor. Genau dieses Gesamtpaket aus persönlichen Umständen, Körper- und Frauenbild kommt in der Meditationspraxis zutage. Meditation wirkt wie eine Lupe: Positioniert sich eine Frau nicht als gleichwertigen, sich ebenbürtig fühlenden Menschen und ist sie auch nicht im Lot mit ihrer Femininität, bringt sie diese Zerrissenheit auch in ihre Meditationspraxis ein. Sie kämpft mit sich auf dem Meditationshocker und findet es schwierig, sich nach innen zu richten. Oftmals wird sie in diesem Zuge empfänglich für maskuline Meditationsansätze. Sie beginnt sich zu disziplinieren und verordnet sich Regelhörigkeit und Disziplin. Oder sie gibt auf und legt Meditation als etwas hinter sich zurück, das blödsinnig ist und einfach nicht zu ihr passt.

Da ich das viel zu häufig erlebt habe, halte ich es nicht für übertrieben, wenn ich sage, dass Meditationspraxis das Selbstbild der Frau, ihre Femininität und ihr Rollenverständnis ans Tageslicht holt.

Weibliche Konditionierung

Aber jetzt einmal der Reihe nach. Wo gehen wir am besten los, wenn wir diese vielen Aspekte zusammenbringen und den Frauen auf der Suche nach ihrer Femininität den Rücken stärken wollen?

Ich habe beobachtet, dass Frauen die Situation ihrer eigenen Weiblichkeit generell besser verstehen, wenn sie sich zunächst ihre wahre Rolle, die sie in ihrem Leben einnehmen, ja, die Rolle in der Gesellschaft vor Augen halten. Denn das, was wir als „Gesellschaft" bezeichnen, ist ja nichts anderes als das konkrete Lebensgefüge, in dem sich die Frau einrichtet und agiert. Es ist das Regelwerk, das sie umgibt, die Gesetze, von denen sie betroffen ist, und vor allem ihr Rollenverständnis, das in ihr selbst sitzt und das ihr nicht zuletzt auch von außen entgegengebracht wird.

Und dieses ganze Paket an Bedingungen wurzelt zu einem großen Teil in der Geschichte der Frau. Deshalb werden wir jetzt einen Blick auf ihre Historie werfen und dadurch im großen Rahmen verstehen, warum Frauen ihre femininen Spielräume so massiv begrenzen, anstatt sich zum Ausbreiten ihrer Flügel zu entschließen. Die Femininität der Frau ist ja nicht umsonst flächendeckend unterrepräsentiert und so immens weit in der Versenkung verschwunden.

Und nicht nur das. Wenn wir verstehen, wie die Rahmenbedingungen, die eine Frau heute hat, über Jahrhunderte gewachsen sind, erklärt sich auch, warum Frauen ihre eigene Femininität nicht nur vergessen, sondern mitunter sogar bewusst bekämpfen. Tatsächlich hilft ein Blick zurück in die Jahrhunderte Frauen, ihren inneren Zwiespalt zu verstehen.

„Nischensymptome" und der Rückzug der Frau

Die Vergangenheit lebt weiter

Ich habe es mir reiflich überlegt, ob ich im Rahmen dieses Buches tatsächlich so weit in die Geschichte der Frau zurückblicke und bis ins fünfzehnte Jahrhundert aushole. Ich denke, dass es notwendig ist, selbst wenn eine Bekannte, mit der ich das Buch besprochen habe, mich davor gewarnt hat. Der Inhalt könne dadurch schief ankommen. Man könne mir Männerhass unterstellen oder feministische Meinungsmache anlasten. Und wissen Sie was? Genau diese Bedenken haben mich darin bestärkt, es zu tun, weil exakt diese Angst der Frauen, anzuecken, missverstanden oder fehlinterpretiert zu werden, aus dieser alten femininen Wunde rührt.

Also legen wir los. Holen wir jetzt tatsächlich einmal weit nach hinten aus und starten mit den Geschehnissen in einer Epoche, als ein gewaltiger Feldzug gegen die Femininität der Frau stattfand. Zeitlich gesehen schauen wir in das fünfzehnte bis achtzehnte Jahrhundert zurück. Das ist nämlich die Zeitspanne, in der eine deutliche Zäsur in der Geschichte gesetzt wurde, von der sich die Frau, jetzt werden Sie staunen, immer noch nicht vollständig erholt hat.

Inneres Wissen versus männliches Ego

Es begann im Mittelalter, als die Lage der Frau eine sehr andere als heute war. Es verhielt sich so, dass die Vertreter der Kirche und der machthungrige Mann in der Politik einander Händchen hielten und einen irrsinnigen Feldzug gegen die Weisheit der Frau unternahmen. Irrsinnig deshalb, weil Sie sich Folgendes einmal vor Augen halten müssen: Obwohl die Frau damals weder Rechte noch einen Zugang zu Bildung hatte, das öffentliche Leben nicht bestimmte und kaum lesen oder schreiben konnte, war sie dem Mann aufgrund ihres „inneren Wissens" immer noch zu einflussreich.

Es war kein Zufall, dass ihm besonders die femininen Stärken der Frau ein Dorn im Auge waren. Denn ja: Eine Frau, die ihre Femininität in ihrer Gesamtheit lebt, ist in ihrer Mitte und verkörpert Kraft, ohne dass sie kräftig sein muss. Selbst dann, wenn sie keine Macht besitzt, kann sie Stärke von innen heraus entwickeln und multidimensional agieren. Durch ihre ausgeprägte Intuition ist sie in der Lage, das Leben auf einer tieferen Ebene zu verstehen. Und genau darum ging es: Der machtbesessene Mann von damals sah, dass er über diese Potenziale nicht einmal ansatzweise würde verfügen können. Er konnte es nicht schlucken, in bestimmten Lebensfragen unwissend zu sein.

Gewissermaßen hat die Frau dem Mann durch ihre bloße Existenz den Spiegel vors Gesicht gehalten, ihm die Impotenz seines Aktivismus vor Augen geführt und ihn daran erinnert, dass er darin nur wenig schöpferisch ist. Offenbar hat sie damit seinem Ego einen solch gewaltigen Stich versetzt, dass er beschloss, die femininen Eigenschaften auszurotten. Da im maskulinen Verständnis das Wissenhaben mit dem Mächtigsein gleichbedeutend ist, musste er die weibliche Weisheit zerstören. Er beschloss per Gesetz, der Frau diese aus der Hand zu nehmen und sich davon so viel wie möglich in die eigenen Hände zu spielen. Er vernichtete systematisch die Urkraft der Frau, damit er als einzig Wissender übrigblieb.

Der Mord des Femininen

Und diese Arbeit hat er ziemlich gründlich gemacht. Obwohl sich nur relativ wenige historische Schriften mit diesem dunklen Kapitel der Menschheitsgeschichte befassen und es nur vage Angaben darüber gibt, wie viele Frauen im Zuge der Hexenverfolgung tatsächlich mundtot gemacht wurden, besteht Einigkeit in dem Punkt, dass es ein Massaker war. Die Zahlen schwanken zwischen vierzigtausend und mehreren Millionen Frauen, denen in Europa der Prozess gemacht wurde. In dieser Rechnung sind jedoch nicht die vielen ungezählten Frauen berücksichtigt, die gedemütigt, gefoltert, in Ketten gelegt, in Dunkelzellen gesperrt oder in den Wahnsinn getrieben wurden. Die damaligen Psychiatrien, die sogenannten Verrücktenanstalten, sollen damals mit weisen Frauen gefüllt gewesen sein.

Die Frau im Pakt mit dem Teufel

Doch was genau warf man den Frauen vor? Und da berühren wir tatsächlich einen Punkt, der aus der heutigen Perspektive heraus an Absurdität kaum zu übertreffen ist. Damit die Frau verurteilt, handlungsunfähig und mundtot gemacht werden konnte, brauchte man einen Tatbestand und folglich ein Geständnis. Und da sprang die christliche Kirche ein: Man unterstellte denjenigen Frauen, die über ein bestimmtes Wissen, über Intuition oder besondere Heilkräfte verfügten, Zauberei, die nur durch ein Verhältnis mit dem Teufel zustande gekommen sein konnte. Und dieses musste sie eingestehen.

Klingt das in unseren heutigen Ohren nicht irre? Und ja, das war es auch! Wenn sie es tat, konnte sie rechtmäßig weggesperrt oder zum Tode verurteilt werden. Und wenn sie es nicht tat, folterte man sie. Der Mann massakrierte sie so lange, bis sie entweder wahnsinnig wurde oder schließlich gestand. So oder so. In grauenvoller Feinarbeit vernichtete er die Ausdrucksmöglichkeiten der Frau.

Höllenqualen

Wie Sie sich vorstellen können, nahmen die Frauen diesen Vorgang zunächst nicht widerstandslos hin. Doch der Mann war stärker. Historischen Schriften nach schreckte er vor so gut wie nichts zurück, um die Frau geständig zu machen. Ich habe einmal Folterwerkzeuge in einem Mittelaltermuseum gesehen, mit denen der Mann seine

Perversionen an Frauen auslebte. Danach habe ich mehrere Nächte lang nicht schlafen können, weil diese Werkzeuge plötzlich die Geschichte real werden ließen. Ihr bloßes „Design" erzählte bereits Bände darüber, wie der Mann die Frau zur Selbstaufgabe zwang. Und mehr noch: Wenn eine Frau dem Schmerz immer noch trotzte, hatte er keine Hemmungen, ihre Kinder zu foltern, damit diese entweder gegen ihre Mutter aussagten oder die Frau zum Schutz ihrer Kinder gestand.

Das Erbe der Frau

Natürlich. Wenn wir von diesen Berichten in den Geschichtsbüchern lesen oder uns in Museen informieren, entrüsten wir uns und schauen mit Abscheu auf diese düstere Zeit. Wie konnte so etwas möglich sein! Gleichzeitig freuen wir uns, weil es uns Frauen heute um so vieles besser geht. Glücklicherweise ist das vorbei und hat mit uns nichts mehr zu tun.

Doch wissen Sie was? Das hat etwas mit uns zu tun! Sehr viel sogar! Das hat es, weil sich die Frau während und nach dieser Zeit der Verfolgung zurückzog, mehr oder weniger im Untergrund dahinvegetierte, keinen Mucks mehr von sich gab und als Gebärmaschine oder Eigentum des Mannes lebte. Und das setzte sich über die Jahrhunderte fort. Die Ausbeutbarkeit der Frau bis in die Zeit der Industrialisierung hinein ist kaum zu übertreffen. Nicht nur gebaren die meisten Frauen unablässig Kinder, sie waren auch noch die billigste Arbeitskraft, die man sich vorstellen konnte.

Und genau das bringt uns der Gegenwart immer näher und kommt mit seinen Spätfolgen und Endausläufern inmitten unseres heutigen Lebens an. Auch wenn sich in der Zwischenzeit immens viele Faktoren für die Frau verbessert haben und wir uns die Scheiterhaufen nicht mehr vorstellen können, gibt es hier zwei für uns wichtige Aspekte: Zum einen ist die Frau im öffentlichen Leben immer noch nicht gleichgestellt, auch wenn es die Gesetze sagen. Und zum anderen ist die dominante Rolle des Mannes als solchem, ob im familiären Bereich oder im Berufsleben, immer noch vielerorts akzeptiert. Obwohl die rechtmäßige Situation der Frau eine unvergleichbar bessere ist, steht die Frau mit dem Mann noch lange nicht auf Augenhöhe, ganz gleich ob ihr das bewusst ist oder nicht.

Delikates

Natürlich hat der heute lebende Mann an den begangenen Verbrechen von damals keinen aktiven Anteil. Es ist fast überflüssig zu erwähnen, dass es hier nicht darum geht, den Sündenbock für das Verschwinden der Femininität zu suchen. Doch die damit verbundene Geisteshaltung aus der Zeit der gesetzlich geregelten Frauenverfolgung, nämlich dass eine Frau ein Mensch zweiter Klasse, ein Objekt und ein im Vergleich zum Mann minderwertiges Wesen ist, reicht mit ihren Ausläufern zweifellos bis in die Gegenwart hinein. Es ist immer noch lebendiger Teil des bestehenden Rollenverhältnisses zwischen Mann und Frau. Dieselbe innere Haltung lebt, wenn auch in abgeschwächter Form, immer noch in den Köpfen vieler Männer von heute fort.

Denn: Genauso, wie das weibliche Rollenbild als Konditionierung über die Jahrhunderte weitergegeben wurde, trifft das auch auf das männliche Rollenverhalten in den Generationsfolgen zu. Auch wenn die Frau von heute Hosen tragen, zur Wahl gehen, in der Politik mitmachen, in Männerberufen arbeiten und sogar in die Manageretagen vordringen darf, sitzt die Idee von der Minderwertigkeit der Frau im Denken vieler Männer fest.

Und wissen Sie was? Das Tragischste daran ist, dass nicht wenige Frauen dasselbe glauben. Wenn ich mir das Agieren von Frauen ansehe, ihren Selbsturteilen lausche und dann einmal nachbohre, kommt nicht selten heraus, dass sich viele Frauen selbst für weniger wertvoll als ein Mann halten. Erst kürzlich habe ich in diesem Kontext von einer sehr interessanten Untersuchung amerikanischer Verhaltensforscherinnen der Arizona State University gelesen, in der man die Feedbacks von Studenten und Studentinnen zur Selbsteinschätzung ihres Könnens ausgewertet hat. Man befragte diese, wie sie sich in Hinblick auf ihre Kommilitonen sehen, ob sie sich mit ihrem Können als gleichwertig fähig oder eher minderbegabt und unsicher fühlen. Während sich der überwiegende Teil der männlichen Studenten den anderen gegenüber als klar überlegen erlebte, sagten wesentlich weniger Frauen dasselbe. Und das geschah vor dem Hintergrund, dass die Frauen nicht nur dieselben, sondern sogar bessere Ergebnisse als ihre männlichen Kommilitonen erlangt hatten.

Spuren

Und damit sind wir bei den geschlechterbezogenen Spuren angekommen, die die Geschichte hinterlassen hat. Diese sind also längst nicht im Sande verlaufen, wie wir es am liebsten glauben möchten. Sie sind es weder von Mannesseite noch aus Frauensicht.

Beispielsweise habe ich nicht wenige Frauen berichten hören, dass sie, sobald sie ihr Wissen und Können zeigen und ihr männliches Gegenüber Schwierigkeiten hat, diesem zu folgen, missinterpretiert, ausgebootet, versetzt, scheinbefördert, auf den Sockel gestellt oder aufs Abstellgleis geschoben wurden. Ich selbst könnte einige Situationen aufzählen, in denen ich von meinem männlichen „Counterpart" missinterpretiert, verpetzt, ignoriert oder aber beiseitegelobt wurde, damit er sich nicht minderwertig neben mir fühlt.

Und das ist das Ding: Nachdem der heutige Mann glücklicherweise ein anderer als vor Jahrhunderten ist und viele Männer die Größe besitzen, die Fähigkeiten einer Frau als ebenbürtig anzusehen, sind dennoch viele chauvinistische Gepflogenheiten immer noch wach. Und deren historische Wurzeln können wir gut zuordnen. Diese mögen lange im Unerkennbaren schlummern, doch wenn es an die Grenzen des Mannes geht, verschaffen sie sich Luft.

Wenn's ans Eingemachte geht

Im Privaten passiert das in den intimen Mann-Frau-Beziehungen, weil sich dort die Frau am meisten in ihren femininen Eigenschaften zeigt. Oder es entpuppt sich während der Familiengründung, weil die Frau durch das Gebären der Kinder sowohl ihre Femininität als auch ihre Multidimensionalität stärker zu leben beginnt.

Und natürlich zeigt es sich in der Arbeitswelt, deren maskuline Strukturen gewachsen und verfestigt sind, weil die Frau lange keine Entscheidungsbefugnisse hatte. Da das Wahlrecht der Frau erst zu Beginn des letzten Jahrhunderts einsetzte und die wirkliche Anerkennung der Frau als gleichwertiger Mensch nur sehr langsam Eingang in das allgemein öffentliche Denken fand, sind feminine Werte und Vorgehensweisen in sehr vielen Berufsfeldern weder gewachsen noch stabil. Der Mann als solcher hatte viel Zeit, die innewohnenden Mechanismen der Gesellschaft einseitig maskulin und zu seinen Gunsten zu regeln, gesetzlich festzuschreiben und auszufeilen.

Laut Aussagen des Weltwirtschaftsforums (WWF) nimmt die Benachteiligung der Frauen gegenüber Männern wieder zu. Das kommt nicht zuletzt in der schlechteren Bezahlung der Frau zum Vorschein, die selbst dann nicht hinterfragt wird, wenn die Frau dieselbe oder sogar eine qualitativ hochwertigere Arbeit macht. Wenn die Lohnangleichung zwischen den Geschlechtern zukünftig in demselben Tempo voranschreitet wie bisher, so die WWF-Studie, müssen sich Frauen noch weitere einhundert Jahre, Sie lesen richtig, ein weiteres Jahrhundert gedulden.

Ich habe im Berufsleben einen klaren Algorithmus beobachtet: Der Spielraum des Femininen und die Entscheidungsbefugnisse der Frau sind umso geringer, je besser ein Job bezahlt ist und je mehr Karrierechancen mit ihm verbunden sind. Oder anders herum: Je hochdotierter der Job, desto weniger Frau.

Ungleichheiten

Dieser Algorithmus kommt besonders dann an die Oberfläche, wenn sich die Frau entweder in die typischen Männerberufe oder in die höheren Etagen mischt. Nicht umsonst müssen wir heute per Gesetz regeln, dass Frauen in den Aufsichtsräten von Unternehmen zu fünfzig Prozent vertreten sein müssen. Die Forderung nach der Frauenquote mag nach dem vom Mann verursachten Crash auf dem Finanzmarkt wie ein Fortschritt aussehen und möglicherweise auch für Verbesserungen sorgen. Doch eigentlich greift sie nicht wirklich. Nur 29 Prozent der Führungspositionen sollen nach aktuellen Aussagen des Instituts der deutschen Wirtschaft (IW) von Frauen besetzt sein.

Als man der Warum-Frage auf den Grund ging, zeigten sich unterschiedliche Gründe. Doch vor allem stellte sich heraus, dass sich Frauen wesentlich seltener um verantwortungsvollere Positionen bewerben. Es scheint für Frauen also gar nicht attraktiv zu sein, in den Chefetagen mitzumischen und ihr Können einzubringen. Ganz klar: Einerseits antizipieren viele von ihnen, welch hohen Preis sie dafür bezahlen, weil sie die Mehrfachbelastung mit Kindern und Familie nicht schaffen und ihr Stresspegel bis ins Unvertretbare ansteigen wird. Und darüber hinaus gibt es tatsächlich noch den Fakt, dass sich Frauen oftmals auch für weniger geeignet halten, gehobene Positionen auszufüllen.

Ich finde, allein der Umstand, dass wir eine Quotenregelung treffen müssen, sagt aus, wo die Frau von heute steht, einmal ganz abgesehen von ihrer Femininität. Ganz aus der Nähe betrachtet stellt die „Quote" nicht der Frau das Armutszeugnis aus, sondern dem gesellschaftlichen Klima beziehungsweise dem Mann, der dieses geschaffen hat und immer wieder schafft. Es zeigt, dass er immer noch derjenige ist, der die Entscheidungen trifft und der Gesellschaft seinen maskulinen Stempel aufdrückt. Da es also immer noch nicht rosig um die Rolle der Frau im öffentlichen Leben bestellt ist, müssen wir uns nicht fragen, warum die Femininität vieler Frauen weiterhin unterernährt bleibt.

Verdeckter Chauvinismus

Und ja. Natürlich können Sie diese Aussage als übertrieben empfinden und meinen, dass es ja so schlimm nicht wirklich ist. Besonders diejenigen Frauen, die sich gern als Mediatoren zwischen den Geschlechtern sehen, neigen erfahrungsgemäß dazu, solche Aussagen zu verwischen.

Doch wenn Ihnen das ebenfalls durch den Kopf gehen sollte, dann werfen Sie einmal einen Blick auf die Extreme, denn in den Extremen zeigt sich die Unterminierung der Frau offensichtlicher. Beispielsweise hat die #Metoo-Kampagne auf Facebook so deutlich wie kaum zuvor ans Licht gebracht, womit die Femininität der Frau von heute verwechselt wird. Reale Geschichten von Frauen erzählen, wie die Würde der Frau von Männern in Machtpositionen mit Füßen getreten wird. Die sexuelle Objektivierung der Frau nahm plötzlich fassbare Züge an und war nicht mehr etwas, das nur anderen passiert. Indem sich Frauen in vielen beruflichen Bereichen erst einmal in die oberen Etagen, auf Bühnen, Laufstege oder nach Hollywood hochschlafen müssen, schockt es außerdem, zu hören, dass Frauen beispielsweise in der Unterhaltungsbranche nahezu als Freiwild gelten.

Und da haben wir noch nicht einmal die Tatsache einbezogen, dass die Prostitution, bei der die Frau ihren Körper an den Mann verkauft, ein allgemein akzeptiertes Pflaster ist, Investmentbanker ihre geglückten Deals im Bordell feiern oder es immer noch normal ist, dass zu Five-Star-Firmenevents einfach ein paar gefügige Hostessen mitgebucht werden. Wenn Sie sich dann noch vor Augen halten, dass sich die Sexualität vieler älterer und auch jüngerer Männer an der Pornografie orientiert, wo Frauen - und ja! - auch Mädchen vor laufender Kamera zumeist im Überwältigtwerden durch den Mann gezeigt werden, kommt am Ende keineswegs heraus, dass eine Frau ein gleichwertiger Mensch in der Gesellschaft ist. Nein. Davon kann keine Rede sein. Davon sind wir meilenweit entfernt.

Mysognie – Frauenfeindlichkeit

Und der Mann? Übernimmt er Verantwortung? Da es in diesem Buch um die Frau geht und einmal nicht um den Mann, können wir uns damit nicht näher befassen. Doch lassen Sie mich so viel sagen: Es wird Zeit, dass der Mann dafür die Verantwortung übernimmt, genauso wie die Frau das tut, indem sie sich mit ihrer Vergangenheit befasst und aufräumt. Auch wenn der konkrete Mann, also Peter, Patrick, Paul, Karsten oder Klaus, sich nicht aktiv am Chauvinismus beteiligen, sollten sie sicherstellen, dass dieser nicht doch in ihrem Denken und ihrem Agieren sitzt.

Ich sage das hier so klar, weil ich die Reaktionen vieler Männer auf die #Metoo-Kampagne beobachtet habe. Klar! Wer stellt sich schon, wie es die Frauen tun, selbst an den Pranger und entblößt sich bis aufs Hemd? So gut wie keiner! Und das ist auch gar nicht notwendig, wenn der Mann als solcher diese Chance nutzt und in sich selbst klar Schiff macht.

Doch ich habe beobachtet, dass sich Männer, wenn der Chauvinismus aufgedeckt und offenbar wird, nicht selten zum Opfer machen und sich, indem sie die Fakten verharmlosen und die Wahrheit relativieren, aus der Verantwortung stehlen. Von Frauenfeindlichkeit, purem Sexismus oder der Objektivierung der Frau ist keine Rede. Der chauvinistische Mann bezeichnet seine Haltung zur Frau, wenn er denn gar nicht mehr anders kann, als „Misogynie". Das klingt wie eine Krankheit, die ihn befallen hat, die mit anderen Störungen wie Bauchschmerzen, Depressionen oder einem Fersensporn auf einer Stufe steht. Und diese lässt ihm keinen Spielraum und keine andere Möglichkeit, als die Frau zum Objekt zu machen. Mit einer kompliziert klingenden Diagnose zieht er sich aus der Möglichkeit zur Selbstreflexion heraus.

Und die Frau? Die #Metoo-Debatte stößt sie mit der Nase darauf, wo sie wirklich steht. Genau dort nämlich, wo der Mann die meiste Macht und das Geld in seinen Händen vereint, gilt die Frau am meisten als Objekt.

Spuren des Rückzugs

An diesen Beispielen sehen Sie, dass wir zwar im Vergleich mit der Frauenhistorie vor fünf Jahrhunderten weit gekommen sind, aber in Proportion zu unserem heutigen Werteverständnis noch ziemlich viel Veränderungsbedarf besteht.

Die Spuren der Geschichte reichen auch insofern bis in die Gegenwart hinein, als sich viele Frauen, da sie über sehr lange Abschnitte an der Gestaltung der Gesellschaft unbeteiligt waren, an das Köcheln auf kleiner Flamme gewöhnt haben. Da sie das Recht nicht auf ihrer Seite hatten, blieb ihnen nichts anderes übrig, als sich zurückzuziehen, eine eigene Welt zu erschaffen und ihre geistigen, intuitiven und spirituellen Begabungen für sich zu behalten. Frauen lebten lange in „Nischen" und konnten dort auch ihre femininen Stärken so gut wie nicht erproben.

Und das wiederum verzahnt sich mit dem Fakt, dass viele Frauen sogar bis ins 20. Jahrhundert hinein weder lesen noch schreiben konnten, weil sie nur begrenzten Zugang zum Wissenserwerb hatten. Das war insofern nichts Neues in ihrer Geschichte, weil Frauenwissen von jeher vorwiegend verbal übermittelt wurde. Ursprünglich waren es die Hebammen, die Nonnen, Kräuterfrauen und Heilerinnen, die es untereinander oder von Mutter zu Tochter, von Großmutter zur Enkelin weitergaben. Doch dadurch, dass die wissende Frau über lange Zeit verfolgt wurde, war nicht einmal dies mehr möglich. Ein Großteil weiblichen Wissens verschwand und wird, Sie werden es kaum glauben, erst heute wieder neu entdeckt.

Genau diese Ausläufer der Frauengeschichte sollten Sie unbedingt verstehen! Der Mann von damals hat eine Situation geschaffen, durch die Frauen komplett beschnitten wurden. Und diese ist in ihrem Geist mehr oder weniger noch immer wach. Viele Frauen haben gelernt, dass sie mit ihrer Nische zufrieden sind, ihr Wissen hinter dem Berg halten, vorwiegend für andere da sind und von den zwölf Stücken der Energietorte zumeist nur ein kleines Stück für sich selbst übriglassen.

Biologische Nachteile

Und ja. Wenn wir schon dabei sind dem Ganzen auf den Zahn zu fühlen, können wir nicht außer Acht lassen, worauf die moderne Frau ihren Fokus richtet, wohin sie ihre Kräfte gibt und wie sie mit ihrer Energie haushaltet. Richtig! Wir kommen bei der Aufteilung ihrer energetischen Investitionen an, die Sie sich vorhin bereits konkret angeschaut haben. Und diese haben natürlich, je nachdem wie alt Sie sind, sehr viel mit der Biologie der Frau zu tun. Denn die größte Herausforderung der Frau besteht seit Jahrhunderten darin, dass sie es nun mal ist, die die Kinder gebärt und dadurch in eine Sondersituation gerät. Bis in die Hälfte des letzten Jahrhunderts, ja, bis in die fünfziger, sechziger Jahre des 20. Jahrhunderts hinein war es keine Seltenheit, dass eine Frau sieben, zehn oder mehr Kindern das Leben schenkte. Vor der Erfindung der Pille um 1960 waren viele Frauen unablässig mit dem Kriegen und Großziehen von Kindern befasst. Ihr Körper hatte sich noch nicht einmal erholt, da wuchs schon wieder das nächste Kind in ihnen heran.

Das hatte nicht nur zur Folge, dass die Frau konstant ausgepowert und energetisch unterversorgt war, sondern auch, dass sie ihren Lebensunterhalt nicht verdienen konnte und von der Versorgung durch den Mann vollkommen abhängig war. Tatsächlich begann sich die totale biologisch bedingte Abhängigkeit der Frau vom Mann erst in den siebziger, achtziger Jahren aufzuweichen, indem sich die Pille als Kontrazeptivum immer mehr etablierte.

Und das sollten sie sich unbedingt auf der Zunge zergehen lassen! Es ist durch die Erfindung der Pille gerade einmal vierzig, fünfzig Jahre her, dass die Frau eine ihrer Hauptfesseln ablegen konnte! Meine Großmutter hatte davon noch nicht einmal eine Ahnung. Meine Mutter war noch jung genug, um sich an die neuen Möglichkeiten der Frau anzupassen. Doch erst die Frauen meiner Generation sahen es als etwas Normales an, die Geburtenregelung in die eigenen Hände zu nehmen. In der Folge gebaren Frauen weniger Kinder, damit sie zwischen zwei Geburten erst einmal Luft holen und ihre Lebensplanung selbst bestimmen konnten. Sie waren die ersten, die Leben schöpfen konnten, ohne chronisch erschöpft zu sein. Dennoch ist das Thema als solches, wie Sie wissen, weder veraltet noch frei von Konflikten. Noch immer ist es eine Tatsache, dass die Mutterschaft trotz vieler sozialer Verbesserungen dieselben alten Abhängigkeitsverhältnisse schafft und die Frau nicht selten vor die Entscheidung stellt, zwischen Kind und Selbstverwirklichung zu wählen. Wenn wir all das bedenken, wird klarer, warum viele Frauen die meisten Stücke ihrer Energietorte immer noch weggeben und nicht im Vollbesitz ihrer Kräfte sind.

Hier halten wir einmal an.

Wenn wir das Gesagte zusammenziehen, zeigt sich ziemlich deutlich, dass die Frau trotz vieler bedeutsamer Verbesserungen im öffentlichen Leben noch viele innere Altlasten mit sich herumträgt, die begünstigen, dass ihre Femininität unterernährt bleibt. Auch wenn sich die Bedingungen der Frau maßgeblich verändert haben und wir uns nicht mehr vor den Flammen der Scheiterhaufen zu fürchten brauchen, gibt es immer noch viele Anzeichen dafür, dass maskuline Kräfte das Feminine zu unterminieren versuchen. Ich halte es für wichtig, dass Sie diese Versuche sehen und auch überprüfen können, inwiefern sie Ihre persönliche Realität berühren. Vielleicht führt Sie das sogar zur Erkenntnis, dass bestimmte Symptome, Erkrankungen und Krisen, mit denen Sie ringen, genau diesem, dem Nichtausschöpfen Ihrer femininen Ressourcen geschuldet sind.

Nischensymptome

Und damit kommen wir wieder bei den gesundheitlichen Konsequenzen an, die viele Frauen wie meine Klientinnen beispielsweise so beschreiben: Wenn eine Frau ihre ureigenen femininen Fähigkeiten nicht entfaltet, weil sie in der Nische lebt und/oder ihre Energiereservoirs zugunsten anderer erschöpft, wird ihr Körper das früher oder später kommentieren.

Auch wenn die Experten der Körper-Mind-Medizin, einem relativ jungen Wissenschaftszweig, die Hintergründe des „Nischenfrauen"-Daseins nicht ins Kalkül ziehen, bringen sie immer mehr ans Licht, zu welchen Symptomen das energetische Sich-Erschöpfen und Unterdrücken von physischen und psychischen Bedürfnissen führt. Es schlägt sich nicht nur auf hormoneller, muskuloskelettaler oder biochemischer Ebene nieder, sondern kratzt am seelischen Gesundsein der Frau. Die alopathische Medizin versteift sich ja noch immer auf den Körper, den man von der Seele und dem Geist sauber trennen kann. Aber das ist ein längst veraltetes Modell, das an der menschlichen Realität vollkommen vorbeigeht. Nein, wir Menschen sind nicht abtrennbar davon, wie wir denken, fühlen und uns selbst reflektieren.

Ich habe im Folgenden typische gesundheitliche Anzeichen zusammengetragen, mit denen die Frauen in der Nische ringen. Ich bezeichne sie als „Nischensymptome", weil sie im Klima des Rückzugs, der Zurückhaltung und Selbsterschöpfung besonders schnell wachsen.

1. Die Frau „verschwimmt"

Diese Konsequenz ist eine, die ich bei Frauen immer wieder als sehr einprägsam erlebe: Die Frau, die sich in der „Nische" eingerichtet hat und mit dem Leben nicht wirklich in Kontakt ist, verliert ihre ureigene Stärke, die in ihr sprudelnde Quelle der Vitalität, ihre Lebendigkeit, ihre Kraft. Entweder zerfließt sie, sodass sie kaum noch als Mensch mit Rückgrat wahrgenommen wird, oder sie macht sich in der moderneren Fassung zur Allroundmanagerin, der man alles aufladen oder auf den Tisch pfeffern kann. Beides geht mit ihrem Körper synchron. Wenn dieser verweichlicht und „verschwimmt", äußert sich das darin, dass die Frau weder ihr Muskelsystem noch ihr Skelett funktionell angemessen benutzt. Sie entwickelt eine gewebliche Nachgiebigkeit, die ihr strukturelle Probleme bereitet und sie zusammensinken lässt. Sie entwickelt nicht selten starke Krampfadern oder Hämorrhoiden, ausgeprägte Cellulite oder übermäßige Fettansammlungen im unteren Körperbereich. Da das Skelettsystem unfunktionell benutzt wird, kann es auf lange Sicht zu Osteoporose und knöcherner Degeneration kommen.

Und natürlich fühlt sich dieses Geschehen für die Frau selbst instabil an: Ihre Standfestigkeit schwächelt. Es fällt ihr schwer, Rückgrat zu bewahren, ihre Stimme zu erheben oder Tacheles zu reden. Tatsächlich kann man auf der Nischenfrau alles Mögliche abladen, ohne dass sie aufmüpfig wird. Selbst dann, wenn sie Widerstände spürt, drückt sie diese nach innen, wo sie weiterbrodeln und unter Umständen sogar Schaden auf zellulärer Ebene anrichten können.

2. Innerer Stau

Der andere Typ der Nischenfrau, der weniger „verschwimmt", aber als die „Frau für alles" widerspruchslos Berge an Aufgaben auf ihre Schultern lädt und das Leben anderer stemmt, bringt ihr volles Potenzial ebenfalls nicht zur Blüte. Die Folge ist, dass sie nicht mehr „fließt" und ihr Organismus typische „Stausymptome" zeigt. Dazu zählen Gefäßerkrankungen, Bluthochdruck, Lymphschwellungen, Beckenboden- oder Blasenschwäche, Gebärmuttervorfälle oder andere gynäkologische Probleme. Verdauungsbeschwerden, Übergewicht, Herz- und Atemprobleme oder Nierenbeschwerden können daher rühren, dass die Frau nicht im Vollbesitz ihrer Energieressourcen ist.

Und das wirkt sich auch auf ihr seelisches Befinden aus. Die Frau empfindet den körperlichen Stau. Er macht sich als Druckgefühl oder als Empfinden des Getriebenseins in ihrer Eigenwahrnehmung breit. Sie erlebt sich als chronisch unzufrieden, nie gut genug, gereizt, unausgegoren bis depressiv. Und ja: Druck- oder Stausituationen kochen irgendwann über - ich erinnere ans Hochwasser. Wenn dieser Typ „Nischenfrau" explodiert, sollte man nicht in der Schusslinie stehen. Dann kommt das Unterdrückte und Ungelebte nach draußen und zeugt von dem, was die Frau über Jahre geschluckt hat.

Meditative Nischenfrauen?

Und das alles kommt auch in der Meditationspraxis zutage. Genauso nämlich, wie sich die Nischenfrau im Leben einrichtet, macht sie es in der Meditation. Sie nimmt zumeist ungefiltert hin, was man ihr sagt, und muckt auch nicht, wenn beim Meditieren der Fuß einschläft, die Hüfte nörgelt, es im Kopf hämmert oder der Rücken schmerzt. Wenn überhaupt, erwähnt sie es nachher und findet das auch gar nicht schlimm. Sie kommentiert es mit „Ach, es geht schon ..." oder „Passt schon ...". Und ja: Wenn sie sich zum Meditieren entschließt, passt sie sich der meditativen Technik an, egal ob sich das richtig anfühlt oder im Konsens mit ihrem Körper geschieht.

Um diesen mag sie sich ja sowieso nicht wirklich kümmern. Genauer betrachtet ist es ihr ganz recht, wenn sie schweigen kann und um ihre Empfindungen „nicht so viel Gewese", wie es Hannelore abwinkt, oder „nicht immer gleich ein Theater" macht, wie es Doris meint.

Doch genau diese Haltung führt, ähnlich wie in der Geschichte der Frau dazu, dass sie weder mit der Tiefe ihres Organismus in Berührung kommt, noch ihr intuitives inneres „Wissen" anzapft. Insbesondere im Zuge der Meditation ist die Nischenfrau ein wandelnder Widerspruch: Da sie den Rückzug gewohnt ist, erzeugt sie den Eindruck, zu den determinierten Meditierenden zu gehören. Doch beim Nachbohren zeigt sich nicht selten, dass sie auch das Nach-innen-Richten nach Anweisung macht und dadurch die Potenziale, die sie beim Meditieren zur Blüte bringen könnte, wie die Stücke ihrer Energietorte verschenkt.

Der Weg des Wassers?

Legen wir hier ein kurze Pause ein und schauen wir, wie weit wir im Verständnis der Femininität der Frau gekommen sind.

Wir haben herausgearbeitet, wie sich ihre Rolle im öffentlichen Leben entwickelt hat und welche Spuren die geschichtlichen Ereignisse hinterließen. Uns ist klar, warum eine Frau ihre femininen Qualitäten durch den Rückzug in die Nische ungelebt lässt, was dabei mit ihrem Energiereservoir geschieht und welche physischen und psychischen Tücken das haben kann. Die sogenannten Nischensymptome zeugen davon.

Wenn ich „kann" schreibe, heißt das zum einen, dass natürlich auch andere Faktoren dieselben Folgen haben können. Und ich benutze „kann" außerdem, weil das Konstrukt, das sich die Frau unbewusst schafft, sogar über längere Zeiträume hinweg funktionieren mag. Mit dem unentwegten Weggeben ihrer Lebensenergie kann es sogar ein Leben lang andauern, genauso wie ein Fluss über lange Phasen hinweg ruhig und unauffällig bleiben kann oder stehendes Wasser sich eintrübt, ohne dass Spektakuläres passiert. Doch selbst wenn das so ist, täuscht nichts darüber hinweg, dass die Frau, wenn sie nicht im Vollbesitz ihrer femininen Kräfte ist, weder ihre Potenziale entfaltet noch ihr ureigenes und ein zutiefst erfüllendes Leben lebt. Um von diesem zu kosten, muss sie die Nische verlassen. So viel ist klar.

Die Schauschwimmerin

Bevor wir uns mit dem gegenteiligen Typ, den maskulinisierten Frauen näher beschäftigen, holen wir ein wenig Freude in unser Bewusstsein. Denn auch dann, wenn wir die Dinge beim Namen nennen, sollten wir unsere Heiterkeit nicht vergessen.

Frauenfreude unplugged: Die Schwimmwettkampfstory

Ich erinnere mich manchmal an meine Zeit an der Uni, als ich Sportpädagogik studierte. Ich galt damals als sogenannte „Allrounderin". Das hieß, dass ich mich in vielen Sportarten zu Hause fühlte, schnell laufen, turnen und trotz meiner relativ geringen Körpergröße gut springen und Volleyball spielen konnte. Allerdings brachte mir diese

Allround-Fähigkeit ein, dass ich in Situationen wie der folgenden landete.
Die Studentenmeisterschaft im Schwimmen war ausgeschrieben und das Universitätsteam, bestehend aus großwüchsigen Schwimmerinnen, stand fest. Da eine Studentin ausfiel, holte man mich ins Team, obwohl ich noch nie zuvor an einem Schwimmwettkampf teilgenommen hatte. Aber ich war schnell und konnte die 100 Meter Freistil in einer passablen Zeit schwimmen. Ich weiß nicht, warum ich damals Ja gesagt habe. Ich bereute es jedenfalls gründlich, als ich auf dem Startblock stand, nach links und rechts schielte und die Hüninnen neben mir sah. Oje!
Der Pfiff kam, ich sprang ins Wasser und kraulte los. Kurzer Blick nach links und rechts: Oh!!! Keiner in Sicht. Ich legte mich noch mehr ins Zeug und freute mich, dass es so gut für mich lief. Es waren damals nur Fünfundzwanzigmeterbahnen, sodass die erste Wende schnell kam. Wow! Mein Trainer gab mir aufgeregt Zeichen. Obwohl ich diese nicht deuten konnte, nahm ich an, dass er mich anfeuerte und alles „im Grünen" war. Doch kurz nach der Wende kam das Aus. Vor mir tauchte eine meiner Kommilitonen auf und hielt mich an. Es handelte sich um einen Fehlstart, den ich nicht wahrgenommen hatte. Uhuhuhhh!
Bereits vollkommen erschöpft stieg ich ein zweites Mal auf den Startblock. Dieses Mal sah ich nicht rüber. Das brauchte ich auch nicht, denn ich spürte das Grinsen der Überdimensionalen neben mir. Den Rest können wir ganz kurz machen: Noch einmal paddelte ich mutterseelenallein im Schwimmbecken herum, nämlich als alle anderen bereits mit einer Bahnlänge Vorsprung angeschlagen hatten. Zu meiner Blamage kam hinzu, dass ich mich über die Leiter aus dem Becken hieven musste, was im Schwimmsport ziemlich verpönt ist. Ich zog meine Schwimmkappe ins Gesicht und wollte so schnell wie möglich die Halle verlassen. Aus dem Augenwinkel bekam ich noch mit, wie mir mein Schwimmtrainer den nach unten gerichteten

Daumen zeigte. Unter der Dusche würgte ich mit meinen Tränen.
Ja. Und dann kam der Abend, den ich eigentlich mit meinen beiden Studienfreundinnen verbringen wollte. Natürlich sagte ich ab. Doch Lia und Pauline standen wie ursprünglich verabredet an der Tür, eine Flasche Rotwein und eine große Packung Dominosteine unter dem Arm, damals meine Lieblingsnascherei. „Komm! Raff Dich auf!", rief Lia. „Wir müssen doch die Meisterin im Schaukraulen feiern." Obwohl ich das gar nicht lustig fand, ging ich mit. Im Studentenklub angekommen, zogen mich die beiden erst einmal auf die Tanzfläche. Zum Lockermachen, wie sie sagten. Und dann prosteten sie mir mit jedem Glas Rotwein zu: „Auf Katrin, die Meisterin im Schaukraulen!" Und das machten sie so lange, bis ich endlich mitlachen konnte und meinen Auftritt vergaß.
„Na endlich!" Lia umarmte mich. Sie gestand mir, dass sie auch gefragt worden war. Doch sie hatte nicht den Mut gehabt, mit den Trainierten ins Schwimmbecken zu steigen. Pauline nickte und klappte beide Daumen nach oben. Sie hatte bereits meinen Lieblingssong bestellt. Erst im Morgengrauen verließen wir den Klub.

Die Powerfrau in der Falle

Powerfrauen

Vielleicht gehören Sie zu denjenigen Frauen, die bei allem, was bisher über den Verlust der Femininität durch den Rückzug in die Nische zur Sprache gekommen ist, heftig den Kopf geschüttelt haben. Sie schwören, dass weder die Nischenfrau ihrem Selbstbild entspricht noch die „Nischensymptome" zu ihrem Erfahrungsschatz zählen. Darüber hinaus sieht Ihre Meditationspraxis ebenfalls ganz anders aus. Und das kann ich sehr gut nachvollziehen.

Tatsächlich beobachte ich, dass immer mehr Frauen Schwung holen, kräftiger werden und das Heft ihres Lebens in die eigene Hand nehmen. Sie mischen sich in die vom Mann besetzten Berufe und lösen sich selbstverständlicher aus dem alten Rollenbild heraus. Insbesondere junge Frauen, deren Mütter sich bereits freigeschwommen haben, sehen es als Selbstverständlichkeit an, dass ihre Bedürfnisse, Wünsche und Visionen in Erfüllung gehen.

Während einige Frauen einen guten Weg finden, sich in ihrem konkreten Umfeld zu verwirklichen, taucht aber zunehmend ein gegenteiliges Extrem auf: Es gibt immer mehr selbsternannte „Powerfrauen", die das Kochen auf kleiner Flamme satthaben, mit dem Mann auf Augenhöhe sein möchten und mehr Power, also Macht, in ihren Händen halten wollen. Und ja. Genau um diese Frauen, die das gegenteilige Extrem zu den Nischenfrauen verkörpern, wird es jetzt gehen.

Maskuline Arbeitswelt

Hier zunächst eines zum Verständnis: Frauen, die sich entweder bewusst auf den Powertripp begeben, aber auch diejenigen, die sich durch das Wahrnehmen verantwortungsvollerer Positionen erst einmal nur mehr Spielraum sichern möchten, leben ja nicht im luftleeren Raum. Oftmals rechnen sie nicht damit, dass sie die Rahmenbedingungen für ihre Karriere zumeist nur in den seltensten Fällen nach ihrem eigenem Ermessen gestalten können. Diese sind besonders dann sehr eng gestrickt, wenn sich die Frau in Berufsfelder mischt, die durch die lange Dominanz des Mannes rein maskulin geprägte sind. Deshalb funktioniert das Plateau, auf dem sich die jeweilige Frau „Power" verschaffen will, in vielen Fällen nach einseitig maskulinen Prinzipien, was bedeutet, dass die innewohnenden Regeln, Mechanismen und Funktionsabläufe der jeweiligen Arbeitsgebiete überwiegend vom männlichen Verstand, von Logik und Rationalität durchtränkte sind. Das ist besonders in den Berufsbereichen der Fall, die über Jahrhunderte lang die Domäne des Mannes waren.

Es ist ein Fakt: Je später sich Frauen in den typischen Männerberufen etablierten, desto mehr funktionieren die jeweiligen Tätigkeitsfelder nach maskulinen Regeln. Der Mann als solcher hatte uneingeschränkt freie Hand, sodass er die Funktionsabläufe geprägt hat. Und genau deshalb müssen sich die Powerfrauen diesen anpassen. Und weil das so ist, haben feminine Impulse oft nur begrenzte Chancen, auf fruchtbaren Boden zu fallen.

Ungereimtheiten

Das betrifft besonders die Bereiche mit den zwei Ms, Macht und Moneten. Typische Beispiele sind hier natürlich der Finanzsektor, die Politik, die Rechts- und die Naturwissenschaft und ja, auch die Medizin. Wenn sich die Frau in diesen etabliert, mischt sie sich nicht nur in verfestigte maskulin geprägte Strukturen ein, sondern stört sie nicht selten auch den geltenden Status Quo.

Selbst in Berufs- und Tätigkeitsfeldern, wo man es gar nicht vermuten würde, kann das passieren. Nehmen Sie einfach einmal die Medizin. Obwohl das Heilen vor Jahrhunderten vielfach in den Händen der

Frauen lag, ist die heutige Medizin mit ihrer symptombekämpfenden Grundhaltung maskulin organisiert. Hiermit meine ich nicht das prozentuale Verhältnis zwischen Ärztinnen und Ärzten, sondern die Art und Weise, wie Heilung eingeleitet wird. Groteske Züge nimmt es an, wenn wir bedenken, dass ausgerechnet die Gynäkologie als die Heilkunde der Frau unverständlich lange in Männerhand war und vielerorts immer noch ist. Nur sehr langsam setzt sich durch, dass zunehmend Frauen Gynäkologie studieren, eigene Praxen eröffnen und in allen Krankenhäusern und Kliniken vertreten sind.

Und da macht es wieder einmal Autsch! Nicht selten sind nämlich die Schnittstellen, wo feminine und maskuline Vorgehensweisen aufeinanderprallen, dann auch diejenigen, an denen Frauen verzweifeln, sich stoßen und blaue Flecken holen. Tatsächlich ist es im 21. Jahrhundert noch immer eine Illusion, wenn Frauen meinen, dass sie ihre eigenen, vielleicht sogar femininen Prämissen ungehindert in ihre Berufswelt einbringen können. Nicht einmal, wenn sie ein pures Frauenunternehmen führen, geht das ohne Kompromiss.

Deshalb finden sich selbst diejenigen Powerfrauen, die sich das Erkämpfen von Macht nicht primär auf die Fahnen geschrieben haben, durch das Reiben mit den Bedingungen letztlich im Kampf wieder. Und auch dann, wenn sie es schaffen, nicht in den Sparring einzusteigen, bläst ihnen nicht selten ein harter Wind ins Gesicht.

Der Eigensieg über die Femininität

Natürlich. Natürlich gibt es vielfältige Versionen davon, wie sich Frauen auf diesem großen komplexen Spielfeld des tagtäglichen Operierens einrichten, wo sie sich ihren Platz suchen, wie sie agieren und dabei auch ihr Verhältnis zum Mann als solchem gestalten. Glücklicherweise sind wir in einer Situation angelangt, in der immer mehr Frauen und Männer ein Bewusstsein darüber entwickeln, ihre Unterschiede und Potenziale reflektieren, einander verständigen und voneinander lernen.

Doch wenn ich meine Klientinnen vor mir sehe und ihren Handlungsbedarf wahrnehme, relativiert sich dieses Bild sehr schnell. Etwa ein Drittel von ihnen ist selbstständig, freiberuflich, im mittleren bis oberen Management tätig oder auch in Führungspositionen etabliert. Sie mischen unter anderem in Manageretagen mit, haben verantwortungsvolle Posten oder leiten Unternehmen mit hunderten Angestellten. Viele von ihnen sind „tiptop" im Multitasking, führen den Haushalt, ziehen die Kinder groß, stärken mitunter sogar noch ihrem Partner den Rücken und scheinen die Rollenunterschiede gut gemeistert zu haben. Von vielen sagt man: „Die haben es geschafft!" Und nicht wenige von ihnen sehen sich selbst als Powerfrauen oder zumindest als Macherinnen an.

Und ja. Tatsächlich käme man nicht sofort auf den Gedanken, dass die Karrieren dieser Frauen empfindliche Achillessehnen haben. Auf diese bin ich erst beim Finden von Schritten zur Stresslösung oder zur Linderung ihrer Symptome gestoßen. Beim näheren Hinsehen schafft es nämlich so gut wie keine Frau in die Eigenständigkeit oder in die Penthousebüros, ohne dass sie kämpfen muss und dabei ihre Femininität verliert. Mir ist tatsächlich nur selten eine Frau begegnet, die beim Erfolghaben ihre weiblichen Potenziale lebt. Wir brauchen hier gar nicht lange herumzueiern: Beide Aspekte, der Kampf und das Aufgeben der Femininität, scheinen zusammenzugehören. Kampf, in welcher Form auch immer, ob in Form des Siegenmöchtens oder Sich-beweisen-Wollens, des Gegenhaltens im Sinne des Sich-behaupten-Müssens, des Durchboxens durch Widrigkeiten oder des bloßen Rechthaben-Wollens, vernichtet die Femininität. Was zunächst wie die bessere Perspektive und der femininere Weg aussehen mag, täuscht nicht darüber hinweg, dass sich viele sogenannte Powerfrauen mit ihrer offensiven Haltung oftmals selbst ein Bein stellen.

Energieverluste

Und jetzt werden Sie womöglich staunen. Wenn sich eine Frau, ob ungewollt, verdeckt oder offensichtlich in die Kampfeshaltung begibt und sich auf ein Kräftemessen einlässt, kann dies die Frau unter Umständen energetisch noch schlimmer aushöhlen, als es der Nischenfrau passiert. In dem Glauben, eine Vorreiterin zu sein und Progressives zu bewirken, verpulvert sie ihre Kräfte an den verkehrten Stellen und lässt sie sich sogar freiwillig auf den Verlust Ihrer Energie ein. Der Kampf frisst ihre Energiereserven schneller auf, als Sie denken. Halten Sie sich nur einen Krieger vor Augen, wenn er abgekämpft von der Schlacht zurückkehrt. Genauso fühlen sich einige der Powerfrauen, wenn sie nach einem Arbeitstag aus ihren Manolos steigen oder ihre Rangerboots ausziehen, je nachdem, wo ihre Kampfarena liegt, und in den Sessel fallen. Genau deshalb, weil der Kraftverlust der Kämpferinnen so enorm hoch sein kann, auf Dauer an ihrer Gesundheit kratzt und ja, automatisch auch in der Meditation zum Thema wird, möchte ich hier näher auf die verschiedenen Triebkräfte und deren Folgen eingehen. Für den Fall, dass Sie sich selbst als Powerfrau sehen, können Sie schauen, ob Sie sich in den beschriebenen Mechanismen wiederfinden.

Drei Mechanismen

Meiner Beobachtung nach ragen drei grundsätzliche Vorgehensweisen heraus, mit denen die Powerfrauen versuchen sich durchzusetzen und sich auf maskulinem Terrain zu behaupten.

Die „Beweis-Powerfrauen"

Die Frauen dieser „Kategorie" mischen sich in typische vom Mann besetzte Lebensbereiche in einer Art Beweishaltung ein. Sie wollen nicht nur vom großen Kuchen etwas abhaben, sondern auch unter Beweis stellen, dass sie wertvoll und ebenbürtig sind. Ich nenne sie hier einmal die Beweis-Powerfrauen.

Die „Rache-Powerfrauen"

Des Weiteren gibt es noch die hochdeterminiert vorgehenden Frauen, in deren Aufstieg ein gewisses Bedürfnis nach Rache mitschwingt. Sie versuchen nicht nur, es dem Mann gleich zu tun, sondern sie trachten danach, ihn zu übertrumpfen. Sie geben erst dann Ruhe, wenn sie ihn unter Kontrolle haben, und assoziieren damit, dass ihnen ihre Entscheidungsbefugnisse Unabhängigkeit und Einfluss bringen. Ich bezeichne sie hier als die Rache-Powerfrauen.

Die „Spagat-Powerfrauen"

Und die dritte Variante ist, dass Frauen den Spagat versuchen und meinen, beides vereinen zu können. Auf der einen Seite versuchen sie sich in maskulinen Bereichen zu behaupten und auf der anderen Seite ihre Femininität zu behalten. Hier klingt bereits der Spagat an, dem sie sich aussetzen. Ich nenne sie deshalb die Spagat-Powerfrauen.

Schauen wir uns diese drei kämpferischen Reaktionsformen etwas genauer an und verfolgen wir vor allem, wie der Körper die gewählten Strategien symptomatisch kommentiert.

Die Beweis-Powerfrau: Wie die Frau zum Manne wird

Hier ganz taufrisch aus der Praxis: In der letzten Woche war ich auf einer Businessmesse in der Schweiz, wo ich mein Balance-Programm für Frauen vorstellte und kam mit der Geschäftsführerin eines großen Unternehmens ins Gespräch. Diese sah mich zunächst ungläubig an, als ich davon sprach, dass feminine Qualitäten in den oberen Etagen unterrepräsentiert seien. Sie hatte Mühe, einen guten Ton zu wahren, und konstatierte knapp: „Ich arbeite lieber mit Männern zusammen. Die Frauen (man staune über das Wort „die") sind mir zu zickig und viel zu kompliziert." Und wissen Sie was?

An der Essenz dieser Aussage können Sie sehen, wie wenig Femininität noch übrigbleibt, wenn Frauen den Beweis antreten, dass sie „oben" mitmischen können.

Was nämlich passiert ist, dass sich vor allem die Beweis-Powerfrauen das Höherklettern, das Durchsetzen und Erfolghaben hart erarbeiten müssen. Freilich gibt es unterschiedliche Biografien, wie auch verschieden geführte Unternehmen existieren. Doch der Führungsstil der meisten Firmen beinhaltet schon einmal vor dem Hintergrund der Wirtschaftssituation in der Welt, dass extrem hart gerechnet, kalkuliert und anhand von Zahlen und kühlen Rechnungen entschieden wird. Und diese Entscheidungen fallen oftmals zu Ungunsten von menschlichen, ethischen, sozialen und ja, femininen Werten aus.

Zurück zu der Frau auf der Messe: Und daran muss sich eine Frau gewöhnen. Am sichersten fährt sie dabei, wenn sie sich maskulinisiert und männliche Werte zu ihren macht.

Es ist einfach so, dass eine Frau, wenn sie wenigstens ein paar ihrer weiblichen Eigenschaften retten und noch mit gutem Gewissen morgens in den Spiegel schauen möchte, an der Spitze nur sehr selten Überlebenschancen haben wird. Ich habe nur sehr wenige Frauen in wirklich verantwortungsvollen Positionen erlebt, die von ihrem Verhalten und ihrem Selbstbild her noch Frau waren. Die meisten waren „Hosenfrauen", die sich wie die Frau auf der Messe mitunter maskuliner benahmen, als es Männer tun.

Energiespender und Wasserträgerinnen

Und es spielt auch noch ein anderer Fakt hinein, nämlich dass eine Frau, wenn sie auf der Karriereleiter auch nur ein paar Sprossen nach oben klettert, zunächst erst einmal mehr leisten und härter dafür arbeiten muss. Von ihr wird nicht nur mehr Zuverlässigkeit erwartet, sondern auch das selbstverständliche Erbringen von Überstunden und eines größeren sozialen Engagements. Besonders im mittleren Management ist es verbreitet, dass Frauen die sogenannte Wasserträgerarbeit liefern, während die Männer den Erfolg oder die Beförderung kassieren und die Frau am Ende nicht ein Fünkchen Anerkennung erhält. Auch wenn sich eine Frau „hochgearbeitet" oder sich als Expertin in einem bestimmten Berufsfeld Respekt verschafft hat, heißt das nicht, dass sie dafür auch die Lorbeeren erntet und die entsprechende Anerkennung erhält.

Da die Anerkennung für Geleistetes so etwas wie die Nahrung für die Seele ist und diese auf Dauer fehlt, müssen sich Frauen nicht wundern, dass sie sich, obwohl sie sich beweisen und bewähren, wie ein leerer verkrümelter Tortenteller fühlen. Ich habe in meiner Arbeit noch keine Karriere machende Frau erlebt, die durch alle Widrigkeiten hindurchgegangen ist und danach ihre Energietorte eindeutig zu ihren Gunsten aufgeteilt hat.

Und das alles spiegelt der Körper der Frau. Da gibt es nicht wirklich viel zu sagen, denn der Fall ist klar: Die Maskulinisierung der Frau zeigt sich vor allem im Muskelsystem, wo es zu dauerhaften Verspannungen kommt. Kopf-, Rücken-, Nacken- und Gelenkschmerzen folgen diesen auf dem Fuß und werden nicht selten chronisch. Das passiert, weil die Frauen ihnen mit Härte und Selbstdisziplinierung begegnen und nur selten willens sind, entweder nach Hilfe zu suchen oder, wenn sie welche annehmen, den Symptomen auf den Grund zu gehen. Anstatt sich um den Körper zu kümmern, damit weitere Krisen entfallen, bevorzugen sie den Vernichtungszug gegen das körperlich-seelische Symptom.

Die Rache-Powerfrauen: Der Triumph über den Mann?

Kommen wir jetzt zu den Rache-Powerfrauen, die die ersteren hinsichtlich der Aufgabe ihrer Femininität insofern toppen, als sie ihren Aufstieg mit dem Stillen eines gewissen Revanchebedürfnisses verbinden. Sie gehen davon aus, dass sie, wenn sie an der obersten Spitze oder auf dem Siegertreppchen angekommen sind, unangefochten das Sagen haben. Andere treibt an, dass sie endlich über dem Mann stehen und sich für die femininen Rechte stark machen können. Mitunter klingt das sogar verständlich, da viele Verbesserungen von konventionell agierenden CEOs verhindert werden und kreative Frauen immer wieder an derselben Tür scheitern. Ganz klar, dass sie in diese irgendwann den Fuß kriegen wollen.

Doch Frauen, die dann tatsächlich im großen Chefsessel ankommen, haben während des revanchebetonten Kampfes so viele Federn gelassen, dass sie entweder gerade ihre schönsten, weil femininsten verloren haben oder sich mit zerzaustem, weil beim Raufen um die Plätze lädiertem „Federkleid" wiederfinden. Und nicht nur das. Abgesehen davon, dass eine Frau in der Rache ihre Femininität verliert, muss sie dann noch ihre Blessuren, Magenschläge und zerbrochenen Träume versorgen. Es ist eine Illusion, dass eine Frau an der Macht automatisch ein entspanntes und ausbalanciertes Leben hat.

Druck und Überkompensation

Und mehr noch: Selbst nach geglücktem Revanchefeldzug nach oben lebt es sich nämlich dort, wo auch immer „das Oben" ist, aus noch weiteren Gründen nicht wirklich ruhig. Die Menschen, die einst im Fokus der Rache standen, werden nämlich sofort mit großem Engagement beginnen, am Chefinnensessel zu sägen. Und diese Situation muss die Frau erst einmal meistern, sofern sie in diesem weiterhin residieren will.

Hinzu kommt, dass Frauen in Sandwichpositionen, wo sie von unten angegriffen und von oben gedrückt werden, sich ausgesprochen unwohl fühlen. Nicht selten reagieren sie autoritär und betonen den Powertrip. Wie sagte ein Bekannter erst kürzlich? „Bei uns in der Firma hat die Chefin die Hosen an. Wenn die zur Tür reinkommt, ist Ruhe im Saal. Da muss man sich gut überlegen, ob man als Mann den Mund aufmacht."

Ich habe einige Powerfrauen mit Revancheabsichten erlebt, die sich unter dem Hagel der verschiedenen Einflüsse nur noch mit Härte und

Anweisungen über die Köpfe hinweg zu helfen wussten und sich selbst irgendwann nicht mehr wiedererkannten. Wenn es so weit ging, fühlten sie sich allerdings überhaupt nicht wohl, sondern schleppten ihre Probleme und Ungereimtheiten lange mit sich herum. Letztlich litten sie unter ihren selbst gezüchteten Konflikten.

Die Schattenseiten, denen die nach Rache sinnenden Powerfrauen begegnen, können durchaus harsche sein.

Powersymptome

Zu diesen zählt auch, dass der Körper auf Dauer gesehen deutliche Worte spricht. Da er nicht nur unter Anspannung, sondern unter einem enormen Dauerdruck steht, entwickelt er zusätzlich zu den bereits bekannten Anzeichen typische Symptome der Enge. Zu den muskuloskelettalen Problemen addieren sich Atem- oder Herzbeschwerden, Schlaflosigkeit, Schwindel, Hörstürze oder, was häufig vorkommt, gynäkologische Probleme hinzu. Viele druckbezogene Symptome sind mit Entzündungen verbunden und zeugen nicht nur davon, dass sich die Frau „hart im Nehmen" zeigt, unnachgiebig ist und „brennt", sondern dass sie auch die Hitze ihrer Emotionen nach innen drückt.

Doch das Einschneidendste, was der Rache-Powerfrau passiert, besteht darin, dass sie sich an die beständige innere Grundanspannung gewöhnt und dadurch ihr Empfinden einbüßt. Sie koppelt sich von ihrem Sensorium ab, geht mitunter sogar in eine Art Abwehrstellung, die zwischenmenschliches Erleben beispielsweise fast unmöglich macht. Nicht wenige entwickeln eine ausgesprochen starke körperliche Aversion. Ich habe einige dominante Frauen erlebt, die sich so gut wie nicht berühren lassen. Berührung bedeutet menschliche Wärme und diese erinnert sie zu sehr an ihre Femininität. Doch dieser haben sie ja bewusst oder unbewusst den Rücken zugedreht, sodass sie lieber unberührt bleiben, als mit ihrer Verfehlung in Kontakt zu kommen.

Die „Spagat-Powerfrauen": Zwischen Machtanspruch und im Fluss sein

Und dann gibt es also noch die dritte Strategie, mit der an Macht interessierte Frauen ihr Etablieren in der maskulinen Welt vollziehen: Sie arbeiten darauf hin, sich auf der beruflichen Seite durchzusetzen und Respekt zu verschaffen. Und gleichzeitig versuchen sie feminin zu bleiben, zu vermitteln und zu kooperieren. Das klingt zunächst gesünder, weil der Kampfgedanke nicht so übermäßig stark im Vordergrund steht und die femininen Qualitäten dadurch eine größere Chance aufs Überleben haben.

Doch jetzt werden Sie staunen. Auf die Energietorte bezogen sind das diejenigen Frauen, die am meisten Kraft verlieren, im Burnout enden und mitunter sogar arbeitsunfähig werden. Ganz klar: Indem sie einerseits versuchen, ihre Vision durchzuziehen und sich Autorität verschaffen, andererseits aber die Bedürfnisse von Kollegen, Mitarbeitern oder Partnern im Auge behalten und sich als Mensch zu erkennen geben, zerreißen sie sich nicht selten zwischen den Fronten.

Und das sollte nicht erstaunen, denn genau das hängt vielerorts mit dem Geprägtsein des Umfelds durch maskuline Mechanismen zusammen. Wenn eine Arbeitsumgebung einseitig maskulin, rein leistungsbezogen und aktivistisch funktioniert und die Menschen sich in einer solchen eingerichtet haben, kann ein gegenläufiger, femininerer und sogar menschlicherer Leitungsstil nicht nur wirkungslos bleiben. Er wird missverstanden oder kann sogar komplett gegen den Baum laufen. Die Spagat-Powerfrau mit ihrer vermittelnden Grundhaltung gerät unglaublich schnell zwischen die Fronten und wird aufgrund ihrer „Weichheit" genau dort zerrieben.

Gas-Bremse-Verhalten

Der Zwiespalt der Spagat-Powerfrau kommt oft auch dadurch zustande, dass sie sich nicht eindeutig positioniert. Indem sie einerseits Lust auf Selbstverwirklichung hat, „Gas gibt", durchstartet und ihre

Visionen umzusetzen versucht, steht sie gleichzeitig auf der Bremse, weil entweder ihr soziales Gewissen, ihr Vermittlungsbedürfnis oder ja, nennen wir es die Menschlichkeit, im Wege stehen. Obwohl sie im Vergleich zu den beiden anderen Powerfrauenmentalitäten ihre Femininität am meisten im Auge behält, kommt sie durch das Gas-Bremse-Verhalten am schnellsten unter die Räder.

Sobald ihr Körper reagiert, zeigen sich komplexe Beschwerden. Während die eindeutig kämpferisch ausgerichteten Powerfrauen, wenn sie erkranken oder Probleme adressieren, relativ klar abgegrenzte Symptome haben, beschreiben die im Spagat steckenden oder im Gas-Bremse-Verhalten gefangenen Frauen oftmals viele verschiedene Symptome mit einer enormen Komplexität. Diese verteilen sich entweder über den ganzen Körper oder konzentrieren sich auf ihre linke, die für das Weibliche stehende Körperhälfte. Auf organischer Ebene betrifft es oft das Herz, die Bauchspeicheldrüse, den linken Eierstock, die linke Niere oder die linke Brust. Der Stresspegel ist hoch und lässt sich selbst unter großen Mühen nur schwer senken. Das Nervensystem zeigt sich mitunter hoch irritiert, indem es die Nacht zum Tage macht. Es stiftet Unruhe, wenn Ruhe angesagt ist, zeigt sich lethargisch, wenn Aktivität ansteht, oder fährt nach oben, wenn die Zeit zum Urlaubmachen und Ausruhen gekommen ist. Doch am schlimmsten ist für die Spagat-Powerfrau das Zerrissensein. Unter diesem leidend, fühlt sie sich minderwertig, unfähig zu genügen oder komplett missverstanden. Oftmals sieht sie sich als Versagerin und schreibt sich selbst die Schuld für ihre körperlich-seelische Situation zu.

Powerbilanzen

Wenn wir auf alle drei Formen des Sich-Behauptens und kämpferischen Durchbeißens zurückblicken, kommen wir unweigerlich zu dem Schluss, dass die Frau im Kampf nicht nur ihre Femininität verliert, sondern aus energetischer Sicht Federn lässt. Und das ist ganz klar. Gemäß dem inneren Gesetz, dass Druck immer einen Gegendruck erzeugt, führt der Kampf als solches grundsätzlich zu einer Gegenreaktion. Als normaler Bestandteil maskulinen Agierens setzt dieses Gesetz die Kette von Angriff und Reaktion immer weiter fort. Und an diese Kettenreaktion denken Frauen nicht, wenn sie sich in die Startlöcher begeben, sich amazonenhaft durchsetzen und offensiv die Machete schwingen. Letzten Endes bedienen sie dieselben Mittel, mit denen sie selbst konfrontiert wurden und durch die ihre Femininität Schaden nahm.

Ich kenne einige Frauen, die sich über viele Lebensjahre furchtlos auf maskulinem Terrain durchkämpften, durchaus erfolgreich waren, aber nie infrage stellten, ob ihre Energieinvestitionen wirklich Sinn machten. Erst nachdem gesundheitliche Probleme aufgetaucht waren, hinterfragten sie, warum sie sich auf dieses ewige Spiel von Angriff und Verteidigung überhaupt eingelassen haben. Inge, eine Frau, die einst in ihrem Vollzeitjob aufging, in der Politik mitmischte und sich bei jeder Gelegenheit für das Frauenrecht stark machte, resümierte nach ihrer Brust-OP, dass ihr dieses beständige „Hineinpieken", wie sie ihre notorische Angriffslust beschrieb, letztens Endes nichts anderes als Enttäuschung, Schmerz und Einsamkeit eingebracht hat. „Vielleicht war das Offensivspiel der Fehler ...", resümierte sie. Ich werde ihren Blick nicht vergessen, als sie mich mit ihren glasblauen Augen ansah. „Wissen Sie ... Dafür bin ich eigentlich gar nicht gebaut. Ich bin von Natur aus der weichere Typ Frau."

Meditieren ohne Kampf

Wenn wir jetzt den großen Bogen zur Meditation schlagen, wird im Handumdrehen klar, dass sowohl die Idee von Kampf als auch die innere Maskulinisierung hier weichen müssen. Beides steht im Widerspruch zu der Intention, den Blick entspannt nach innen zu richten und sich mit seinem Zentrum zu verbinden. Wenn die Frau dann dieselben Mittel beibehalten will, mit der Brechstange Fortschritte zu erwirken versucht oder sogar um innere Ruhe kämpft, wird sie an ihrer eigenen inneren Welt verzweifeln. Sie wird dann keine andere Wahl haben, als sich wieder mit ihren femininen Qualitäten zu befassen und sich in sich hinein zu entspannen.

Und noch ein weiterer wesentlicher Faktor kommt dabei ins Spiel: Ob Nischen- oder Powerfrauen, beide orientieren sich oftmals einzig an den Entscheidungen und Meinungen ihres Verstandes, dessen unentwegte gedankliche Eskapaden so stark werden können, dass sie kaum noch anhalten. Und genau das wird ein Kernthema beim Meditieren sein.

Kopflastigkeit ist der Käfig der Frau

Feminine Paradoxe

Wenn sich eine Frau über die meiste Zeit des Tages denkend in ihrem Kopf aufhält, sich vielleicht bereits beruflich an Wissensanhäufung, Kalkulationen oder Für-und-wider-Berechnungen orientiert und daran auch im Privatleben nichts verändert, schiebt sie ihre Femininität beiseite und landet sie in einem antifemininen Paradox: Sie aktiviert und pusht sich, wo ein Innehalten sinnvoller wäre. Sie glaubt, mit Härte reagieren zu müssen, wo Verständnis und Weichheit Erfolg brächte. Sie treibt sich und andere permanent an, wo ihr Passivität und Empfänglichkeit weiterhelfen würden. Sie argwöhnt, wo zu vertrauen die einfachste Lösung wäre. Sie kontrolliert, wo ihre Fähigkeit zur Hingabe Erfüllung brächte. Und sie meint kämpfen zu müssen, wo es gar nichts zu kämpfen gibt.

Diese Paradoxe wurzeln allesamt in der Annahme, dass die Frau, wenn sie sich auf den Verstand mit all seinen Urteilen und Missinterpretationen verlässt und sie sich vielleicht sogar als denkend oder intellektuell definiert, ihr Leben besser „im Griff" hat. Sie glaubt, dass sie sich, wenn sie sich auf dem Boden von Kalkulation und Argumentation bewegt, sicherer fühlt. Und das ist ganz unabhängig davon, ob sich eine Frau zum Karrieremachen, Köcheln auf kleiner Flamme oder zu einem durchschnittlichen, im Allgemeinen unprätentiösen Leben entschließt.

Verstandesschleifen

Bevor ich Ihnen hier einiges zu bedenken gebe, erzähle ich Ihnen von einer kleinen Begebenheit, durch die ich selbst mit den Urteilen meines Verstandes konfrontiert wurde.

Frauenfreude unplugged: Die Pilotinnen-Geschichte

Ich erinnere mich an meine erste Flugreise mit einer Pilotin. Der Flug war an diesem Morgen verspätet, weil über ganz Europa starke Winde zogen. Sowohl in London Heathrow als auch am Zielflughafen wurde stürmisches Wetter vorausgesagt. Ich hatte es mir gerade in meinem Sitz bequem gemacht, als aus dem Cockpit die Stimme einer Frau erklang. Und nicht nur das! Es war die Stimme einer ziemlich jungen Frau.

„Na das kann ja heiter werden ... ," ging es mir durch den Kopf. „Hoffentlich schafft die das." Moment mal! Was? Was hatte mein Kopf da gedacht?

Als ich mich diese ersten initialen Gedanken denken „hörte", horchte ich auf. Ich horchte nicht nur auf, sondern ich war entsetzt! Wie! Wie konnte ich so etwas denken? Gerade ich, die anderen Frauen den Rücken stärkte und die über viele Jahre einen enormen Aufwand betrieben hatte, um meine eigenen unfemininen Konditionierungen zu hinterfragen! Mama mia! Ich schämte mich. Ich wusste zwar, dass mir das nicht helfen würde, doch ja, dieses Urteil, das da aus den untersten Etagen meines Unterbewusstseins hochgeklettert war, gab mir zu denken.

Der Flug lief dann wie geölt. Obwohl das Flugzeug aufgrund des Sturmes viele Male gut gesteuert werden musste, verlief alles problemlos. Auch als die Windböen beim Landeanflug noch einmal zunahmen und das Flugzeug kurz vor dem Landen einen gewaltigen Seitenhieb erfuhr, balancierte die Pilotin es sicher aus und ließ es weich landen. Nochmals schüttelte ich über meine ursprünglichen Zweifel den Kopf.

Als es zum Aussteigen kam, konnte ich die Pilotin sogar sehen. Eine zierliche Frau in den Dreißigern stand vor der Tür des Cockpits, um die Fluggäste persönlich zu verabschieden. Als ich vor ihr stand, ging alles ganz automatisch. Obwohl ich um die Schlange der Passagiere hinter mir wusste, fasste ich mir ein Herz und blieb stehen. Ich nahm mir die paar Sekunden, um der Pilotin in die Augen zu sehen. Diese brauchte ebenfalls einen Moment, bevor sie die Situation begriff und das zackige Verabschieden der Gäste unterbrach. Als sich unsere Blicke trafen, lächelte sie etwas unsicher. „Herzlichen Dank ... ," sagte ich. Mehr kam aus mir nicht heraus. Wieder gab es eine Verzögerung. Doch dann legte sich über ihr Gesicht ein Strahlen, so eines, das Frauen haben, wenn in ihnen die Sonne aufgeht. Die neben ihr stehende Flugbegleiterin wollte mich gerade zum Weitergehen bewegen, doch als sie das Gesicht der Pilotin sah und zwischen uns beiden fragend hin und her blickte, konnte sie nichts anderes tun als mitzustrahlen. Und genau in diesem Moment hörte auch meine hinter mir drängelnde Sitznachbarin auf, mich mit ihrer Tasche in den Rücken zu knuffen.

Es war gut, dass ich den „Autopiloten-Modus" meines Verstandes aktiv unterbrochen hatte. Ich bin inzwischen mit vielen Pilotinnen geflogen. Und mein Verstand blieb dabei jedes Mal ruhig.

Die Macht der Gedanken

Ja, der Verstand ist nicht nur ein mächtiger Insasse in unserem Kopf, sondern dazu noch ein in Urteile verliebter und in Gewohnheiten gefangener. Er kann unser Leben, je nachdem wie er geprägt ist und in Abhängigkeit davon, wie er eingesetzt wird, enorm erleichtern und bereichern, aber es auch massivst verdrehen, missinterpretieren und in die Irre führen.

Damit Sie mich hier nicht falsch verstehen: Ich bin keine Feindin des Verstandes. Der Geist mit all seinen Gedanken, Einfällen und Fähigkeiten, Lösungen zu finden und Neues zu entdecken, ist ein wunderbares Instrument. Doch das Kognitive allein kann uns als Mensch bei weitem nicht zufriedenstellen. Wenn wir das glaubten, hieße das, dass wir sämtliche Angelegenheiten des Fühlens, des Wahrnehmens und intuitiven Erfassens als zweitrangig einstuften und alles, was uns beschäftigt, allein mit verstandesmäßigen Mitteln lösten. Und ja. Ich kenne einige Menschen, die das versuchen. Sie sind davon überzeugt, dass sich das Fühlen, Wahrnehmen, Kommunizieren und selbst die Liebe mit dem Verstand regeln lassen. Doch dann würde unser Leben verarmen und nur noch eine Abfolge geplanter Schritte sein.

Deshalb: Wenn es um den Verstand geht, sollten wir als Erstes sehen, dass dieser dem Menschen gegeben wurde, damit er bestimmte, eben verstandesbezogene Leistungen erfüllt, aber dass er nicht für alles der richtige Berater ist. Aus Angelegenheiten des Fühlens, Wahrnehmens oder Liebens beispielsweise sollte er sich vollkommen heraushalten.

„Use it or lose it!"

Lassen Sie mich hier auf den Punkt bringen, was passiert, wenn sich eine Frau einzig auf den Verstand verlässt und in diesem Extrem verbleibt: Selbst in den Situationen, in denen sie ihr Feingefühl und ihr Wahrnehmungsvermögen einsetzen könnte, tut sie es nicht, sondern hält sie sich zunehmend an den Verstand. Auf Dauer kommt es ihr immer weniger in den Sinn, sich fühlend zu reflektieren.

Das geschieht, weil sich das Gehirn auf die Betonung kognitiver Prozesse einstellt. Durch das Nichtbenutzen der empfindungsbetonten Hirnzentren werden diese vernachlässigt, sodass die Nervenzellsubstanz dort regelrecht schrumpft. Ihr gefühltes „Körperschema", das der Ausprägung des sensomotorischen Homunkulus in ihrem Großhirn entspricht, schrumpft.

Das alles entspricht dem Gesetz der Neurophysiologie „Use it or lose it". Was nicht abgerufen und benutzt wird, welkt dahin und entwickelt sich zurück. Genau das passiert bei der kopflastigen Frau. Sie verliert. Sie verliert ihr Körpergefühl. Und darüber hinaus den „Sinn" für sich selbst.

Abspaltung vom Körper

Wenn eine Frau eine ausgeprägte Kopflastigkeit ungefiltert akzeptiert, geht das aber bei weitem nicht nur zu Lasten ihrer Empfindungsfähigkeit. Unbewusst trennt sie ihren Körper in zwei Teile, in den Kopf und in den Rest, wobei die Trennlinie etwa auf Blusen- oder Rollkragenhöhe liegt. Und das wiederum bedeutet, dass sie im Dauerdenkmodus eine ihrer grundlegenden femininen Eigenschaften, ihr Empfinden für Ganzheit, ihre Vollkommenheit oder ihr Einssein, wie man es auch immer benennt, links liegen lässt. Vielleicht erinnern Sie sich daran, dass ich Ihnen diese weibliche Qualität zuallererst genannt habe. Deshalb ist dessen Verlust eine einschneidende Wende: Indem die Frau ihren Körper nicht mehr in seiner Gesamtheit spürt, verliert sie ihr „gefühltes Zuhause" und vertieft sie unbewusst denselben spiralförmigen Prozess: Je weniger sich eine Frau mit ihrem Körper verbunden fühlt, desto mehr flüchtet sie sich in die Gedankenwelt. Und je mehr sie sich in der Gedankenwelt aufhält, desto mehr spaltet sie sich von ihrem Ganzheitsempfinden ab.

Dieses Geschehen kann der Frau, das liegt in der Natur der Dinge, lange unbewusst bleiben. Ganz klar. Wie sollte sie bemerken, dass sie immer weniger bemerkt? Erst wenn sie im Leben strauchelt oder wenn der Körper Symptome entwickelt, erinnert sie sich daran, dass es da auch noch einen „Rest" unterhalb des Kopfes gibt. Und ja: Am direktesten wird sie mit diesem Fakt beim Meditieren konfrontiert. Denn richtig! Wir nähern uns immer mehr dem femininen Weg der Meditation, der im Einklang mit dem Körper geschehen soll und darauf ausgerichtet ist, dass der Verstand vollkommen zur Ruhe kommt.

Der Körper im Aus

Doch schauen wir uns, bevor wir uns um die Reise in die Innenwelt kümmern, noch die Symptomatik an, mit der der Körper diese Teilung in Kopf und Körper kommentiert. Das finde ich auch deshalb wichtig, weil die Frau alle Symptome, die sich aus dem Verlust ihrer Ganzheitlichkeit ergeben, auch in der Meditationspraxis melden.

Wie gesagt: Meditation wirkt wie eine Lupe. Sie vergrößert, was im Unterbewussten verbleibt. Dabei bezeichne ich alle physischen Erscheinungen, die im Kopfbereich auftauchen und auf dessen Überlastung weisen, ganz simpel als die „Kopfsymptome". Diejenigen Beschwerden, die auf die Vernachlässigung des restlichen Körpers aufmerksam machen und zumeist aus einer energetischen Unterversorgung der unteren Körperabschnitte resultieren, bezeichne ich als die „Energie-Mangel-Signale".

Bevor wir uns diese beiden aus der Nähe ansehen, gibt es zunächst erst eine nächste Hand-aufs-Herz-Frage, für die Sie sich wieder in die **ME-TIME-LOUNGE** begeben.

Denk- und Ausgleichsstunden

Nehmen Sie sich ein paar Minuten Zeit. Entspannen Sie sich und halten Sie sich jetzt einen durchschnittlichen Tag vor Augen.

Erster Schritt: Denkstunden ermitteln
Stellen Sie fest, wie viele Stunden Sie mit Denkprozessen, ja, mit dem Hin- und Herwälzen von Gedanken befasst sind. Am einfachsten könnte es sein, wenn Sie zuerst die Stunden Ihrer Schlafenszeit von den 24 Stunden subtrahieren und dann schlüsseln Sie Ihren Tag im Einzelnen auf.

Ihre Denkstunden ....

Zweiter Schritt: Ausgleichsstunden finden

Und anders herum gefragt: Wie viele Stunden verwenden Sie dazu, sich um Ihre Balance zu kümmern, also damit, der gedanklichen Übererregung nichtdenkende Tätigkeiten entgegenzusetzen.

Ihre Ausgleichstunden . . . .

Reflektieren Sie Ihre Ergebnisse gut!

Kopfsymptome: Wenn der Kopf zur Last wird

Werfen wir jetzt einen Blick auf die typischen „Kopfsymptome", die tatsächlich damit zusammenhängen können, wie viele Stunden eine Frau täglich und gewohnheitsmäßig mit Kopfarbeit, Konzentration und Kontemplation, Gedankenkreisen, Sorgenmachen, Befürchtungen wälzen oder Für-und-Wider-Diskussionen verbringt.

Lena, eine Klientin mit Migräneanfällen, sagt beispielsweise, dass sie ihren Kopf unbedingt „freikriegen muss", damit sie sich wieder als Mensch fühlt. Franka mit Schwindelanfällen meint, dass sie aus dem Kopf rauskommen muss, „damit sie wieder klar sehen kann".

Ina begründet ihre Teilnahme an einem Retreat damit, dass in ihren Kopf nichts mehr reinpasst und sie deshalb „am Durchdrehen ist".

Henrike würde sich am liebsten manchmal ein Loch in den Schädel bohren, damit der Inhalt abfließen kann.

Und Katharina möchte ihren Kopf einer „Entlüftungskur" unterziehen. Sie schüttelte über sich selbst den Kopf, als sie die Heizkörper in ihrer Wohnung beneidete, weil der Handwerker sie mit einem Handgriff entlüften kann. So etwas bräuchte sie an jedem Abend, „ ... ach was, dreimal am Tag," wie sie sagt.

Meinen Beobachtungen nach spüren Frauen sehr früh und deutlich, dass die Überbetonung verstandesbezogener Prozesse keine Lösung ist. Doch zumeist bringen sie damit nicht in Verbindung, dass ein gedankliches Übergewicht auf Dauer auch für Dauerspannungen im Körper, insbesondere in der Kopfregion sorgt. Kopfschmerzen, Migräneattacken, Ohrgeräusche, Tinnitus, Hörstürze, Kiefer- und Zahnprobleme, Trigeminusneuralgien oder Zähneknirschen stehen als Beispiele für die Überaktivität der Gedankenwelt.

Schlafprobleme

Ein weiteres Indiz für die Überbelastung des Kopfes ist die Schlaflosigkeit. Sehr viele Frauen können abends nicht abschalten und halten ihre Gedanken sogar in der Nacht in Gang. Sie haben entweder Einschlafprobleme, weil sie ihre Probleme hin und her wälzen, oder sie schlafen aus Erschöpfung ein, sind dann aber kurz nach Mitternacht wieder wach. Andere werden von ihren Gedanken bis in die Träume hinein verfolgt, die ihnen als Albträume die Nacht regelrecht vergällen. Das Gehirn verarbeitet die Informationsflut vom Tage, die es aufgrund des zu verdichteten Gedankenaufkommens nicht „verdauen" konnte.

Dorothea, eine Lehrerin, sagt, dass sie etwa drei bis vier Stunden braucht, um einzuschlafen. Bis dahin wirft sie sich von einer Seite auf die andere und steht dann irgendwann wieder auf, weil sie keine bequeme Lage finden kann. Inzwischen hat sie schon die zweite Matratze angeschafft und mehrere Kopfkissen ausprobiert. Seit einiger Zeit bearbeitet sie ihren Mann, dass das Schlafzimmer in ein anderes Zimmer verlegt wird, weil der Wünschelrutengänger eine Wasserader unter dem Schlafzimmer geortet hat.

Oder Lora. Sie schläft aus Müdigkeit ein, wacht aber um 3 Uhr auf. Dann zählt sie die Minuten bis zum Weckerklingeln und bis sie endlich die Kinder wachmachen kann.

Sabine geht all dem aus dem Wege. Sie ist Ärztin und betäubt sich vor dem Schlafengehen so sehr, dass drei Wecker auf ihrem Nachttischschrank stehen, damit sie morgens aus dem Schlaf erwacht. Doch dann ist sie hundemüde. Vergeblich nimmt sie sich vor, die Dosis der Mittel irgendwann einmal zu reduzieren.

Ob Dorothea, Lora oder Sabine: Ihnen allen habe ich die beiden Fragen nach den Denk- und den Ausgleichsstunden gestellt. Und wissen Sie was? Sie alle ermittelten in etwa dasselbe Verhältnis, also zirka 15 bis 18 Stunden Denkarbeit und 9 bis 6 Stunden Balance. Dabei beinhaltet der letztere Wert den Schlaf, während ihre verminderte Schlafqualität aber unberücksichtigt blieb und nicht wirklich als Akt des Ausgleichs gilt.

Für den Fall, dass auch Sie bei der Beantwortung der Fragen auf ein ähnliches Verhältnis gestoßen sind und möglicherweise über eines der „Kopfsymptome" klagen, kann das Verschieben der Denk- und Ausgleichsstunden bereits ein erster Heilschritt sein. Tatsächlich fängt es bei einem 12:12-Verhältnis an, dass Sie sich in die Richtung einer Balance bewegen. Die Meditationstechniken in Kapitel drei und vier, welche die Zentrierung betonen, dürften dann die Ihren sein.

Schulter-Nacken-Spannungen

Auch wenn Symptome im Kopfbereich auftauchen und auf diesen begrenzt bleiben, wäre es dennoch ein Irrtum zu glauben, dass sie mit dem Rest des Körpers nichts zu tun haben. Es ist eine logische

Konsequenz, dass die meisten „Kopfsymptome" zu einer erhöhten Anspannung der dort angesiedelten Muskulatur führen und Nackenschmerzen und Schulterbeschwerden verursachen können. Das passiert, wenn der unablässige muskuläre Zug die Knochen, Knochenhäute, Sehnen, Bänder, Nerven, Schleimbeutel und Knorpel irritiert, in eine Enge bringt oder zur Dysfunktion zwingt.

Falls Ihnen die Nerven der Arme und Hände einschlafen oder diese chronisch kalt sind, man ein Karpaltunnelsyndrom, einen Tennisellenbogen, ein Impingement-Syndrom oder eine „Frozen Shoulder" diagnostiziert hat, wäre der erste Ansatz, dass Sie sich etwas eingehender mit den vorangegangenen Fragen zu den Denk- und Ausgleichsstunden befassen. Vielleicht ergibt sich bereits aus der Reduzierung der reinen Denk-, Grübel- und Kopftheaterzeit eine positive Veränderung der Situation.

Und hier geht es gleich weiter. Vielleicht ahnen Sie bereits, dass das konstante Wachhalten von Gedanken und die Anspannung der Schulter-Nacken-Muskulatur immer noch nicht das Ende der Auswirkungen bedeutet. Im Gegenteil. Diese verschieben das gesamte Skellettsystem und die neuromuskuläre Funktion. Das heißt, dass es unter Umständen allein durch einen dauerhaften Denküberhang zu verspannungsbedingten Symptomen im ganzen Körper, ja sogar bis zu den Füßen kommen kann.

Frau ohne Körper

Und das ist immer noch nicht das Ende vom Lied! Zu den beschriebenen Risiken kommt noch hinzu, dass die Wahrnehmungsfähigkeit für die unteren Körperabschnitte mit zunehmender Muskelspannung schwindet, was den Körper der Frau in eine sensorische Wüste verwandeln kann. Diesen Teil können wir ziemlich kurz machen: Je mehr sich eine Frau mit ihrem Denken identifiziert, desto weniger ist sie mit dem Rest ihres Körpers sensorisch verbunden. Und je weniger sie sich wahrnimmt und spürt, desto mehr kompensatorische Spannung mit all ihren Folgen muss sie aufbauen. Dieser Teufelskreis beschreibt eine der Grundregeln der Sensomotorik: Während eine erhöhte Muskelspannung zu Empfindungsminderung führt, wird Nichtfühlen in der Folge mit erhöhter Anspannung kompensiert.

Hier erinnere ich mich an Verena, eine Frau, die im mittleren Management eines Unternehmens tätig war. Sie befand sich in einer der typischen Sandwich-Situationen und musste sowohl dem übergeordneten Chef als auch den Mitarbeitern genügen. Da sie unter dieser Situation dauerhaft litt, schottete sie sich gefühlsbezogen immer mehr ab. Weil ihr das, wie sie sagte, aber immer noch nicht die gewünschte Stabilität brachte, begann sie im Triathlon zu trainieren. Je ehrgeiziger sie wurde, desto mehr Erfolg hatte sie. Und je mehr Erfolg sie hatte, desto mehr gab sie ihrer Strategie recht, dass das ganze „Getöse um die Gefühle", O-Ton Verena, etwas vollkommen Überflüssiges war. Doch ihre Rückenschmerzen sprachen klarere Worte. Wenn sie diese loswerden wollte, hatte sie Ihrem Körper zuzuhören und ihn wieder zu fühlen. Anders würde es nicht gehen.

Wie Verena kommen gar nicht wenige Frauen auf die Idee, dass sie durch Muskeltraining oder Extremsport stärker und durchsetzungsfähiger werden und dies ihre Probleme löst. Doch dieser Wunsch geht selten in Erfüllung. Wenn sich Frauen „durchtrainieren" und sich einen Muskelpanzer anschaffen, sich von sich selbst sensorisch abknipsen und „hart im Nehmen" werden, macht sie das zwar empfindungsloser, aber keinesfalls stärker und schon gar nicht gesünder. Im Gegenteil: Sie werden, was ihre Gesundheit betrifft, anfälliger, weil sie nicht bemerken, welche Bedürfnisse ihr Körper signalisiert.

Kettenreaktionen

Die beschriebenen spannungsbezogenen Symptome und Rückmeldungen des Körpers, welche mit einer Überlastung der Kognition zusammenhängen, wachsen zumeist über längere Zeiträume und schleichen sich graduell ein. Obwohl die Annahme naheliegt, dass dieser Vorgang von den Frauen unbemerkt bleibt, weil sie ja sonst eingreifen könnten, ist es vielen von ihnen aber nicht wirklich neu. Sie spürten es. Ja. Wann immer ich Frauen fragte, wann sie ihr erstes, ihr allererstes Anzeichen für eine gefühlte Dysbalance zwischen Kopf und Körper gespürt haben, antworteten nicht wenige von ihnen, dass sie sich an die Lebensphase oder sogar an das genaue Datum erinnern können.

Birte, eine Klientin mit Ohrgeräuschen, sagte es ganz sicher auf den Tag: Es war am 23. Juni, an ihrem dreißigsten Geburtstag. Nach einer langen Grübelphase und vielen schlaflosen Nächten beschloss sie, ihren Traum von einer Laufbahn als Künstlerin aufzugeben und sich doch wieder ihrem Ursprungsberuf als Medizintechnikerin zu widmen. Als sie ihrer Familie davon erzählte, dass sie endlich zur Vernunft gekommen sei, setzte ein Ohrgeräusch ein, dass für drei Tage ununterbrochen pfiff und seit vierzehn Jahren regelmäßig wiederkommt.

Karin, eine andere Klientin, die sich seit Langem mit Migräneattacken plagt, weiß sofort, wann diese begonnen haben. „Das kann ich Ihnen genau sagen. Es war, als ich aus Vernunft geheiratet habe", sagte sie trocken. Die Attacke setzte ein, nachdem sie ihrem Mann das Ja-Wort gegeben hatte und ihr „Bauchgefühl wegschloss", wie sie es beschrieb. Andere Frauen winken insofern ab, als sie ihre Symptome mit dem ersten Tag im neuen Job, immer am Sonntagabend oder Montagmorgen bekommen oder rein instinktiv wissen, mit welchen angestrengten Denk-, Stress- und Sorgenphasen diese zusammenhängen.

Gehen wir jetzt noch einen Schritt weiter und sehen uns an, welche Folgen es hat, wenn der „Unterkörper" der Frau sensorisch unberücksichtigt bleibt. Gewissermaßen schließt sich hier der Kreis, weil gerade die dort angesiedelten weiblichen Organe besonders eng mit den femininen Qualitäten der Frau verwoben sind und ja, auch ihre Sexualität prägen.

Sexuelle Einöde

Tatsächlich überrascht es nicht, dass Frauen, wenn sie sich auf die Gedankenwelt versteifen und ihr Ganzkörperempfinden löschen, über Probleme mit ihrer Sexualität berichten. Eines zeigt sich bei meinen Klientinnen immer wieder deutlich: Die gedankenfixierte „Frau im Kopf" richtet ihre Bedürfnisse eher kognitiv aus, anstatt sich als sexuelles Wesen zu empfinden. Ihr Interesse am Sex reduziert sich und ihr körperliches Verlangen danach stirbt. Es ist, als zöge der Kopf alle Energie zusammen, sodass für den Unterleib kein Gramm mehr übrigbleibt. Während der Kopf auf Hochtouren läuft, sind die Energietanks im Körperzentrum leer.

Wie die Frauen diesen Vorgang im Einzelnen leben oder kompensieren, könnte unterschiedlicher nicht sein. Während manche Frauen durch zu viel Kopfanstrengung abends einfach nur müde sind, erschöpft ins Bett sinken und schlichtweg einschlafen, weisen andere ihren Partner mit unterschiedlichsten Begründungen permanent ab. Die typisch weiblichen Kopfschmerzen, die vorgeschoben werden, um Sex aus dem Weg zu gehen, sind gar nicht so weit hergeholt. Eine überladene Gedankenwelt kann tatsächlich dazu führen, dass eine Frau ihren Kopf, ob schmerzend oder nicht, als so dominant erlebt, dass sie ihr Sexualleben komplett einschlafen lässt.

Birgit rang ihrem Mann nach vielen Konflikten und Diskussionen um ein besseres Sexleben das Versprechen ab, nie wieder Sex mit ihm haben zu müssen.

Carina sausen im Bett ganz andere Gedanken durch den Kopf als die an ihren Partner oder die Erregung ihres Körpers. Oft stellt sie sich schlafend, damit es keine Annäherung gibt.

Irmgard arbeitet abends zumeist am Computer, während ihr Mann bereits im Bett liegt. Obwohl ihr die Feststellung, dass sie viel lieber am Computer arbeitet, als mit ihrem Mann intim zu sein, peinlich ist, mag sie daran nichts ändern.

Christine wiederum hat zwar Sex, doch sie fühlt sich unerfüllt. Allerdings schämt sie sich dafür, dass sie währenddessen an die Arbeit, die Probleme mit ihrer Mutter oder den Einkaufszettel denkt.

Lustlos

Wenn eine Frau ihren Alltag denkend ausrichtet und es ihr, wenn es zum Sex kommt, nicht gelingt aus ihrem Kopf auszusteigen und dem Empfinden die Zügel zu überlassen, fallen sexuelle Erlebnisse eher unsensibel, wenig zärtlich, oberflächlich oder mechanisch aus. Frauen der Generation, die Sex als „Pflicht einer ordentlichen Ehefrau" ansehen, wie es Gerda sagt, stellen sich eher zur Verfügung, anstatt Sex zu einer Bereicherung ihres Lebens zu machen. Dem gegenüber höre ich von jungen Frauen nicht selten, dass sie, wenn sich die Gedanken in ihrem Kopf lebhaft drehen, die Erregung „faken", Orgasmen vortäuschen und so den Fragen aus dem Weg gehen. Ich muss Ihnen eines sagen: Ich komme manchmal heftig ins Grübeln, wenn ich höre, wie kopfgesteuerte Frauen über ihre Sexualität sprechen. Erst kürzlich habe ich einer Klientin erklärt, dass der feminine Vorgang der Hingabe nichts damit zu tun, ihren Körper dem Partner zu überlassen, ihm diesen gewissermaßen hinzugeben und alles zu akzeptieren, was „man eben so macht".

Libidoverlust

Und ja. Tatsächlich gibt es einen Zusammenhang zwischen sexueller Empfindsamkeit, Hingabe und Gedankenübermacht. Wenn eine Frau nämlich empfinden möchte, sich am Sex erfreuen und die Fülle eines Orgasmus erleben will, muss sie sich tief entspannen, loslassen, vertrauen und sich in diesem Sinne tatsächlich hingeben können.

Natürlich. Es gibt auch künstlich beziehungsweise im Verstand gemachte Orgasmen. Beim sogenannten „Zerebralsex" versetzt sich die Frau über den Verstand in Erregung, indem sie sich entweder ein erregendes Szenario gedanklich vorstellt, Fetische benutzt oder sich beispielsweise durch Pornografie stimuliert. Ohne das Thema auszuwalzen, sage ich Ihnen hier eines: Dieses Vorgehen empfinde ich immer wieder als schade für die Frau, weil ihr diese unechte, künstlich stimulierte Erregung bei Weitem nicht dieselbe Erfüllung bringt, die sie haben kann, wenn sie sich Zeit nimmt, ihren Körper natürlich in Erregung hineinfließen lässt, sodass ihn diese vollkommen erfasst. Frauen, die die Ekstase eines solchen echten Erlebens kennengelernt haben, wissen, dass Zerebralsex eher eine kurze Turnübung als etwas zutiefst Erfüllendes ist.

Schöpfungsprobleme

Während manche kopfüberladenen Frauen ihre Sexualität verdorren lassen, überrascht es nicht, dass die vermehrte Gedankenfixierung bei anderen Frauen direkt auf ihre Empfänglichkeit wirkt. Es gelingt einfach nicht, dass sich ein Ei in ihrem Körper einnistet oder wenn es das tut, kann es nicht behalten werden.

Obwohl auf dieses Geschehen verschiedene Einflüsse wirken, habe ich im Laufe meiner über zwanzig Praxisjahre auch hier einen Zusammenhang zwischen der abnehmenden Empfänglichkeit und der Überbetonung des Verstandes beobachtet. Wenn sich die Frau maskulinisiert, ihren Fokus hauptsächlich auf die Gedankenwelt richtet und sich sowohl gefühlsmäßig als auch energetisch von ihrem Unterleib abkoppelt, kann es tatsächlich passieren, dass das auf Kosten ihres Empfänglichseins geht. Ich weiß. Das klingt hart und mag Ihnen vielleicht sogar weit hergeholt vorkommen. Als ich mich darüber einmal mit einer Gynäkologin unterhielt, sah sie mich an, als käme ich von einem anderen Stern.

Doch ich kenne einige Frauen, die sich nach der dritten, fünften oder ich weiß nicht wievielten In-vitro-Fertilisation (IVF) eine Erholungspause gönnten, sich entspannten, weniger Sorgen machten und plötzlich schwanger wurden. Dasselbe kann passieren, wenn die Frau kreativ wird.

Susanne beispielsweise wünschte sich seit langem ein Kind. Doch nachdem es nicht funktionierte, gönnte sie sich eine Auszeit und fuhr zu einem Malkurs nach Italien. Dort vergaß sie ihre Grübeleien und war danach plötzlich „auf Empfang". Joanna, eine denkgeschulte Managerin mit einem schnellen Verstand, nahm sich eine längere Auszeit, um ihr Leben in Ordnung zu bringen und legte auch mit den IVF-Zyklen eine Pause ein. Währenddessen beschloss sie, das Schwangerwerden hinten anzustellen und erst einmal klar im Kopf zu werden, wie sie sagte. Und dann geschah beides. Sie klärte ihren Kopf und wurde ohne künstliche Befruchtung schwanger.

Das Schöpfen und Kreieren von Leben, das, wie Sie wissen, eng mit den femininen Qualitäten verbunden ist, braucht sowohl ein bestimmtes inneres Klima als auch einen im Energiefluss befindlichen Körper. Wenn der Kopf zu voll ist und die Organe in der Körpermitte energetisch unterversorgt sind, ist dies nicht gegeben. Man muss keine Energieexpertin sein, um zu wissen, dass sich aus einem leeren Brunnen nun mal nichts schöpfen lässt.

Eine Frau mit „Schöpfungsproblemen" sollte zwei Sachen machen: Sie sollte auf unterschiedlichen Wegen kreativ werden und darüber hinaus regelmäßig aus ihrem Verstand aussteigen. Beides führt dazu, dass sich das energetische Verhältnis wieder zugunsten der inneren Balance verschiebt. Vielleicht überrascht es Sie nicht einmal, wenn ich Ihnen sage, dass der beste Weg, dies zu erreichen, in der Meditation liegt.

Revitalisierung durch Meditation

Eine Frau kann durch Meditationspraxis und das Wenden des Fokus nach innen tatsächlich sehr viel dafür tun, um eine innere Balance, ja, eine „Körper-Kopf-Balance" wieder herzustellen. Wenn sie ihren Körper bewusster wahrnimmt, ihr Eigenempfinden zum Leben erweckt und meditierend lernt, wie sie aus dem Verstand regelmäßig aussteigen kann, werden sich sowohl ihre Kopfsymptome als auch ihre Energie-Mangel-Signale zurückziehen. Ihr Sexualleben wird sich erholen und ihre Empfängnisbereitschaft auch.

Entgegen der Idee, dass die Sexualität des Menschen durch Meditation grundsätzlich abnimmt und überflüssig wird, sehe ich das anders. Bei einer Ausbalancierung des Nervensystems und einer energetischen Verlagerung der Energie auf das Körperzentrum, was im Zuge von Meditationserfahrungen geschieht, knüpfen Meditierende generell an den Fluss ihrer Sexualenergie erst einmal an. Dadurch werden sie nicht nur lebendiger, sondern überhaupt in die Lage versetzt wahrzunehmen, welche Art und Weise der Sexualität zu ihnen passt. Sie erholen sich meditierend von innen heraus und finden so zu ihrem persönlichen, ja auch sexuellen Gleichgewicht, das sich mit ihrem altersbedingten hormonellen Zustand die Waage hält. Genauso wie es gesund und natürlich ist, in den hormonellen Blütejahren sich sexuell auszuleben, tritt die sexuelle Aktivität mit dem Schwächerwerden der Sexualhormone mehr und mehr in den Hintergrund. Innere Explorationen werden bedeutsamer.

Frauen meditieren anders

Und schließlich sind wir wieder an unserem Ausgangspunkt angelangt. Vor dem Hintergrund des Gesagten verstehen Sie jetzt wahrscheinlich besser, warum ich der Meinung bin, dass Frauen anders meditieren. Doch sie meditieren nur anders, wenn sie ihre Femininität umarmen. Und genau das kann, wie Sie gesehen haben, ein heißes Eisen sein.

Wenn es jetzt immer mehr um die konkrete Meditationspraxis geht, möchte ich Ihnen vor dem Hintergrund des Gesagten ein wirkliches Verständnis dafür vermitteln, wie Sie Ihre inneren Explorationen gestalten können, damit Ihnen diese auch wirklich zugutekommen. Und dann wird, ohne dass ich vorgreife, Folgendes passieren: Indem Sie immer besser wissen, worauf es beim Meditieren ankommt, vervollkommnen sich beide Aspekte, die femininen Qualitäten sowie Ihre Meditationserfahrungen - parallel. Während Sie Ihren Fokus immer mehr nach innen richten, Ihr Körperbewusstsein vertiefen und Ihrem Verstand immer öfter eine Auszeit geben, schließen Sie sich gleichzeitig mit Ihrer Femininität kurz. Sie fühlen sich nicht nur femininer, sondern tauchen durch dieses Femininer-Werden auch tiefer in Ihre Innenwelt ein. Beide Vorgänge reichen sich sozusagen die Hand.

Und jetzt dürfen Sie herausfinden, wie sich Ihre meditativen Explorationen mit dem Femininen in Ihrem Inneren verweben. Wenn Sie mich fragen: Es gibt nichts Schöneres als beide Aspekte, das feminine und die Erfahrung von Meditation, in sich vereint zu spüren.

3

Meditieren im Fluss

Die Befreiung der Weiblichkeit

Einstimmen

Nachdem Sie ein Gefühl dafür bekommen haben, welche physischen, emotionalen und mentalen Konsequenzen es hat, wenn eine Frau ihre Femininität ungelebt lässt, verstehen Sie jetzt sicherlich auch besser, warum ich auf dem femininen Zugang zur meditativen Praxis beharre. Schauen wir uns jetzt im Einzelnen an, wie wir das Blatt wenden können.

Krempeln wir die Ärmel hoch!

Zunächst zeige ich Ihnen, wie feminine Qualitäten in die Meditationspraxis einfließen und welche Pflege diese brauchen. Das Feminine rücke ich nicht nur deshalb in den Mittelpunkt, weil es natürlicher Bestandteil Ihrer Physis ist und Ihnen einen wichtigen Teil Ihres Lebens überhaupt erst zugänglich macht, sondern weil es in der gegenwärtigen Meditationswelt immer noch komplett unterrepräsentiert ist.

Wenn ich sage, dass ich das Feminine in den Mittelpunkt rücke, heißt dass nicht, dass ich die Impulse, die von den männlichen Wegbereitern der Meditation wie Buddha, Lao Tzu, Bodhidharma, Rumi, Kabir, Atisha oder Gurdjieff ausgehen, oder die Methoden, die von Osho, Thich Nhat Hanh, Eckhart Tolle oder Jon Kabat Zinn stammen, ignoriere.

Nein, ganz und gar nicht.

Osho beispielsweise hat, wie Sie noch sehen werden, feminine Attribute wie kein anderer in die von ihm entworfenen Meditationsformen hineingeschleust. Es geht mir also weder um die Degradierung des Maskulinen als solchem noch um einen unterschwellig infiltrierten Feminismus. Viel mehr bestärke ich den Fakt, dass zum In-Balance-Sein ein ausgewogener femininer Part gehört. Auch wenn dieser, ganz nebenbei gesagt, auch jedem Mann gut bekommt, sind Frauen auf diesen noch mehr angewiesen, weil sie in einem femininen Körper wohnen.

Weibliches Wissen

Hinzu kommt, dass es aufgrund der Biologie der Frau ein bestimmtes „weibliches inneres Wissen" gibt, das sich noch entfalten und entwickeln können muss. Eben weil Frauen in der Vergangenheit ihre spirituelle Weisheit nicht ausleben konnten und dies größtenteils immer noch nicht tun, müssen wir diese Lücken erst noch mit unseren eigenen Erfahrungen füllen. Natürlich gibt es Frauen, die Erleuchtungserfahrungen gemacht haben und auch solche, die dadurch bekannt geworden sind. Doch in der alltäglichen Meditationswelt hat selbst das öffentlich verbreitete Wissen, wie Sie wissen, noch nicht dazu geführt, dass Frauen ihre spirituelle Seite als etwas Selbstverständliches anerkennen und leben. Bis es so weit ist, braucht es wohl noch viele Wegbereiterinnen mehr. Und in diese Rolle werden Sie sich nun begeben. Ja genau: Gewissermaßen zählen Sie zu den Vorreiterinnen, sobald Sie sich auf den femininen Pfad der Meditation wagen.

Die Reihenfolge

In diesem Kapitel möchte ich Sie mit verschiedenen Meditationsformen vertraut machen, damit Sie herausfinden können, welche femininen Ansätze zu Ihnen und Ihrem Körper passen. Vielleicht verfügen sie ja auch schon über Vorerfahrungen und gehören zu den versierten Meditierenden. Auf diesen Erfahrungsschatz dürfen Sie selbstverständlich zurückgreifen. Sie können auch praktische Meditationsangebote in Ihrer Umgebung parallel zum Lesen des Buches wahrnehmen. Testen Sie möglichst viele unterschiedliche Methoden - die hier vorgestellten und auch andere.

Da es bei dem Überangebot von Anleitungen nicht einfach ist zu wählen, plädiere ich grundsätzlich dafür, dass Sie von Beginn an Ihre Intuition sprechen lassen. Selbst wenn diese nur ein dünnes Stimmchen hat, werden Sie dennoch bereits beim Durchlesen oder Anhören der Instruktionen spüren, ob eine Übung Sie „reizt", auf Sie „zukommt", Sie kalt lässt oder vertreibt. Und dasselbe im Praktischen: Auch dann, wenn Sie eine Sequenz ausprobieren, werden Sie schnell wahrnehmen, ob sich diese mit Ihrem Innenleben verträgt.

Wie beginnen?

Zu Beginn halte ich es für besonders wichtig, dass Sie den allerersten Schritt in die richtige Richtung setzen. Logisch irgendwie: Wenn Sie sich bereits da verirren, können alle weiteren Schritte folglich nur in die verkehrte Richtung gehen. Und umgekehrt. Wenn Sie sich mit dem ersten Schritt auf die richtige Route begeben, ist die Chance auf das Ankommen an der richtigen Stelle groß.

Womit beginnen? Wie gelingt der Start? Das Naheliegendste ist, dass Sie sich an dem orientieren, wo die Essenz des Femininen am leichtesten aktiviert werden kann, und das ist in Ihrem Körper. Selbst in dem Fall, dass dieser Probleme macht, vom Verstand in Schach gehalten wird, Sie an einem typischen „Kopfsymptom" knabbern oder mit einem der „Energie-Mangel-Signale" ringen, sind die femininen Qualitäten angelegt und können jederzeit herausgekitzelt werden.

Augenblicklich sehe ich die erwartungsvollen Blicke der Frauen vor mir, die diesem körperaffinen Ansatz skeptisch gegenüberstehen. „Ja aber ... was heißt denn das?", fragte Nicole, eine bereits erfahrene

Meditiererin, erstaunt. „Soll ich mich jetzt doch wieder um den Körper kümmern und nicht um den Geist?"

Ja, genau. Sie beginnen mit der „Materie", mit dem Körper, mit Ihrer fühl- und erfassbaren Substanz. Das ist weder ein Rückschritt noch ein Anfängertool, sondern die Basis, wenn Meditationspraxis auf fruchtbaren Boden fallen soll. Ganz besonders wichtig ist das für Sie, falls Sie sich nicht wohl in ihrem Körper fühlen, Ihre Physis seit Längerem Probleme macht oder es Ihnen vollkommen unklar ist, wo sich Ihre Femininität versteckt.

Körperbewusstsein entwickeln

Wie auch immer die Situation momentan sein mag, zunächst geht es darum, dass Sie ein ausgeprägtes Körperbewusstsein entwickeln. Das heißt im Einzelnen, dass Sie Ihren Körper in den Mittelpunkt Ihrer Wahrnehmung rücken, ihn beobachten und kennenlernen und ihm mit erhöhter Aufmerksamkeit begegnen.

Und das dürfte Ihnen nicht wirklich etwas Fremdes sein! Im Gegenteil. Für die meisten Frauen ist es, sobald sie sich um ihren Spürsinn bewusster zu kümmern beginnen, wie ein Auffrischen oder Wiederfinden, ein Erinnern an eine ursprüngliche innere Qualität. Tatsächlich bemerken sie in dem Prozess des Sich-Kennenlernens sehr schnell, dass es das Einfachste und Natürlichste ist, mit der eigenen Körperlichkeit verbunden zu sein. Oder auch anders herum: Andere fragen sich, wie es passieren konnte, dass sie das Empfinden für ihren Körper ausgeblendet haben, wo es doch das Naheliegendste ist.

Halten wir jetzt schon einmal Folgendes fest: Die Entwicklung von Körperbewusstsein ist der erste wesentliche Schritt zur Meditation, weil sie nicht nur zu einer erhöhten Aufmerksamkeit für den Körper einschließlich seiner weiblichen Qualitäten führt, sondern die Richtung Ihrer Aufmerksamkeit von außen nach innen lenkt und Ihnen automatisch die Brücke zu Ihrem Innenleben baut.

Damit ist der Start zur Innenschau auch insofern gemacht, weil der Körper aus vielen fühlbaren „Schichten" besteht. So wie er eine „äußere Schicht" hat, an der Sie Ihre meditativen Expeditionen beginnen, gibt es in seinem Innenleben wahrnehmbare Funktionen, die sich in der Tiefe abspielen.

Sobald sich Ihre Körperwahrnehmung verfeinert, kommen Sie automatisch mit diesen in Kontakt. Vollkommen natürlich treten Sie die Reise zum Zentrum des Organismus an. Sie starten an der Peripherie des Körpers und bewegen sich immer mehr auf dessen „Zentrum" zu.

Der feine Unterschied

Damit ist der Grundstein gelegt. Die Entwicklung von Körperbewusstsein steht auf Ihrer meditativen To-do-Liste,oder besser gesagt auf der meditativen „Liste zum Nicht Tun", an erster Stelle. Nicht-Tun deshalb, weil es um ein entspanntes Wahrnehmen als um ein willentliches Machen im Sinne des Abarbeitens geht. Und das gibt mir die Brücke zu folgenden Überlegungen: Wenn ich Ihnen jetzt weitere Schritte auf dem femininen Weg der Innenschau vorschlage, möchte ich nicht jedes Mal den Vergleich mit dem Maskulinen bemühen, weil ich hier ganz bewusst die Bühne für das Feminine freimachen will. Doch weil die Meditationsszene so subtil von maskulinem Denken durchsetzt ist, bleibt mir mitunter keine andere Wahl.

Ich gehe an dieser Stelle auf die drei hauptsächlichen Missverständnisse ein, die sich durch die Dominanz des Maskulinen in den Köpfen vieler Meditierer eingegraben haben und insbesondere den meditationsinteressierten Frauen auf die Füße fallen können.

Erstes Missverständnis: Die Zielfokussierung

Der maskuline Ansatz, ob von Frauen oder Männern bedient, ist zielorientiert und fokussiert zumeist darauf, der Wahrnehmung innerer Vorgänge wie Gedanken und Emotionen durch Konzentration, willentliches Ausblenden und das Einengen des inneren Fokus zu entsteigen. Doch: Weder mit dem willentlichen Ausschalten von etwas Störendem noch mit Konzentration auf das angeblich Richtige kommen Sie beim Meditieren sehr weit. Beides hieße, dass Sie eine meditative Erfahrung zielgerichtet herbeiführen, „machen" oder produzieren könnten. Doch genau das wird nicht funktionieren! Eine Zielformulierung treibt Sie von der „Erfahrung Meditation" eher weg.

Was Sie tun können ist, sich nach ihr zu sehnen, sie einzuladen und sie willkommen zu heißen. Sie können für eine entsprechende „Atmosphäre" in sich sorgen und ein inneres Klima dafür schaffen, eines, in dem sich Ihr Nervensystem zur Ruhe setzt und Ihnen den Blick in die Innenwelt freigibt.

Zweites Missverständnis: Die Überwindung des Körpers

Der einseitig maskuline Weg der Innenschau lässt den Körper oftmals nicht nur beiseite, sondern sieht ihn als etwas an, das überwunden werden muss. Dementsprechend ist die übliche Meditationspraxis häufig darauf ausgerichtet, physische Vorgänge auszublenden und all diesen Turbulenzen mit dem sogenannten Gleichmut zu begegnen. Diese innere Ausrichtung wird als gewollte meditative Distanz interpretiert. Der Körper mit seinen augenblicklichen Rückmeldungen hat innerhalb dieser Vorgänge keine Stimme. Egal was er sagt, er bleibt wie im Regen stehen. Und genau das ist der Punkt, der sich rächt: Alle inneren Vorgänge, die Sie unterdrücken oder negieren, erzeugen einen subtilen Druck im Körperinneren, der zu einer erhöhten Muskelspannung führt. Doch die Erfahrung von Meditation ist im angespannten Zustand nicht erlebbar. Beides, sowohl Anstrengung als auch Angespanntheit, sind die klassischen Killer jedes meditativen Erlebens.

Drittes Missverständnis: Das Ignorieren von Beschwerden

Indem der Körper keine Lobby hat, werden in der Meditationspraxis oftmals auch bestehende Beschwerden, Stressreaktionen oder

Schmerzen ausgeblendet und oftmals sogar willentlich negiert. Darüber hinaus haben gesundheitliche Symptome kaum einen Platz. Auch Sie werden so gut wie nie in das meditative Geschehen involviert. Doch für den Fall, dass physische oder psychische Herausforderungen Ihre Wirklichkeit bestimmen, können Sie diese nicht wegdrücken oder salopp beiseite lassen. Selbst wenn Ihnen dies gelänge, täte Ihnen das nicht gut. Nur weil Sie etwas nicht mehr ansehen oder sich von einem realen Geschehen in sich abwenden, verschwindet es ja nicht. Im Gegenteil. Sie gingen das Risiko ein, dass es sich verstärkt und sich noch mehr Gehör verschafft.

Weibliches Heilsein braucht mehr

Zum letzten Punkt, zum Berücksichtigen von physischen Beschwerden beim Meditieren, gäbe es sehr vieles zu sagen. Es ist nämlich wunderbar, dass Meditation sehr viele Symptome und stressbedingte Beschwerden lindern und mitunter sogar auflösen kann. Doch wenn das geschehen soll, braucht es ein Gefühl dafür, wodurch sich das individuelle Nervensystem angesprochen fühlt. Meine Beobachtungen in der therapeutischen und meditativen Praxis zeigen immer wieder, dass dies nicht nur ein sehr individuelles Geschehen ist, sondern dass Frauen auf äußere Eingriffe anders reagieren als Männer. Es darf hier keine Gleichmacherei geben.

Dazu etwas sehr Interessantes: Erst kürzlich habe ich über eine Konferenz in der *Harvard Chan School* gelesen, auf der es um geschlechtsspezifische Unterschiede in der medizinischen Behandlung ging. Ausgehend davon, dass es weder in der modernen Medizin noch in der Körper-Mind-Therapie Differenzierungen gibt, stellten die amerikanischen Gesundheitsexperten dem gegenüber heraus, dass Frauen aufgrund ihrer Physis wesentlich sensibler auf medizinische Eingriffe reagieren als Männer. Darüber hinaus sprechen sie auch anders auf Medikamente an. Genau das deckt sich mit dem, was ich seit Jahren in der Körper-Mind-Praxis beobachte: Die erhöhte Sensibilität der Frau hinsichtlich äußerer Eingriffe wird im allgemeinen Verständnis oft als Zeichen von Schwäche, geringerer Belastbarkeit oder fehlender Stabilität gewertet.

Doch ganz im Gegenteil! Es ist offensichtlich, dass darin eine Stärke liegt! Eben weil Frauen sensibler und feinfühliger sind, brauchen sie nicht nur eine geringere „Dosis" von Impulsen beziehungsweise eine feiner austarierte Therapie. Sie brauchen auch andere Komponenten, die durch medizinisches Know-how, Chemie oder Hammer-auf-den-Kopf-Methoden unabgedeckt bleiben oder sogar verhindert werden. Viel wichtiger sind ihnen ihre persönlichen Umstände, nährende Beziehungen, ihr Lebensumfeld, ja, ihr Eingebettetsein in ihr Leben. Für eine Frau ist es im Zuge des Heilens und Regenerierens besonders wichtig, dass Sie sich mit den gewählten Heilmitteln wohl und durch diese angesprochen fühlt.

Es ist eine Tatsache: Das Thema einer femininen Körper-Mind-Medizin ritzen wir gerade erst einmal an. Damit Frauen gesunden, braucht es ein neues Verständnis von den Zusammenhängen zwischen Körper, Gesundheit, Seele und Kognition. Ich bin froh, dass die Harvard-Experten wegbereitend sind, und habe mindestens zehnmal „Ja, ja, ja!" gerufen, als ich von diesen klugen Erkenntnissen las.

Black Box

Diese Beobachtungen liegen nicht weit weg von einem femininen Ansatz zur Innenschau. Wer die Femininität seines Körpers beim Meditieren in die Ecke stellt und es hinnimmt, dass der Organismus gewissermaßen wie eine „Black Box" außen vorgelassen wird, hat es schwer, sich in seiner Innenwelt zurechtzufinden. Das heißt, dass alle meditierenden Frauen, die ihren Körper mit seinen Rückmeldungen während des Meditierens unterdrücken, letzten Endes riskieren, dass sie an sich vorbei meditieren und in der Sackgasse landen. Irgendwann geht es nämlich mit der maskulinen Brechstange nicht mehr weiter. Das Innenleben setzt ihnen einen klaren Stopp.

Noch einmal: Wenn Sie einen für sich stimmigen Weg der Innenschau finden möchten, ist die Entfaltung von Körperbewusstheit die Grundlage dafür. Und diesen Fakt wenden Sie gleich einmal auf eine persönliche Bestandsaufnahme an.

Selbstreflexion

Bevor Sie die Reise in Ihre Innenwelt antreten, ist es gut zu wissen, wo Sie persönlich losgehen. Dazu stelle ich Ihnen Fragen in zwei Kategorien, die Sie am besten ohne längeres Nachdenken, ja, ganz spontan in der **ME-TIME-LOUNGE** beantworten.

Wie fein ist Ihr Körperbewusstsein?

Körperkontakt:

Wie gestaltet sich Ihr Kontakt zu Ihrem Körper?
Sind Sie mit seiner Empfindungswelt vertraut?

ME-TIME-LOUNGE

Körpertreue:

Wenn ja, inwiefern? Wie äußert sich das? Wenn nein, haben Sie Ideen, anhand derer Sie den Kontakt mit ihm wieder auffrischen könnten? Schreiben Sie diese in der **ME-TIME-LOUNGE** - wie immer mit der linken Hand - auf.

Das Schreiben

Während Sie nun schon auf einige Aufzeichnungen, die sie in der **ME-TIME-LOUNGE** vorgenommen haben, zurückblicken können, nehmen diese nun im praxisorientierten Kapitel noch einmal eine andere Qualität an. Je detaillierter Sie hier auf die Fragen antworten, desto schneller bekommen Sie ein Gefühl dafür, wo Sie in Ihrer Innenschau losgehen, wo Ihre persönlichen Stärken liegen und wo möglicherweise Nachbesserungsbedarf besteht. Ihre schriftlich formulierten Reflexionen werden Ihnen außerdem dabei helfen, dass Sie erfahrungsbezogen lernen.

Dieses Lernen ist keines, das Sie aus der Schule kennen. Vielmehr ist es ein organisches Entdecken, ein natürlich ablaufendes Versuch-Erfolg-Irrtum-Erfahren, das Sie schriftlich kommentieren. Wenn Sie später einmal zurückblättern, werden Sie eine gewisse Linienführung ablesen können und sehen, welche Schritte es waren, die zu tieferen Erkenntnissen geführt haben. Mitunter arbeitet sich auch ein bestimmtes Thema heraus, das, weil es immer wieder auftaucht, Ihre spezielle Aufmerksamkeit braucht. Und schließlich können Ihre Aufzeichnungen auch zu Ihrer persönlichen Ressourcensammlung werden. Je mehr diese durch Ihre praktische Erfahrung gegangen ist, desto besser und nutzbarer ist sie für Sie.

Innere Wegweiser finden

Das alles heißt allerdings nicht, dass Sie wertvolle Augenblicke und eingängige Erfahrungen bis ins letzte Detail analysierend zerpflücken. Vielmehr sollen diese Ihnen als Wegweiser und Fingerzeige dienen, damit Sie auf der richtigen Fährte bleiben.

Da Sie sich in der Meditation auf Neuland begeben und Sie möglicherweise noch gar nicht ahnen, was es da in Ihrem Inneren zu entdecken geben kann, ist jeder Anhaltspunkt, den Sie selbst gefunden haben, von größtem Wert. Vielleicht kennen Sie das ja auch: Mitunter ist es gar nicht so leicht auszumachen, wo man mit seinen Entdeckungen steht. Ist man überhaupt schon einen Schritt in die richtige Richtung gegangen? Stimmt die Richtung überhaupt? Oder hat man sich nur im Kreis gedreht? Genau dabei, beim Beantworten solcher oder ähnlicher Fragen, werden Ihnen Ihre Aufzeichnungen helfen. Bereits wenn Sie nach ein paar praktischen Versuchen oder Erfahrungen zurückblättern, werden Sie in der Rückschau eine Entwicklung oder eine Tendenz ablesen können.

Und mehr noch: Indem Sie bemerken, wie sich Ihre Wahrnehmungen verändert haben, sehen Sie Fortschritte und Entwicklungen, die Ihnen „zunicken" und Sie zum Weitergehen ermutigen. Diese könnten folgendermaßen lauten: „Heute erstmals meditiert und mich vergessen ..." oder „Habe mich hinterher sagenhaft frisch gefühlt ..." oder „Heute verging die Zeit wie im Flug." Während Sie vielleicht an einem Tag notieren: „Mein Kopf war wie ein Bienenschwarm", bilanzieren Sie bereits einen Tag später: „Heute habe ich mich so still gefühlt wie ein See."

Besonders, wenn Sie unter Beschwerden leiden, ergeben Ihre Notizen zu Feinheiten Ihrer Wahrnehmung einen ganz anderen Sinn: „Heute ohne Rückenschmerzen meditiert. Ich habe ein anderes Kissen benutzt" oder „Zum ersten Mal mit Bewegung meditiert. Hurra! Mein Nacken fühlt sich gelöster an!" oder „Meine Migräne ist heute verstummt ..." oder „Meditativ getanzt. Tiefe Stille danach."

Kirsten, eine neue Klientin, schrieb mir nach einer Meditationssitzung eine E-Mail. Sie erzählte mir, dass Sie seit dreizehn Jahren einmal wöchentlich zur Massage, zum Yoga und zum Schwimmen gegangen sei und morgens gewissenhaft ihre Stretchübungen gemacht habe. So habe sie versucht, ihre Nackenschmerzen unter Kontrolle zu halten, doch das traurige Ergebnis sei, dass sich an diesen nie wirklich etwas verändert habe. Und dann das: „ ... Gestern Abend hat es mich überkommen", schrieb sie. „Ich hatte einen Schwarze-Katze-am-Morgen-Tag hinter mir, Probleme in der Firma und dann auch noch mit meinem Sohn. Da habe ich mich aus Verzweiflung auf das Meditationstanzen eingelassen (auf die Osho

Nataraj-Meditation werden wir später noch eingehen). Sie wissen ja ... Ich mochte es nicht. Aber ganz am Ende habe ich beim Tanzen gefühlt, dass sich mein Nacken plötzlich bewegen will. Ich hatte solche Angst! Aber dann habe ich mich nicht mehr dagegengestellt. Eigentlich wollte ich ihm eine gute Haltung beibringen ... und jetzt das! Ich bin heute Morgen zum ersten Mal!!! ohne Stiche im Hinterkopf aufgewacht. Ein Wunder ist mir passiert. Und dann ist es in mir auffällig ruhig geworden. Das einzige Problem ist, wie lange es anhalten wird ..."
Kirsten hat es behalten, auch wenn es erst einmal Aufs und Abs dazwischen gab. Während dieser schaute sie sich immer wieder ihre Aufzeichnungen an und fand darin Anhaltspunkte, unter welchen Umständen sie sich am entspanntesten fühlte und was sowohl ihrem Nacken als auch ihrem inneren Stillsein den größten Spielraum gab.

Die Kraft des Feinen

Besonders empfehle ich Ihnen, neben den großen Beobachtungen auch die als klein oder sogar nichtig erscheinenden zu notieren. Erfahrungsgemäß sind es so gut wie nie die spektakulären Erfahrungen, die Ihnen den Weg in das Erleben von Meditation weisen. Diese „Boah-Momente" befriedigen und beflügeln und dadurch „fliegen" Sie weiter. Das ist wichtig und wahr. Aber diese Erfahrungen sind es wiederum nicht, die das Nervensystem in erster Linie dazu animieren, sich zum Natürlicheren hin zu reorganisieren und uns das Innenleben zugänglicher zu machen. Hier spielen die subtilen Wahrnehmungen eine wesentlich größere Rolle. Da sie nur kurz aufflammen oder mitunter nur etwas flackern, müssen Sie äußerst wach sein, wenn Sie diese erfassen wollen. Dass Sie dem Feinen in sich immer mehr Aufmerksamkeit schenken, hat noch einen anderen Hintergrund: Je mehr Sie sich auf Ihr Innenleben einlassen, desto mehr geht es Ihrem Verstand an den Kragen, der versucht, Sie in diesem Zuge auch immer mehr zu sabotieren. Da dies ziemlich massiv werden kann, je nachdem wie sehr Sie sich mit Denkprozessen identifiziert haben, werden Sie Ihren subtileren Beobachtungen in der „Etage darunter" vertrauen müssen. Unter dem Hagel Ihrer gedanklichen Stimmen werden Sie die hauchfeinen Impulse, die den Weg in Ihr Bewusstsein bahnen, heraussondieren. Und diesen folgen Sie. Es ist fast so, als trompetete der Verstand in einem Boot sitzend auf der Wasseroberfläche herum, während Sie, Ihren feinen Wahrnehmungen folgend, galant unter diesem durchtauchen.

Nochmals zurück zu Ihrer **ME-TIME-LOUNGE**. Indem Sie Erfahrungen sammeln und sehen, wie sich meditative Impulse in Ihrem individuellen Organismus entfalten, geben Sie sich selbst Rückenwind zum Weitermachen. Ja genau, zum „Tieferlauschen" und „Weitertauchen".

Die drei goldenen Grundregeln

Nachdem Sie wissen, dass die Basis der femininen Innenschau in der Entfaltung des Körperbewusstseins besteht, eröffnet sich für Sie ein Riesenfeld der Selbsterfahrung. Wenn Sie sich auf diesem bewegen, kann es unglaublich viel Neues zu entdecken geben, das Sie bereichert, erfüllt und erhellt.

Doch genauso gut kann es mitunter auch kritisch werden. Unsicherheiten mögen entstehen. Fragen blubbern hoch. Wie, ja, wie fangen Sie es konkret an, wenn das Erwecken von Körperbewusstsein mehr Zeit zum Aufwachen braucht, als es Ihnen lieb ist? Und woran orientieren Sie sich, wenn Sie stellenweise nicht einmal unterscheiden können, ob es der Körper ist, der fühlt, oder der Kopf quasselt, der Sie etwas glauben macht? Um hier einen Pfad zu entwerfen, stelle ich Ihnen drei essenzielle Schritte zur Verfügung, die ich als Goldregeln der körperorientierten Innenschau ansehe.

Goldregel 1: Lassen Sie Ihren Körper entscheiden!

Es kann durchaus zunächst einen großen Raum einnehmen, wenn Sie Ihren Körper erst wieder zu spüren lernen, je nachdem ob und wie stark Sie sein Eigenempfinden vernachlässigt haben und dieses daher vielleicht noch ein bisschen schwach auf den Beinen ist.

Doch wie auch immer es sein mag: Machen Sie es zu einer Selbstverständlichkeit, Ihrem Körper die größte Aufmerksamkeit zu schenken! Spüren und beobachten Sie ihn in so vielen Augenblicken wie möglich, in unterschiedlichen Zusammenhängen und in anderen Situationen. Beobachten Sie ihn bei der Arbeit, beim Bewegen, beim Essen, Duschen, Baden, Autofahren, während eines Gesprächs, in

einem Streit, wenn Sie berührt werden oder jemanden berühren, beim Lachen, Weinen, beim Grübeln oder Sorgenmachen, beim Feiern oder beim Sex. Fragen Sie ihn regelmäßig, wie es ihm geht und was er gerade so treibt. Und: Warten Sie seine Antwort ab!
Wenn er sich aalt, still und zufrieden ist, erfreuen Sie sich daran. Wenn er sich windet, weigert oder knurrt, tun Sie alles in Ihren Kräften Stehende, um es zu seinen Gunsten zu verändern. Begeben Sie sich jetzt an die **Rezepte-Bar**, einen Platz, wo Sie sich praktische Impulse und meditative Übungen abholen, möglichst zeitnah ausprobieren beziehungsweise in Ihren Alltag integrieren. Bringen wir jetzt die praktische Exploration zur ersten Goldregel ins Spiel.

Zur Verkostung an der Rezepte-Bar:

Ihr Körper hat recht

Machen Sie ein kleines Experiment:
Treffen Sie Ihre Entscheidungen an den nächsten drei Tagen einmal aus der Sicht Ihres Körpers. Wie würde sich Ihr Körper in den vielen großen und kleinen Situationen entscheiden, wenn er der alleinige Entscheidungsträger wäre? Suchen Sie regelmäßig die **ME-TIME-LOUNGE** auf und notieren Sie Ihre Erfahrungen.

Vielleicht schütteln Sie jetzt erst einmal heftig den Kopf, denn Sie ahnen, in welches Chaos Ihr Körper Sie stürzen wird, sobald er mitreden darf. Vielleicht haben Sie sogar alles darangesetzt, ihn bewusst im Zaum zu halten, damit sein Wollen nicht überhandnehmen kann. Doch wenn das der Fall ist, wäre es jetzt ohnehin an der Zeit, dass Ihr Körper Mitspracherecht bekommt! Wenn Sie das Buch weiterlesen, wird es Ihnen sowieso immer schwerer fallen, ihn zum Schweigen zu bringen. Ganz gleich warum, wofür oder womit Sie ihn geißeln, seine ungestillten Bedürfnisse schwelen im Unterbewusstsein und mischen sich von dort aus in Ihr Handeln ein.

Also schauen Sie einmal, wie Ihnen das Drei-Tage-Experiment zum Anwenden der ersten Goldregel gelingt. Wenn Sie es mögen, weiten Sie es auf sieben Tage oder sogar drei Wochen aus. Und vielleicht müssen Sie es dann gar nicht mehr „machen", weil sich die Goldregel, Ihren Körper in Entscheidungen einzubeziehen, bereits in Ihr Nervensystem integriert hat und schon zu Ihrer Normalität geworden ist.

Wenn der Kontakt zum Körper dann erst einmal aufgeweckt ist, gilt es diesen wachzuhalten und immer mehr zu verfeinern. Während anfangs noch eher die gröberen Wahrnehmungen in Ihr Bewusstsein eingehen, arbeiten Sie sich immer weiter zu den feineren vor und schleichen Sie sich in zunehmendem Maße an die Zwischentöne heran. Mit ein bisschen Erfahrung werden Sie diese immer mehr schätzen, weil Sie gefühlt haben, dass die aus der Tiefe Ihres Organismus kommenden noch wertvoller sind.

Hier ein Vorausblick:
Im Zuge dessen, dass Ihr Körperbewusstsein immer wacher wird, kümmert sich Ihr Gehirn selbstredend um die entsprechende Umsetzung. Und das aus gutem Grund: Während Sie nämlich nach passenderen und harmonischeren Möglichkeiten suchen, klopfen Sie automatisch an vernachlässigte oder sogar still gelegte Gehirnareale an. Wie Neurowissenschaftler beweisen, aktivieren Sie diese durch die Erhöhung Ihrer Bewusstheit sowie durch eine Umschichtung der Aufmerksamkeit. Es ist also nicht übertrieben, wenn ich sage, dass Sie Ihr Gehirn im Zuge der Suche nach geeigneteren Alternativen zu einer Reorganisation animieren. Insofern ist Ihr determiniertes Kümmern um Ihr Körperbewusstsein kein blanker Selbstzweck. Sie schaffen in Ihrem Gehirn eine Konstellation, in der es Ihren Organismus immer natürlicher und flexibler organisiert. Genau das wirkt sich im Sinne einer gegenseitigen Befruchtung positiv auf Ihre meditativen Erlebnisse aus.

Goldregel 2: Vertrauen Sie dem, was Sie fühlen!
Die Sache ist die: Wenn Sie den Körper mit seinen Bedürfnissen wahrnehmen und sprechen lassen, mag das ja eine schöne und nützliche Sache sein. Doch entsteht daraus natürlich die Frage: Sollen Sie diesen Wahrnehmungen wirklich trauen?
Viele Frauen, die ich kenne, beginnen den Satz auch gern mit: „Vielleicht bilde ich mir das ja nur ein, aber ..." Ja, wenn es um das Vertrauen der Frau in ihren Körper geht, kommt unglaublich viel maskuline Argumentation ins Spiel, die sich oft als rationalisierendes Zweifeln und Abwägen zeigt: „Wofür ist das gut?", „Wie zahlt sich das aus?", „Was habe ich davon?" Oder aber: „Ist das nicht zu ...?" Zu blauäugig? Zu esoterisch? Zu blumig? Zu gefühlsbetont? Zu viel bla, bla, bla?
Was auch immer es sein könnte, die Frage danach ist eine Bewertung, und in dem Moment, in dem eine solche Einzug gehalten hat,

handelt es sich um die Botschaft des Verstandes. Wie Sie bereits erfahren haben, ist dieser nicht für alle Bereiche des Lebens der passende Entscheidungsträger. Und mit etwas Erfahrung werden Sie wissen, dass dieser, je öfter Sie ihm entsteigen, umso dringlicher versucht, sich in den Vordergrund zu spielen und seine Existenz unter Beweis zu stellen. Ihr Verstand kann das, was Sie fühlen, niemals als richtig stehen lassen.

Und mehr noch! Vielleicht kennen Sie das ja bereits: Sobald Sie Ihren Blick nach innen richten, dreht Ihr Verstand erst einmal so richtig auf. Es ist, als würde er noch verrückter werden und Sie noch drängender mit Argumenten attackieren. Mitunter ist Ihre Wahrnehmung noch nicht einmal komplett, da ist der Verstand schon darauf gehechtet und hat sich deren Inhalt unter den Nagel gerissen.

Gerade deshalb ist es so wichtig, dass Sie den Wahrnehmungen Ihres Körpers vertrauen. Diese sind sicherer als das Geschwätz des Verstandes. Das sind sie auch, weil Gedanken ihre Launen haben und immens schnell kommen und gehen können. Deshalb: Bleiben Sie mit den Auskünften Ihres Körpers stehen. Lassen Sie die „Engelszungen" des Verstandes schwatzen. So bedeutsam sind sie nicht, dass Sie ihnen immerfort glauben oder sofort folgen müssten.

Um die Position Ihres Körpers zu stärken, können Sie sich jetzt an der **Rezepte-Bar** die praktische Übungssequenz zur Goldregel Nummer zwei abholen. Diese ist etwas anspruchsvoller, aber durchaus machbar. Viele Frauen, mit denen ich gearbeitet habe, wenden sie erfolgreich an.

Jetzt an der Rezepte-Bar:

Erwischen Sie die Pause zwischen Wahrnehmen und Bewerten!

Wann immer Sie Ihren Körper wahrnehmen, schärfen Sie Ihre Aufmerksamkeit so sehr, dass Sie diesen winzigen Moment erfassen können, bevor der Verstand Ihre aktuelle Wahrnehmung zu bewerten versucht. Erwischen Sie genau diese kleine Pause und bleiben Sie in dieser beobachtend stehen.

Wenn Sie die Pause erfassen, wunderbar und stopp! Dann haben Sie dem Verstand einen Strich durch die Rechnung gemacht. Wenn Sie die Pause verpassen, kein Problem! Beim nächsten Mal wird es besser klappen. Mit zunehmender Erfahrung wissen Sie, dass der Pausenstopp manchmal gut gelingt und manchmal eben auch nicht.

Auch für diesen Erfahrungsbereich habe ich hier Platz geschaffen, sodass Sie Ihre Beobachtungen mit diesem hauchfeinen Prozess in aller Ruhe nachvollziehen können. Notieren Sie alles, was Sie dabei bemerken. Ich bin sicher, dass es da allerhand zu berichten gibt.

Goldregel 3: Folgen Sie Ihrer aktuellen Wahrnehmung im Moment!
Obwohl die beiden ersten Goldregeln immens wichtig sind und es tatsächlich Gold wert ist, einen gut ausgeprägten Körperspürsinn zu haben, reicht das aber immer noch nicht aus! Selbst dann, wenn Frauen ihrem Eigenempfinden vertrauen, bedeutet das paradoxerweise noch lange nicht, dass daraus eine entsprechende innere oder äußere Aktion folgen muss.
Viele Frauen verfügen über eine gute Wahrnehmung und nehmen oftmals in Sekundenschnelle wahr, wie eine Situation ist, ob die Energie in dieser stimmt und ob etwas für sie passt oder nicht. Ich weiß nicht, wie oft ich Frauen habe sagen hören, dass sie den Ausgang einer Sache von Beginn an gefühlt, die richtige Lösung sofort vor Augen gehabt oder intuitiv gewusst hatten, was zu tun gewesen wäre. Ich kenne hochsensible Frauen, die gewissermaßen die Flöhe husten hören und alle möglichen Unter- und Zwischentöne erfühlen, noch bevor sie für andere überhaupt erfassbar sind. Ganz klar. Ihre hohe Sensibilität als typische feminine Qualität hilft ihnen dabei.
Der Schwachpunkt vieler Frauen ist jedoch, dass aus ihrem Fühlen nur selten eine dementsprechende Aktion hervorgeht. Indem sie mit ihrem Empfinden hinterm Berg halten oder es am Ende doch rationalisieren, fallen sie sich selbst in den Rücken. Sie üben gewissermaßen Verrat an ihrer eigenen inneren Realität. Und genau deshalb kommen wir hier zur dritten Goldregelübung.

Ran an die Rezepte-Bar:

Folgen Sie Ihrem ersten Impuls!

Folgen Sie so oft Sie können Ihrem ersten, Ihrem allerersten taufrischen Impuls und übersetzen Sie diesen in konkrete innere oder äußere Aktion. Tun Sie das in der Reinform und so exakt es geht. Wenn Sie ihr partout nicht folgen können, weil es die realen Umstände nicht erlauben, halten Sie sich so detailliert wie möglich vor Augen, wie Ihre Lösung in diesem Augenblick wäre. Sie werden schnell erkennen, warum das so wichtig ist. Auch für diese Reflexion habe ich Platz in der ME-TIME-LOUNGE reserviert.

Ich vermute, dass Sie dazu allerhand zu schreiben haben werden. Doch bevor Sie probieren und schreiben, muüssen Sie vielleicht erst einmal schlucken, weil Sie entsprechend Ihrer Gewohnheiten ahnen, welche Herausforderung diese Ad-hoc-Übung für Sie ist. Wenn es so sein sollte, winden Sie sich nicht heraus, sondern bleiben Sie dran! Bleiben Sie selbst dann dran, wenn Sie zu der Erkenntnis gelangen, dass Sie zu den Meisterinnen des Selbstverrats zählen und sich mit der Übung Ihr ganzes Leben auf den Kopf stellen würde. Machen Sie sich außerdem bewusst, dass das Befolgen Ihres Empfindens das Feminine in Ihnen bestärkt. Ja, Tatsache! Ihr erster Impuls verbindet Sie mit Ihren femininen Qualitäten, die, einmal ins Fließen gekommen, von allein staärker und sicherer werden.

Und mehr: Während Sie sich Ihrem ersten Impuls hingeben und ihn in Aktion umsetzen, bringt Sie das der Erfahrung von Meditation näher als nah. Es erhöht Ihre Aufmerksamkeit so sehr, dass Sie den gegenwärtigen Augenblick zu fassen bekommen. Und damit berühren Sie die Essenz von Meditation, genau, das In-Kontakt-Kommen mit dem Hier und Jetzt.

Startklar sein

Fassen wir jetzt zusammen, welche fünf Grundschritte Ihr Körperbewusstsein verfeinern, Ihre femininen Qualitäten hervorheben und Ihnen den Weg zur körperorientierten Meditation erleichtern. „Inhalieren" Sie diese so tief wie möglich! Ziehen Sie diese so richtig in sich hinein!

- Halten Sie Ihr Eigenempfinden wach. Werden Sie sich regelmäßig Ihrer aktuellen Empfindungen gewahr.

- Lassen Sie immer mehr Ihren Körper sprechen. Wenn Ihnen die erste Goldregel mit dem 3-Tage-Experiment gut bekommen ist, weiten Sie diese auf weitere sieben Tage oder drei Wochen aus.

- Arbeiten Sie sich von den gröberen zu den feineren Wahrnehmungsqualitäten vor. Dies lotst Ihre Selbstwahrnehmung nach innen und vertieft Ihre Innenschau ganz von selbst.

- Vertrauen Sie Ihrem Empfinden! Autorisieren Sie sich, dieses in eine innere oder äußere Aktion zu übersetzen.

- Folgen Sie in so vielen Situationen wie möglich Ihrem ersten Impuls. Dieser befreit Sie umgehend aus den Fesseln des Verstandes und verbindet Sie augenblicklich mit dem Hier und Jetzt.

Rabiya al-Adawwiya

Während wir uns immer mehr der Meditationspraxis nähern, möchte ich Ihnen hier etwas über eine Frau erzählen, die bereits im 8. Jahrhundert für Aufsehen gesorgt haben soll. Rabiya al-Adawwiya war eine der wenigen Frauen, die als Erleuchtete bekannt geworden sind. Sie lebte in Basra und kam aus der Tradition der Sufis. Ihre Botschaft war die Liebe. Sie kleidete die Tiefe ihrer Liebe in Lieder und sang. Doch was Rabiya al-Adawwiya bekannt gemacht hat, ist nicht die Liebe, sondern dass man sie der Beleidigung des Korans bezichtigte, und das kam so: In ihrer Hingabe an die Liebe hatte sie sich besonders mit den Ausführungen im Koran zum Hass befasst. Da sie offenbar zu einer anderen Sicht auf die Dinge gelangt war, strich sie eine Zeile aus dem Koran heraus und ersetzte diese durch eine bessere. Als Begründung gab sie an, dass das, was dort geschrieben stehe, nicht ihrer existenziellen Erfahrung entspreche und deshalb eine Anpassung brauche.

Und genau das wiederhole ich noch einmal ganz langsam für Sie zum Verinnerlichen: Es entsprach nicht ihrer „existenziellen Erfahrung"! Ganz egal wo was wie geschrieben steht, wenn es nicht mit Ihrem Eigenempfinden korreliert, muss es diesem angepasst werden. Fertig. Ende. Aus. Und diesen Geist möchte ich Ihnen mitgeben, wenn Sie einem femininen Weg der Meditation folgen: Wie der Ihre auch immer aussehen mag, er sollte immer mit Ihnen und ihrer „existenziellen" Erfahrung verschmelzen. Nur dann führt er Sie zu echter innerer Transformation.

Mit dem Körper im Team

Nachdem wir uns bereits damit befasst haben, dass die Voraussetzung für den femininen Weg des Meditierens in einem ausgeprägten Körperbewusstsein liegt, haben wir aus der Nähe betrachtet schon einen Fuß auf das Plateau der körperorientierten Meditation gesetzt. Wenn ich das Wort „körperorientiert" benutze, mag Sie das, wenn Sie zu den „mentalen Meditierern" gehören, vielleicht irritieren.

Was heißt „körperbewusst" im Kontext von Meditation?

Ich beziehe mich dabei auf Meditations- und Bewusstheitsmethoden, die sich mit dem Körper nahtlos verbinden und im Dienste seiner Bedürfnisse und Notwendigkeiten stehen. Für die konkrete Übungspraxis heißt das nicht nur, dass sie mit dem Körper Hand in Hand geht, sondern sich auch seine Funktionen zum Nach-innen-Richten des Fokus zunutze macht.

Da dies einer sehr natürlichen Vorgehensweise entspricht, sollte es eigentlich etwas ganz Selbstverständliches sein. Doch weil es das eben nicht ist und klassische Meditationsanweisungen den Körper oftmals außer Acht lassen, gehe ich hier etwas detaillierter darauf ein.

Sieben Merkmale der körperorientierten Meditation

Im Folgenden gebe ich Ihnen sieben Grundsätze zum Beherzigen, die für das körperorientierte Meditieren ausschlaggebend sind.

- Der Körper sollte sich durch die Übungspraxis vollkommen entspannen können. Denn: Eine tiefe Entspannung ist die Voraussetzung für Meditation.

- Sowohl die Technik, die Position und applizierte Bewegung sollte Ihrem persönlichen physischen Vermögen entsprechen. Es wirkt nichts bremsender, als gegen den Körper anzukämpfen oder beim Meditieren mit einer Anweisung überfordert zu sein.

- Ihr Körper sollte nichts halten oder durchhalten müssen! Haltung zu bewahren ist immer mit Anspannung verbunden. Diese blockiert nicht nur jegliches Wohlbefinden, sondern auch die Erfahrung von Meditation.

- Wenn Ihr Körper beginnt, sich ungut zu fühlen, sollte er sich verändern und anpassen können, ohne dass es zu einem Aussteigen aus dem meditativen Geschehen kommt. Wenn ein Bein einschläft, der Rücken stöhnt oder die Hüfte heult, können Sie sich sowieso nicht um Ihre Innenwelt kümmern. Dann ist es besser, den Körper freizulassen.

- Wenn Sie Hilfs- und Unterstützungsmittel wie Kissen, Polster, Stühle oder Anlehnmöglichkeiten brauchen, sollten Sie diese nutzen. Es tut Ihrer Innenschau überhaupt keinen Abbruch, wenn Sie Ihrem Körper Unterstützung geben.

- Für den seltenen Fall, dass das Praktizieren einer Technik Unwohlsein hervorruft und dies nach drei Tagen nicht abgeklungen ist, sollten Sie eine andere Technik versuchen. Es zeigt, dass die erprobte Vorgehensweise zurzeit nicht mit Ihrem Körper harmoniert. Versuchen Sie es zu einem späteren Zeitpunkt noch einmal. Jetzt probieren Sie erst einmal etwas anderes aus.

- Da das aktuelle Befinden Ihres Körpers an jedem Tag ein anderes sein kann, sollte es in seinem Wert immer über Routine und Regelwerk stehen. Üben Sie niemals gegen sich! Passen Sie Ihre Meditationspraxis unbedingt Ihrem aktuellen Befinden an.

Aktualität

Den letzten Punkt greife ich hier gleich noch einmal auf. Es ist nämlich ein Fakt, dass wir zu keinem Zeitpunkt unseres Lebens genau dieselben Menschen sind. Das mögen Sie vielleicht so wahrnehmen, wenn sich in Ihrem Leben außer der Anzahl der Kerzen auf der Geburtstagstorte nichts Grundlegendes ändert. Doch beim näheren Hinsehen gibt es schon im nächsten Moment exakt die Person, die Sie jetzt gerade sind und die in diesem Augenblick diesen Satz liest, nicht mehr. Nie wieder in Ihrem Leben werden Sie vollkommen deckungsgleich mit derjenigen

Person sein, die jetzt gerade liest. Ich weiß, das klingt etwas schwülstig. Doch es ist nun einmal ein Fakt, dass unser Körper in ständiger Veränderung lebt. Zellen sterben ab, neue werden gebildet, unsere körperliche Materie verändert sich und baut sich um. Und das heißt auch, dass es in jedem Moment eine neue biochemische und physiologische Konstellation in Ihrem Körper gibt, die nie wieder haargenau so dieselbe sein wird.

Und genau diese einmalige Konstellation trifft auf eine aktuelle Situation des sich ebenfalls ständig wandelnden Lebens. Selbst wenn Tätigkeiten, Arbeitsabläufe oder Tagesroutinen einander gleichen, ist dennoch jede einzelne Situation innerhalb dieser immer wieder taufrisch. Unter das Vergrößerungsglas geholt ist es nicht übertrieben zu sagen, dass das Zusammentreffen zwischen der aktuellen Konstellation des Körpers und dem nicht weniger einzigartigen Moment des Lebens immer wieder ein brandneues ist. Lassen Sie sich dies ganz, ganz langsam auf der Zunge zergehen.

Vom Ansetzen der Kneifzange

Obwohl ich noch nie gehört habe, dass ein Meditierender das infrage gestellt hätte, wundert es mich immer wieder, dass dieser Fakt in der konkreten Meditationspraxis paradoxerweise keine Rolle spielt.

Tagein tagaus praktizieren Scharen von Menschen routiniert dieselben Meditationsformen und fragen sich nie, ob ihr Vorgehen mit ihrer aktuellen physischen, psychischen und mentalen Situation harmoniert. Und selbst wenn sie das tun und bemerken, dass ihr Körper nicht willens ist, ihr Kopf rebelliert und sie sich auf den Meditationsschemel zwingen müssen, ändern sie daran nichts Grundlegendes, sondern werfen das dem inneren Schweinehund oder ihrer eigenen Unfähigkeit, nicht diszipliniert zu sein, vor. Nicht selten strangulieren sie ihren Körper noch massiver und setzen noch höhere Ansprüche an sich selbst.

Noch einmal in aller Klarheit: Für den Fall, dass Sie Ihre aktuellen Bedürfnisse ausblenden, die durch die ganz normalen inneren und äußeren Veränderungen entstehen, gehen Sie nicht nur gegen den Körper vor, sondern töten Sie die Frische des Im-Moment-Seins ab. Sie meditieren am Leben vorbei und verpassen es folglich, die Früchte von Meditationspraxis zu ernten.

„Momentgerechte" Meditation im Zyklus

Und das ist noch nicht alles! Insbesondere für Sie als Frau ist das aktualisierte Benutzen von Meditationstools auch deshalb wichtig, weil Sie im monatlichen Rhythmus durch hormonelle Veränderungen gehen. Sicherlich werden Sie mir zustimmen, wenn ich behaupte, dass nicht nur Ihr Körpergefühl vor, nach und während der Menstruation ein anderes ist, sondern dass auch Ihr Bedürfnis nach Intro- oder Extroversion von Phase zu Phase differiert. Während sich die meisten Frauen vor oder auch während der Menstruation gern zurückziehen, sich „einigeln" und ein starkes Bedürfnis nach Alleinsein haben, nehmen sie sich beispielsweise nach der Menstruation extrovertierter, offensiver und mehr nach außen gerichtet wahr. Ganz klar: Der innere „Hausputz" ist vollbracht. Er hat neue Kräfte freigesetzt, die jetzt gelebt werden wollen. Aktivität ist oftmals willkommener, weil frische Energie im Körper fließt.

Und das wirkt sich freilich auch auf ihre Meditationsbedürfnisse aus. Wenn eine meditierende Frau ein ausgeprägtes Körperempfinden hat, kann sie sogar deutlich wahrnehmen, dass auch ihr Sehnen nach innerer Einkehr im Verlauf eines Monatszyklus variiert. Während sie in bestimmten Phasen regelrecht Lust auf Bewegung und aktive Meditationstechniken verspürt, vor Energie sprudelt und mit dem Leben strömt, kann es sein, dass sie in der prämenstruellen Phase einfach in Ruhe gelassen werden möchte, sich zu leiseren Impulsen hingezogen fühlt und wie ein See in sich ruht. Während der Menstruation kann sich das Ganze dann noch einmal mehr drehen. Hier kann es durchaus so sein, dass sie sich rein instinktiv mit ihrem Innenleben verbindet, ohne dass es einer ausgemachten „Technik" bedarf.

Vielleicht haben Sie sich gerade gefragt, was das wohl jetzt für die konkrete Meditationspraxis heißt. Das ist im Grunde ganz schlicht: Wenn eine Frau wach für ihre Bedürfnisse ist, braucht sie diesen nur instinktiv zu folgen. Genauer betrachtet fällt jegliches Nachdenken oder Grübeln über Techniken, Methoden oder die Regelmäßigkeiten weg. Sie gibt sich einfach dem sich verändernden Selbstempfinden hin und wählt die Tools für sich aus, nach denen ihr zumute ist. Und wissen Sie was? In einer solchen Achtsamkeit sich selbst gegenüber besteht eine der Hauptprämissen des femininen Ansatzes zur Meditation.

Meditative Menopause

Doch wie ist es dann in der Menopause? Erst kürzlich warf eine Klientin dieses Thema auf. Fällt dann die hormonelle Aktualisierung weg?

Und ja: Wenn sich die Menstruationszyklen nach zwei Dritteln Leben in etwa legen, verblassen die hormonellen Forderungen des Körpers ebenso. Doch das heißt nicht, dass die Aktualisierung von Meditationsimpulsen weniger wichtig wird. Nein, ganz und gar nicht. In den Aufs und Abs der Wechseljahre setzt sich die Frau einfach auf die Welle der Veränderungen und gleitet mit dieser mit, wohin sie auch führt.

Wenn eine Frau ihre Jahre zum Sensibilisieren genutzt hat, kann sie in der Menopause die Früchte dessen ernten. Während das hormonelle Wellenreiten der ersten Lebenshälfte einen Großteil der Aufmerksamkeit gebunden haben, steht ihnen diese nun ungeteilt für die Innenschau zur Verfügung. Viele Frauen kommen deshalb in der Menopause auf dem Zenit ihrer Empfindungsfähigkeit an. Sie berichten, dass sie plötzlich zu einer inneren „Feinschmeckerin" avancieren, Wert auf Details legen und hellwach für Feinheiten sind. Intuition wiegt mehr als Verstand. Weisheit darf erwachen und verströmt sich von innen heraus.

Die Freiheit der Selbstverantwortung

Spätestens wenn ich meinen Klientinnen erkläre, dass der feminine Weg der Meditation im Unterschied zu den meisten traditionellen Meditationsformen, wo sich die Meditierenden äußeren Regelmäßigkeiten, Dogmen und Routinen unterwerfen, ein wahrhaftig flexibler ist, wird es im Raum still. Das passiert, weil den Meditierenden zwei Sachen klar werden: Zum einen sehen sie, was sie eigentlich verpassen, wenn sie sich mechanisiert einer schematischen Meditationsroutine unterwerfen. Und zum anderen dämmert es ihnen, dass sie, wenn sie diesem aktualitätstreuen Ansatz folgen, ein hohes Maß an Eigenverantwortung übernehmen. Während es ziemlich simpel ist, sich tagtäglich auf Jahrtausende bestehende Anleitungen zu verlassen, setzt das momentgerechte Vorgehen ein solides Maß an Verantwortungsbewusstsein voraus.

Dasselbe hier: Wenn Sie sich vorbehalten zu wählen und selbstbestimmt Ihrer Intuition folgen, sprengen Sie das Althergebrachte. Abseits von Traditionen, Vorgaben und Überliefertem schlagen Sie ein vollkommen neues Kapitel der Innenschau auf: Es ist eines, das Sie in jedem Moment frisch schreiben, weil Sie mit dem „Flow" des Lebens gehen.

Vielfalt statt Enge

Wenn Sie neugierig geworden sind und Sie diesen momentgerechten, auf Aktualität beruhenden Ansatz beim Meditieren gern probieren möchten, setzt das natürlich voraus, dass Ihnen ein gewisses Repertoire an Meditationstools und meditativen Übungen zur Verfügung steht. Tatsächlich können Sie erst wirklich wählen, wenn Sie verschiedenartigste Erfahrungen mit Methoden der Innenschau gesammelt haben. Deshalb empfehle ich Ihnen, so viele verschiedene Methoden und Techniken wie möglich auszuprobieren, damit Sie wissen, wie verschiedene Impulse auf Ihr Innenleben wirken und was das richtige Vorgehen für Sie ist.

Wenn ich Sie im Folgenden regelmäßig an die **Rezepte-Bar** einlade und Ihnen dort verschiedene Körperspürübungen, Meditationstechniken und Tools zur Selbstbeobachtung empfehle, dient das dazu, dass Sie möglichst viele unterschiedlich gelagerte Impulse testen und wahrnehmen, wie feminine Attribute in die Meditation fließen. Je mehr Erfahrungen Sie sammeln, desto größer ist nicht nur Ihr Strauß praktischer Tools, die Ihnen zur Auswahl stehen. Sie verstehen auch besser, warum ich in diesem Buch so und nicht anders vorgehe. Am besten wäre es, wenn Sie die vorgeschlagenen Sequenzen parallel zum Lesen des Buches mitvollziehen.

Bewegt in Stille sein

Hier verrate ich Ihnen gleich einmal eines: Ich bin ein Fan des bewegungsbezogenen Meditierens. Das bin ich nicht nur deshalb, weil wir Menschen unseren Körper beim Bewegen am deutlichsten spüren und beobachten können. Ich bin es auch, weil ich meine allererste Meditationserfahrung in der Pause zwischen zwei Bewegungssequenzen der Feldenkraismethode gemacht habe. Das bewusste wie ziellose Bewegen war die Voraussetzung dafür, dass sich alle „innere Bewegung" sowie das Vereinnahmtsein durch Gedanken und Gefühle legten und sich der „innere Vorhang" ganz von selbst öffnete. Unerwartet tief tauchte ich in Stille ein. Und da wurde mir klar, dass mein Weg in die Meditation über das Medium Bewegung führen würde. Ich begann mich mit allen denkbaren Bewegungsmeditationen zu befassen und fand schnell heraus, wie viele Vorteile diese nicht nur mir, sondern uns Frauen im Generellen bringen. Diese Erfahrungen fließen in die folgenden Anregungen ein. Ich zeige Ihnen, was ich selbst als hilfreich erlebt habe und was für andere Menschen, für meine Klientinnen, zahlreiche Workshop- und Retreatteilnehmerinnen, aber auch andere Meditationsleiter ein Fingerzeig war. Das alles muss auf Sie nicht hundertprozentig zutreffen. Doch vielleicht bringt Sie die Beschäftigung damit weiter auf Ihren persönlichen Weg der Meditation. Ohne Frage: Präferenzen entstehen durchs Verkosten. Vielleicht arbeitet sich gerade dadurch Ihr persönlicher Meditationsgeschmack heraus.

Vipassana kreativ

Bei all meiner Liebe zur bewegten Meditation weiß ich allerdings, dass das nicht für jeden Meditierenden auf Anhieb attraktiv ist. Für den Fall, dass Sie zu denjenigen Meditierern gehören, die sich sehr stark mit dem meditativen Sitzen identifizieren und die Meditation mit dem in sich gekehrten stillen Ruhen verknüpfen, würden Sie hier wahrscheinlich schnell das Handtuch werfen. Weil ich das gut nachvollziehen kann, habe ich mich dazu entschlossen, Sie so langsam wie möglich an das bewegungsbezogene Meditieren heranzuführen.

Fangen wir deshalb ganz bewusst mit derjenigen Methode an, die der Meditationswelt den stärksten Stempel aufgedrückt hat: die aus dem Buddhismus stammende Vipassana-Meditation, in deren Mittelpunkt die Beobachtung des Atems steht. Und ja, wenn wir mit dem Atem in Kontakt sind, zieht uns das tatsächlich sofort in den jetzigen Augenblick hinein. Insofern ist das Beobachten und Verbundensein mit der Atembewegung ein wunderes Tool.

Doch ich habe es mir erlaubt - die Buddhistinnen unter Ihnen können mir hoffentlich verzeihen - diese Meditationsform für Sie insofern zu adaptieren, als ich Ihnen hier vier weiter gefasste Körperareale anbiete, auf die Sie Ihre Aufmerksamkeit beim Atmen lenken können: auf die Bewegung der Schlüsselbeine, des Brustkorbs, des Bauches und des Beckenbodens. Dadurch weitet sich Ihr innerer Wahrnehmungsrahmen, der es Ihnen im Vergleich zum punktuellen Fokussieren in der genormten Vipassana-Meditation möglicherweise leichter macht, mit Ihrer Aufmerksamkeit im Inneren Ihres Organismus zu verweilen. Im Grunde genommen machen wir hier bereits eine Mini-Bewegungsmeditation daraus, weil die zu beobachtende Bewegungsamplitude eine größere ist.

Und ein wunderbarer Nebeneffekt entsteht dabei: Da heute die meisten Menschen sowieso kaum Luft holen und nur so viel Sauerstoff aufnehmen, wie sie gerade so zum Überleben brauchen, füllt Sie das Bahnen einer größeren Atemweite gleich noch mit Sauerstoff auf.

Zum Abholen an der Rezepte-Bar:

Ihre Atembeobachtung mit vier Fokusarealen

Einstimmen

Vergewissern Sie sich, dass Sie sich mit Ihrer Sitzposition wohlfühlen. Sitzen Sie auf einem Stuhl, einem Sessel, auf dem Boden, einem Meditationshocker oder angelehnt an eine Wand. Falls Sie Unterstützungshilfen wie Kissen oder Polster brauchen, legen Sie diese bereit. Stellen Sie einen Timer auf zehn Minuten. Falls Sie dann bemerken, dass Sie nach dem Tönen des Timers länger sitzen wollen, können Sie das selbstverständlich tun. Schließen Sie die Augen und ziehen Sie, wenn Sie mögen, eine Augenmaske auf. Dies unterstützt Ihre Einkehr nach innen und beruhigt auch durch Computerarbeit gereizte Augen.

Die Schlüsselbein-Variante

Lenken Sie Ihre Aufmerksamkeit auf die Bewegung Ihres Atems. Sobald Sie sich mit diesem verbunden fühlen, nehmen Sie für sieben Atemzüge die Bewegung Ihrer beiden Schlüsselbeine wahr, die durch Ihre Ein- und Ausatmung entsteht. Sie können dabei gern Ihre Fingerspitzen sanft auf den Schlüsselbeinen platzieren. Für den Fall, dass sich diese Wahrnehmung bis auf Ihre Schultern ausbreiten möchte, ist das willkommen.

Die Brustkorb-Variante

Legen Sie Ihre Hände jetzt sanft auf Ihre Brüste. Spüren Sie für weitere sieben Atemzüge das Weitwerden und Zusammenziehen Ihres gesamten Brustkorbs. Ganz nebenbei erwähnt heißt Ihr Brustkorb „Brust-Korb", weil er wie ein geflochtener Korb hochelastisch ist. Ihre Rippen sind am Rücken gelenkig mit Ihren Brustwirbeln verbunden und schließen sich an der Vorderseite Ihres Körpers mit dem Brustbein kurz. Und genau dieses elastische Ausdehnen des Brustkorbes beobachten Sie.

Die Bauch-Variante

Spüren Sie für weitere sieben Atemzüge das Weitwerden und Zusammenziehen Ihrer Bauchdecke, das durch Ihre Atmung entsteht. Legen Sie Ihre Hände dabei schalenförmig auf den Bauch, damit Sie die Atembewegung deutlicher wahrnehmen können. Spüren Sie die Ausdehnung bis in Ihr linkes und rechtes Taillendreieck und in die Lendenwirbelsäule hinein.

Die Beckenboden-Variante

Platzieren Sie Ihre Hande locker in Ihrem Schoß und nehmen Sie fur sieben Atemzuge das elastische Ausdehnen des Beckenbodens, der sich zwischen der Harnrohre, der Scheide und dem Darmausgang ausspannt, wahr.

Ruhen Sie danach bei geschlossenen Augen und in Kontakt mit Ihrer Atembewegung so lange nach, bis Ihr Timer tont

Reflektieren Sie die Wirkung dieser vier Varianten in der **ME-TIME-LOUNGE.** Vielleicht gibt es ja eine, die Ihnen besonders liegt.

Kerzengerade und lotusgerecht?

Ich hoffe, dass Sie sich während des Praktizierens gut um Ihr Wohlgefühl gekümmert haben. Dies ist beispielsweise eine Anweisung, die Sie in den maskulin orientierten Anleitungen kaum finden werden. Nicht selten wird Ihnen nahegelegt, in der Lotosposition mit gekreuzten Beinen und kerzengerade aufgerichtetem Rücken zu sitzen. Nur wenn die sieben Chakren als Energiezentren des Körpers übereinanderstehen, so sagt man, soll der Energiefluss im Körper optimiert sein und schneller zu einem meditativen Erleben führen.

Meine Praxiserfahrungen sind jedoch andere. Immer wieder stelle ich fest, dass es heute für so gut wie niemanden möglich ist, regungslos in der Lotosposition zu sitzen, ohne Spannung aufzubauen. Sogar sichtbar sitzen viele Meditierende sehr angespannt da, während andere einfach zusammensinken und ebensowenig einen komfortablen Eindruck machen. Wie es auch immer sein mag: Selbst wenn Sie nur ein bisschen Anstrengung aufwenden, um Ihren Körper von einer Haltung zu überzeugen, kann das bereits der Grund dafür sein, dass Sie das von Ihrer Innenwelt ablenkt und Sie Ihre Chance auf meditatives Erleben verpassen. Deshalb eines: Falls das Sitzen Ihre einfachste, zu Ihrem Körper am besten passende oder aber die einzig mögliche Methode ist, sorgen Sie grundsätzlich für Komfort! Das tut Ihrem meditativen Erleben keinen Abbruch. Im Gegenteil. Wenn es Sie zu tiefer Entspannung führt, vertieft es sich dadurch sogar. Doch wenn es das nicht ist, suchen Sie unbedingt nach anderen Varianten und Positionen zur Meditation.

Und jetzt zuckt es mir regelrecht in den Fingern, Ihnen endlich aufzuschreiben, welche Möglichkeiten der Atembeobachtung es gibt, anhand derer Sie das Strikte und Unbewegte, das Ernste und Festgezurrte noch zügiger aus Ihrer Meditationspraxis entlassen können. Während ich Sie generell dazu animiere, leger und elastisch zu sitzen und Ihrem Körper während des Meditierens Positionswechsel zu erlauben, stelle ich Ihnen hier drei Varianten vor, die Bewegung bewusst einladen, ohne die innere Ruhe zu stören und das Beobachten des Atems zu unterbrechen.

Selbstverständliches an der Rezepte-Bar:

Das elastische Sitzen

Einstimmen
Sitzen Sie bequem und schließen Sie die Augen. Sie werden jetzt wieder Ihren Atem beobachten und können sich wahlweise an einem der vorgestellten Körperareale (Schlüsselbeine, Brustkorb, Bauchbereich, Beckenboden) orientieren. Platzieren Sie dort Ihre Hände.

Wie Strandhafer im Wind
Erlauben Sie Ihrem Körper, dass er sich sitzend leicht und intuitiv bewegen darf. Sie können das Wiegen des Strandhafers, der in den Dünen an der See wächst, als Anregung nehmen. Auf den Körper übertragen kann das ein leises Hin- und Herwiegen sein, ein sanftes Kreisen oder ein Schwingen, das auf natürliche Weise in Ihrem Inneren entsteht. Lassen Sie Ihren Kopf der Bewegung des Körpers folgen. Es kann sogar sein, dass Ihnen dadurch die Atembeobachtung leichter fällt, weil sich eine Harmonie zwischen Bewegung und Atmung ergibt.

Die Strandhaferbewegung mit Musik

Wenn Ihnen das gefällt, können Sie gern auch eine angenehme, vielleicht sogar wiegende Musik dazu nutzen. Geben Sie sich dieser während der Atembeobachtung einfach hin. Nutzen Sie Instrumentalmusik ohne Gesang. Textzeilen könnten Sie leicht ablenken, da der Verstand in Worten funktioniert und aktiviert werden würde.

Der tönende Strandhafer

Unabhängig davon, ob Sie Ihre Atmung mit oder ohne Musikbegleitung beobachten, erzeugen Sie intuitiv Töne beim Bewegen. Auch hier kann es sein, dass sich Atemrhythmus, Ton und Bewegung allmählich miteinander vereinen. Was die Reihenfolge anbelangt, stimmen Sie sich zuerst auf das Tönen zur Bewegung ein und gehen dann zur Atembeobachtung über.

Wie Sie an den drei Beispielen sehen, können Sie sich das meditative Sitzen viel einfacher machen, ohne dabei Ihre Beobachterrolle aufgeben zu müssen. Im Gegenteil. Meiner Erfahrung nach ist diese sogar noch viel leichter aktivierbar, wenn in die Sitzposition keinerlei Anstrengung fließen muss und somit keine Aufmerksamkeit abgezogen wird.

Den Körper abholen

Doch auch wenn ich hier Meditationsformen im Sitzen vorstelle, möchte ich Ihnen nicht verheimlichen, dass ich insbesondere das lange und verordnete meditative Sitzen infrage stelle. Sobald ich merke, dass sich meine Klientinnen dabei geißeln oder auch nur geringfügig anspannen, empfehle ich, ausdauernde Sitzphasen auf ein Minimum zu beschränken. Einmal abgesehen davon, dass der Verstand samt Emotionen im Sitzen am liebsten Schwung holt und die inneren Stimmen im Kopf aktiviert, ist es besonders im Zeitalter der Computer- und Sitzberufe nicht wirklich sinnvoll, zusätzlich im Sitzen zu meditieren.

Irina, eine Studentin, hat ausgerechnet, dass sie durchschnittlich zwischen zehn und zwölf Stunden täglich sitzt.

Marianne, eine Sekretärin, die für drei Chefs zugleich arbeitet, sitzt von acht bis neunzehn Uhr am Schreibtisch. Ihre Arbeit unterbricht sie nur, wenn sie nötigst zur Toilette muss und aus ihrer Tasche die Butterbrote holt. Und so ähnlich geht es immer mehr Menschen, deren Vollzeitjobs sie an den Computer binden.

Sie können sich dieselbe Frage einmal stellen: Wie viele Stunden verbringen Sie täglich im Sitzen?

Hinzu kommt die Tatsache, dass viele Menschen nicht nur zehn und mehr Stunden am Tag sitzen, sondern das auch noch ziemlich unphysiologisch tun. Sie hocken gekrümmt an zu niedrigen Schreibtischen, lümmeln mit dem Notebook auf den Knien herum oder hängen mit ächzendem Nacken über ihrem Smartphone, was einem schon beim Zusehen Schmerzen bereiten kann. Und da habe ich die „Couchpotatos", die abends vor dem Fernseher in der Sofaecke lümmeln, noch nicht einmal genannt.

Auch aus diesen Gründen hinterfrage ich den Sinn langer meditativer Sitzphasen noch einmal mehr. Wenn Sie zu den Schreibtischtätern oder sitzaffinen Menschen zählen, stellen Sie sich wirklich einmal die Frage, warum Sie auch noch meditierend sitzen sollten.

Buddha

Und: Es ist ja auch gar nicht nötig! Nur weil es Buddha so vorgeschlagen haben soll? Ich bin nicht gegen Buddha. Und dennoch möchte ich Ihnen gestehen, dass ich seinen Ansatz zur Meditation weder für zeitgemäß halte noch für Frauen relevant finde. Das kann ja auch gar nicht anders sein, denn wie hätte Buddha vor zweieinhalbtausend Jahren über die Bedürfnisse der heute lebenden Frau Bescheid wissen sollen? Wie hätte er ahnen können, welche Elastizität unser modernes Leben uns Frauen abverlangt? Buddhas Lebenswelt war eine komplett andere, die mit unserer heutigen so gut wie nichts Gemeinsames hat. Und da sehen wir einmal ganz von dem Rollenverständnis ab, das damals gängig war. Wie überliefert ist, hat sich Buddha um feminine Qualitäten in der Innenschau nicht wirklich gekümmert. Er soll es sogar abgelehnt haben, Frauen zu initiieren.

Wie es damals auch immer gewesen sein mag: Die meisten buddhistischen Techniken sind maskulin orientiert. Sie haben nur wenig mit dem weiblichen Innenleben und schon gar nichts mit demjenigen der Frau von heute zu tun.

Anstrengungslos sein

Genau das bringt mich zu einem riesengroßen Missverständnis auf dem Gebiet der Meditation! Wenn ich hier nämlich schreibe, dass Sie es sich mit dem meditativen Sitzen viel einfacher machen können, indem Sie Ihrem Körper Wohlgefühl erlauben und sich bewegt mehr Spielraum zum inneren Explorieren lassen, ruft das natürlich sofort die maskulin orientierten Meditationsprofis auf den Plan. Ich kann ihre „Ja, aber..."-Argumente regelrecht hören. Im Einfachen und Leichten bestehe ja nicht der Maßstab beim Meditieren, sondern das Wichtigste sei, dass wir uns in Selbstdisziplin und Überwindung üben. Schließlich läge gerade im Kontrollieren innerer Vorgänge die Essenz von Meditation.

Doch da schiebe ich einen fetten Riegel vor! Bitte! Bitte begeben Sie sich nicht in dieses Fahrwasser hinein! Es hat überhaupt keinen Wert für uns als Menschen, sich zu übergehen und Härte jeglicher Art ins Spiel zu bringen. Dass wir uns wie Soldaten gefühllos abrichten, macht uns weder gesünder noch flößt es uns mehr energetische Ausgeglichenheit ein.

Im Gegenteil! Wenn Sie sich nur etwas mit dem Leben auskennen, werden Sie mir zustimmen, dass das willentliche Unterdrücken und Unter-Kontrolle-Bringen innerer Vorgänge nie wirklich funktioniert. Ganz gleich, wie Sie es anstellen, womit Sie es begründen, in eine gut klingende Theorie kleiden oder wie entschlossen Sie dabei vorgehen: Die entspanntesten, berührendsten und tiefsten Augenblicke im Leben passieren uns dann, wenn wir uns dem Leben hingeben, uns in ihm wohlfühlen, es feiern und lieben. Wie es auch immer gekommen sein mag, dass die Elemente der Selbstkontrolle, der Geißelung und Selbstkasteiung zu einem Wert in der Meditation geworden sind, ich kann nur eines dazu sagen: Wenn Sie sowohl dem Leben als auch Ihren meditativen Explorationen nur einen Tropfen Genuss und Zufriedenheit entlocken wollen, dann müssen Sie saftig und freudvoll werden. Gerade in der Meditation! Wenn Sie das vergessen, trocknen Sie unweigerlich aus und vergraulen gleichzeitig auch Ihre Chance auf innere Transformation.

In diesem Kontext möchte ich Ihnen von Susan erzählen, einer Klientin, durch deren Erlebnisse ich unglaublich viel gelernt habe.

Ich biete meinen Klienten seit Langem Meditationssitzungen an und praktiziere das auch in London, wo ich lebe. Dort traf ich Susan, die ein Meditationsprogramm buchte, das aus drei praktischen Sequenzen bestand. Ich stellte ihr hauptsächlich bewegungsbezogene, ja ausgesprochen feminine Techniken vor, denn ich empfand Susan als eine sehr feinfühlige Frau. Mit ihren 27 Lebensjahren spürte sie vieles, was Menschen in ihrem Umfeld völlig entging.

Nach drei Treffen verabschiedete sich Susan strahlend von mir. Wir blieben lose in Kontakt, bis sie mich an einem Sonntagmorgen anrief. „Katrin!", rief sie ins Telefon. „Du musst mich unbedingt retten! Ich lande sonst in der Psychiatrie." In der Psychiatrie? Was? Wie bitte?

Wir trafen uns sofort und sie erzählte mir, was passiert war. Susan hatte sich zu einem 10-Tage-Vipassana-Retreat angemeldet, was hieß, dass sie zirka acht Stunden täglich sitzen und den Atem beobachten sollte. Drei Stunden davon fanden in der Gruppe statt, die restlichen praktizierte sie allein auf ihrem Zimmer.

Am dritten Tag gab Susan auf. Ihr Körper war verzweifelt und krümmte sich vor Schmerz. Ihr Kopf wollte zerplatzen und ihre Hüftgelenke waren so eingesteift, dass sie auf allen vieren zur Toilette kroch. Dem Retreatleiter waren solche Erscheinungen bekannt. Er sah sie als normale Effekte des Prozesses an, die sich bis zur Halbzeit des Retreats lösen würden. Doch das werde nur geschehen, wenn Susan endlich ihr Ego „droppen" und ihre Widerstände aufgeben könne. Sie solle wie alle anderen Teilnehmer einfach den Anweisungen folgen.

Okay. Susan hielt durch und wartete auf den fünften Tag. Doch bis dahin hatte sie kein Auge mehr zugemacht. Sie hatte nichts mehr gegessen und fühlte sich fiebrig an. In einem völlig übermüdeten, aber gleichzeitig aufgewühlten Zustand gab sie auf.

Doch so einfach ging das nicht. Der Retreatleiter wollte sie in diesem

Zustand nicht gehen lassen und verlangte, dass sie abgeholt werde und einen Arzt konsultierte. Susan rief ihre Mutter an, die sich natürlich Sorgen machte und voller Vorwürfe war. Auf den Arzt machte Susan in ihrem Zustand ebenfalls keinen gesunden Eindruck. Als sie diesem gegenübersaß, fühlte sie sich plötzlich wie ein kleines bockiges Kind. Daraufhin verschrieb er ihr sofort sedierende Medikamente. Dass sich Susan dagegen wehrte, bestärkte den Arzt nur darin, dass ihr Fall grenzwertig sei. Es könne sich dabei nur um eine schwere psychische Störung handeln. Er legte ihr eine sofortige stationäre Betreuung nahe. Da das aber auch ihrer Mutter nicht gefiel, beredete diese den Arzt und holte drei Tage Erholungszeit für Susan heraus. Susan versprach, die Medikamente zu nehmen und sich nach drei Tagen wieder vorzustellen. So weit so gut. Nun musste Susan nur noch ihre Mutter davon überzeugen, mich, ausgerechnet eine Meditationslehrerin, kontaktieren zu dürfen. Die Mutter schloss sie kurzweg im Schlafzimmer ein. Das kam gar nicht infrage! Von dort aus rief Susan mich heimlich an.
Schließlich saßen wir beieinander, und schon als wir über die ganze Geschichte sprachen, beruhigte sie sich. In zwei Folgesitzungen rückten wir gerade, was ihr widerfahren war. Susans Mutter kontaktierte mich ebenfalls. Ihr war der Schreck dermaßen in die Glieder gefahren, dass sie ihren Kopf nicht mehr bewegen konnte und unter den Schmerzen eines sogenannten Schiefhalses litt.
Als ich Susan in einem völlig normalen Zustand entließ, konnte ich mir die Warum-Frage nicht verkneifen. Mich interessierte, wie es dazu gekommen war, dass gerade sie, die mit den Bewegungsmeditationen so vollkommen zufrieden gewesen war, sich plötzlich für zehntägiges Sitzen entschieden hatte. Susan wusste sofort, was ich meinte, und ihre Antwort war hochinteressant für mich!
Susan hatte einem Freund von den Bewegungsmeditationen erzählt, einem, der sich diesen 10-Tage-Retreats regelmäßig unterzog. Eigentlich war sie es, die ihn für das bewegte Meditieren begeistern wollte, weil er beim Meditieren unter Rückenschmerzen litt. Doch

genau das Gegenteil war passiert. Ihr Bekannter war nämlich davon überzeugt, dass Bewegungsmeditationen etwas für Anfänger seien. Wer wirklich etwas von Meditation verstehen wolle, so der Bekannte, werde diese Trophäe nicht umsonst kriegen können. Da müssten zuerst die Widerstände des Verstandes „gebrochen" werden, ein Ausdruck übrigens, den man nicht selten in der Meditationsszene hört. Diese triggere man am besten mit einer bewegungslosen Situation, in der es keine Ausflüchte oder Ablenkungen mehr gibt.

Soft oder hart?

Genau das ist der Knackpunkt. Hier liegt der Nabel eines Riesenmissverständnisses in der Welt der Meditation!

Die Idee, sich zielgerichtet Härten aussetzen zu müssen und sich Stille zu erkämpfen, ist nicht nur destruktiv und körperfeindlich, sie bohrt auch den Finger besonders tief in die Wunden als Frau. Im Großen wie im Kleinen wird uns nämlich untergejubelt, dass nur das Harte, das Forcierende und Erkämpfte zählt. Qualitäten hingegen, die das Bewegliche, Softe und Fließende als Quelle der Kraft repräsentieren, gelten als Schwäche. Auf ganz subtile Weise macht man uns - nicht zum ersten Mal in der Geschichte der Menschheit - weis, dass wir Frauen eben doch nicht wirklich fürs Leben gewappnet und belastbar genug sind. Und mehr noch: Natürlich bestärkt es diejenigen Frauen, die sich bereits auf die Machermentalität eingestellt und im Sich-Übergehen geübt haben, darin, dass ihr Kurs in die richtige Richtung geht. Deshalb nochmals ein klares Nein!

Es hat für uns, weder als Mann noch als Frau, einen Wert, sich selbst zu übergehen. Feminine Werte führen, wenn sie richtig gelebt und eingesetzt werden, zu einer immensen inneren „Kraft". Doch diese hat nichts mit muskulärer oder willentlicher Stärke zu tun. Sie besteht in einer globalen inneren „Kräftigkeit", die durch die Einheit von Empfinden, Selbstausdruck und Bewusstsein zustande kommt und sich in einer flüssigen Lebenstüchtigkeit zeigt. Sicherlich kennen Sie den Spruch, dass es das Wasser ist, das den Stein auf Dauer höhlen kann. Und niemals umgekehrt.

Meditation für Weicheierinnen?

Noch einmal zurück zu Susan. Ich habe selten so klar wie durch Susans Fall sehen können, wie hartnäckig die Überzeugung vom maskulinen Leisten- und Bezwingenmüssen innerer Vorgänge und vom Kämpfen und Durchhalten ist, die die moderne Meditationsszene regiert. Deshalb stelle ich Ihnen hier die drei Kernpunkte heraus, die Sie am besten gut verinnerlichen, sofern Ihnen feminine Werte wichtig sind.

1. Bewegtes Meditieren ist „in".

Wenn ich dafür plädiere, dass Sie Bewegung in Ihre Meditationspraxis bringen, wie ich es Ihnen bereits vorgestellt habe und es noch weiter ausfeilen werde, mache ich das nicht, um Ihnen eine Anfängervariante zu zeigen oder Ihnen die „richtige Meditation" vorzuenthalten. Es ist ein grundlegender und fundamentaler Irrtum in der Welt der Meditation, dass das eiserne Sitzen bei geschlossenen Augen „echte Meditation" bedeutet und dass alles andere nur Ersatztechniken sind. Wenn es so etwas wie das „richtige Meditieren" gibt, dann ist es eines, das mit den individuellen wie aktuellen Erfordernissen Ihres Organismus korreliert, dadurch den Verstand in den Hintergrund rücken lässt und Ihnen den Zugang zu Ihrem Inneren gewährt.

2. Weniger ist intelligenter und intelligenter ist mehr.

Es ist ein XL-Blödsinn zu glauben, dass nur jemand, der sich über lange Zeiträume hinweg zu geißeln versteht, eine größere Chance auf meditatives Erleben hat. Ein solches können Sie im Hier und Jetzt haben. Was Sie von diesem trennt, ist einzig das laute

Geschwätz des Verstandes. Und diesen verstärken Sie, wenn Sie sich gegen den Körper richten, ihn knebeln, Ihren Willen bemühen und das auch noch als etwas Großartiges hinstellen. Ich hoffe, dass Sie nicht auch diesem Irrtum zum Opfer fallen, indem Sie glauben, dass Sie erst durch langes Sitzen zu den echten Meditierern zählen.

3. Meditation ist individuell.

Der letzte Punkt, der sich mir durch Susans Fall noch einmal stärker ins Bewusstsein gegraben hat, ist der, dass es in der Meditation keine Gleichmacherei geben darf. Im Gegenteil. Der Zugang zu Meditation muss ein höchst individueller sein. Im Allgemeinen ist uns allen das klar. Wir zweifeln nicht an, dass wir unterschiedliche Hautcremes benutzen, einen anderen Appetit, einen verschiedenen Tagesrhythmus oder persönliche Schlafgewohnheiten haben. Unsere Bedürfnisse hinsichtlich Aktivität und Passivität, unsere Vorlieben, wie wir uns bewegen oder unsere Sexualität leben, könnten unterschiedlicher nicht sein. Doch in der Meditation soll das alles hinfällig werden, indem wir uns dem meditativen Einheitsbrei verschreiben.

Deshalb gebe ich Ihnen hier eine „Hausaufgabe" mit: Erlauben Sie sich, Ihre Individualität auch in der Meditation zu leben. Verabschieden Sie sich von starren schematischen Vorgaben und machen Sie bunteste Erfahrungen mit unterschiedlich gelagerten Tools. Finden Sie einen eigenen meditativen Weg.

Und wenn Ihnen meine „Autorität" dafür nicht reicht, weil ich nicht wie Buddha in die Geschichte eingegangen bin, erinnern Sie sich einmal daran, was Rabiya al-Adawwya als erleuchtete Frau zu sagen hatte: Wenn etwas nicht Ihrer eigenen „existenziellen Erfahrung" entspricht, streichen Sie die Zeile einfach durch und ersetzen diese in der **ME-TIME-LOUNGE** durch eine andere. Und zwar durch eine, die für Sie stimmt.

Freudevoll meditieren

Schließlich ein Letztes zum „Fall Susan". Ich finde es schade, dass ein essenzielles menschliches Element in der herkömmlichen Meditationswelt kaum eine Rolle spielt: die Freude an Meditation.

Ich habe mich im Laufe der Jahre des Öfteren in Meditationszentren aufgehalten, bin vielen meditierenden Menschen und Meditationslehrern aus unterschiedlichen Kulturen und von verschiedenen Kontinenten begegnet. Doch wissen Sie was? Ich habe immer wieder gesehen, dass die Innenschau meditierenden Menschen gar keine echte Freude zu bereiten scheint, sondern eine todernste Sache ist. Man „macht" sie irgendwie, oftmals auch in der Hoffnung, dass die Ära der Probleme und des Leidens ein Ende hat und irgendwann eine ewige Seligkeit eintreten wird.

In der professionellen Meditationsszene werden Freude oder Heiterkeit sogar damit in Verbindung gebracht, dass die Meditierenden ihre Innenschau zu sehr auf die leichte Schulter nehmen. „Richtige" Meditierer geben sich nämlich sachlich, trocken, von heilig bis ernst. Ich glaube, das soll unter Beweis stellen, dass sie durch nichts und niemanden aus ihrer Ruhe zu bringen sind. Doch solche Auswüchse sind ein Indiz dafür, dass feminine Qualitäten in der Meditationswelt fehlen und der maskuline, der ziel- und leistungsorientierte Weg der Innenschau die Oberhand bekommen hat.

Und wissen Sie was? Da stimmt für mich etwas nicht. Aus meiner Sicht ist Meditation ein Weg des Bei-sich-Ankommens, des Authentisch- und Natürlichseins. Und dieser bringt Gelassenheit mit sich, Entspanntheit, Freude und eine feine Heiterkeit, die sich mit zunehmender Erfahrung ins tägliche Klima des Handelns mischt.

Heitere Frauen

Eine solche Freude am Meditieren beobachte ich insbesondere dann, wenn ich mit reinen Frauengruppen arbeite. Anstatt sich im „Selbstoptimieren", „Gleichmütigsein" oder im „Self-Tracking" zu üben, wie es heute Trend in der maskulinen Meditationsbranche ist, sind Frauen eher daran interessiert, sich als „eins" wahrzunehmen, mit sich versöhnt, froh und erfüllt zu sein.

Sonja, eine Kursteilnehmerin, drückte es einmal so aus: „Ich möchte mein inneres Lächeln wiederfinden, sonst nichts."

Und Kerstin sagte, dass sie sich einfach nur „sauwohl" in sich drin fühlen wolle.

Sandra wäre komplett damit zufrieden, wenn sich ihr „verengter innerer Horizont weiten" könne.

Für Marlies wäre es der Himmel auf Erden, wenn sie „den Aufregungen des Lebens mit einem Schmunzeln begegnen könnte".

Wann immer ich in Retreats oder Workshops mit Frauen arbeite, zieht nach einer Zeit ein selbstverständliches Freudigsein ein. Ja, wirklich: Frauen meditieren anders. Aber Frauen meditieren nur dann anders, wenn sie ihre Femininität umarmen. Je selbstverständlicher das für sie ist, desto organischer und tiefer ist auch ihre Erfahrung mit Meditation. Freude ist ein Grundelement dabei.

Frauenfreude unplugged: Der verlorene Kursleiter

Ich erinnere mich an einen Meditationskurs, den der Kursleiter, ein sehr versierter Meditierer, gar nicht dezidiert für Frauen ausgeschrieben hatte. Doch als die Vorstellungsrunde begann, saß ein Dutzend Frauen vor ihm. Auch ich war gespannt darauf, welche Methoden er uns vorstellen würde.

Während wir Frauen brav meditierten, Mantras chanteten und uns den geführten Meditationen unterzogen, horchten wir plötzlich auf, als der Leiter einen weichen Reggae einspielte. Wow! Die Musik funkte mit uns. Wie kollektiv elektrifiziert sprangen, rockten und hüpften wir durch den Raum. Da der Kursleiter unsere Bewegungsfreude begrüßte, entschied er sich dafür, weitere jamaikanische Rhythmen einzuspielen, die schließlich in einer satten Drum-Session mündeten. Dabei ahnte er jedoch noch nicht, worauf er sich eingelassen hatte.
Um es kurz zu machen: Er muss wohl einige Male versucht haben, uns zum Anhalten zu bewegen, doch niemand hörte auf ihn. Ich selbst muss gestehen, dass ich beim Hüpfen durch den Raum nicht einmal wahrnahm, wann er diesen verließ. Ich bemerkte nur, dass die Situation plötzlich explodierte. Yippie!
Wir tanzten, sprangen und tobten und hielten erst an, als die CD zu Ende war. Mit hochroten Gesichtern, verschwitzt und freudig fielen wir uns in die Arme. Doch dann mussten wir unseren Seminarleiter finden. Zerknirscht dreinblickend saß er im Wintergarten. Aber unserer Freude, in die wir ihn hüllten, konnte er nicht widerstehen. Er hatte keine Chance, mit uns sauer zu sein.

Freudevolles Bewegen

Schließlich möchte ich Ihnen einen Grundmaßstab für Ihre Meditationspraxis mitgeben: Wenn Sie diese ernst, trocken oder überheilig macht, stimmt etwas nicht. Dann orientieren Sie sich möglicherweise an althergebrachten, längst verdorrten Werten oder ordnen sich einem Modell unter, das abseits Ihrer femininen Qualitäten liegt.

Wenn Ihre meditativen Exkurse Sie hingegen softer, gelassener, energievoller und von Grund auf heiterer machen und Ihnen immer öfter ein Lächeln auf die Lippen zaubern, ist das ein sicheres Zeichen dafür, dass Sie sich auf einem natürlichen und authentischen Pfad der Meditation begeben haben. Und diesen Geist tragen wir jetzt ins dynamische, bewegungsbezogene Meditieren hinein. Wenn Sie den Aspekt der Freude beim praktischen Üben zu Ihrem inneren Gradmesser machen, haben Sie einen guten Orientierungspunkt zur Hand.

Aktiv meditieren?

Tanzmeditationen

Angeregt durch die ekstatische Tanzeinlage beim Meditationsworkshop fangen wir den Praxisteil zum aktiven Meditieren doch gleich einmal mit den Tanzmeditationen an. Diese nenne ich so, weil die Meditierenden durch entsprechende Bewegungssequenzen „tanzend" in die Stille einziehen.

Immer wieder zeigt sich, dass Frauen auf solche Meditationsformen ausnahmslos positiv ansprechen. Auch wenn es manchmal eine kurze Anlaufzeit braucht, bis sich anfängliche Zurückhaltung legt, habe ich noch keine einzige Frau erlebt, die sich dem Tänzerischen gegenüber verschlossen hätte. Im Gegenteil: Ich kenne einige Frauen, die erst dadurch den Zugang zu Meditation gefunden haben.

Das passiert, weil sich tänzerisch auszudrücken ein simpler und natürlicher Weg ist, bei sich anzukommen. In dem Moment, in dem ein Mensch seinen Körper den Klängen überlässt, verbindet und versöhnt er sich mit sich. Gleichzeitig ist tänzerische Bewegung das leichteste Mittel, um den Fängen des Verstandes ohne innere Duelle oder konzentrativen Aufwand zu entkommen. Beim Tanzen vergessen wir Zeit und Raum. Und das alles nutzen wir fürs Meditieren aus.

Die OSHO-Laughter-Meditation

Als erste Technik stelle ich Ihnen eine aktive Meditationstechnik vor, entwickelt von Osho, dem Begründer der OSHO Active Meditations, der ohne Zweifel den größten Beitrag zur Entwicklung zeitgenössischer Meditationstechniken geleistet hat. Die OSHO-Laughter-Meditation vereint verschiedenste Elemente: Selbstausdruck, Aktivität, Freude und Tanz. Sie besteht aus drei Sequenzen und beginnt mit einer ausgiebigen Lachphase. Vielleicht staunen Sie jetzt, dass der Vorgang des Lachens einen Platz in der Meditationspraxis bekommt. Doch beim näheren Hinsehen ist es kein Wunder: Nichts entspannt uns mehr, als wenn wir uns „ausschütten“ vor Lachen oder uns vor Lachen „biegen“.

Zum Ablauf:

Während Sie von Musik begleitet werden, sitzen oder liegen Sie mit geschlossenen Augen in einer komfortablen Position und beginnen zu kichern. Dieses Kichern darf sich immer weiter ausbreiten, bis es Ihrem ganzen Körper erfasst. Lassen Sie es immer mehr in Ihrem Bauch entstehen, von wo es in alle Körperareale strömt. Schließlich lacht Ihr ganzer Körper und zwar zwanzig Minuten lang.

Erlauben Sie Ihrem Körper dabei alle möglichen Bewegungen, die entstehen. Ihrem Ausdruck sind keine Grenzen gesetzt. Falls es passieren sollte, dass Sie sich vollkommen gehemmt fühlen oder Ihnen gerade nicht zum Lachen zumute ist, sollte das überhaupt kein Problem sein. Dann schauspielern Sie anfangs, bis Sie sich ins Lachen hineingefunden haben. Oder Sie legen sich wie ein umgefallener Käfer auf den Rücken, strecken Arme und Beine in die Luft und lachen zappelnd los. Die Musik unterstützt Sie dabei und macht Ihnen das Loslassen von Lachhemmungen leicht. Falls Sie vor Lachen weinen müssen, ist das vollkommen okay.

Wenn die Musik ausklingt, legen Sie sich sofort auf den Bauch und ruhen in Kontakt mit dem Boden. Wie es in der Anweisung heißt, ist es so, als sei der Boden unter Ihnen die „Mutter Erde“, die Sie als das Kind sicher trägt.

Nach zwanzig Minuten der Ruhe beginnt erneut Musik zu spielen, die in ihrer Geschwindigkeit ansteigend ist. Jetzt tanzen Sie mit all Ihrer Passion und begeben sich vollkommen in die Rhythmen hinein. Ein inneres Geheimnis lüftet sich: Nachdem Sie sich anfangs „ausgelacht“ haben und danach in Stille eingezogen sind, hat sich Ihr inneres „Klima“ gedreht: Ihr Tanz ist kein normaler mehr, sondern lässt

Sie von Ihrer inneren Ekstase naschen, die purste Freude verströmt. Falls Sie Lust auf ein kleines Experiment haben, machen Sie die OSHO-Laughter-Meditation einmal an sieben aufeinander folgenden Tagen. Sie werden sehen, wie sich das Lachen in Ihren Alltag mischt. Die Originalmusik einschließlich der genauen Instruktionen können Sie bestellen (www.katrin-jonas.com/contact)

Die „Fünf Rhythmen"

Ich weiß, dass die weltbekannte Bewegungspraxis der „Fünf Rhythmen", entwickelt von der Künstlerin Gabriele Roth, so gut wie nie als Tanzmeditation beschrieben worden ist. Doch die Struktur der Bewegungsabfolge ist genauso angelegt, dass sie die Kriterien einer klassischen Bewegungsmeditation erfüllt: Mit ihren fünf Phasen führt sie aus der aktiven Bewegung systematisch in die Stille hinein. Und hier zeige ich Ihnen, wie das geht.

Der Start ist ein ausgesprochen femininer und deshalb für Frauen leicht zu machen: „Flowing" heißt dieser und lädt, wie der Name schon sagt, zu fließenden Bewegungen entsprechend einer speziell dafür komponierten Musik ein. Danach wird es aktiver. Ein kräftiger Bewegungsteil, „Staccato" genannt, schließt sich an, der dann im „Chaos" mündet. Chaotischen, weil ungeregelten Bewegungen folgend eröffnet diese Phase die Chance, Routiniertes und Eingefahrenes aufzuweichen und dem Körper bewegend freien Lauf zu lassen. Genauso gern, wie sich Frauen in dieser Phase Ausdruck erlauben, geben sie sich dann der folgenden Bewegungsphase hin, die „Lyrical" heißt. Diese schlägt die Brücke zum Stillsein. „Stillness" heißt die letzte Phase. Sie docken sich wie von selbst an Ihren inneren Ruhepol an.

Die „Fünf Rhythmen" praktisch

Die „Rhythmen", wie man sie in der Tanzszene nennt, werden in der ganzen Welt getanzt und auf Events oftmals mit Live-Musik begleitet.

Es macht Spaß, sie in einem solchen Gruppenkontext zu praktizieren, doch Sie können sie genauso gut allein zu Hause tanzen. Die originale Begleitmusik, die knapp über eine halbe Stunde dauert, können Sie downloaden oder als CD erhalten.

Wenn Sie Erfahrungen im Gruppenkontext sammeln, werden Sie vielleicht bemerken, dass es sehr unterschiedliche Rahmen gibt, innerhalb derer die „Fünf Rhythmen" praktiziert werden. Manchmal ist das Event so angelegt, dass dabei Interaktion mit anderen Tänzern entsteht. Und es kann Ihnen das blanke Gegenteil begegnen, wenn Sie die „Rhythmen" im meditativen Zusammenhang tanzen. Letzteres macht insofern einen Unterschied, als Sie Ihre Aufmerksamkeit beim Bewegen vollkommen nach innen klappen, die Augen sogar geschlossen halten und Ihren tanzenden Körper von einem inneren Beobachterpunkt aus betrachten. Wenn Sie so verfahren, wird eine „klassische" Bewegungsmeditation daraus.

Größere Freude und hellere Stille danach

Ich habe die „Rhythmen" ich weiß nicht wie viele Male in unterschiedlichsten Zusammenhängen getanzt. Und wissen Sie was? Ich habe dabei noch nie einen einzigen Menschen getroffen, der sich griesgrämig, ernst oder heilig gegeben hätte. Wer sich zu den „Rhythmen" bewegt, bringt von Grund auf eine positive Grundstimmung mit. Das geht auch gar nicht anders. Schließlich fühlt es sich einfach nur gut und freudvoll an, sich auszudrücken, den Körper auf spielerische Weise von Spannungen zu befreien, um am Ende in einem Zustand des Stillseins anzukommen. Und das ist der Punkt: Wenn pure Freude in die meditative Stille hineinschwingt, entsteht ein anderes, ein „helleres" Stillsein dabei.

Die OSHO-Nataraj-Meditation

Kommen wir jetzt zur nächsten Tanzmeditation, der OSHO-Nataraj-Meditation, die - vielleicht erinnern Sie sich - Kirstens eingesteiften

Nacken in die Freiheit entließ. Wie Sie es bereits bei der OSHO-Laughter-Meditation kennengelernt haben, wird auch bei der OSHO-Nataraj-Meditation das Medium Bewegung benutzt, um den Körper systematisch auf eine innere Zentrierung einzustimmen. Die OSHO-Nataraj-Meditation zählt zu meinen Lieblingsmeditationen und zwar gleich aus mehreren Gründen: Erstens, sie ist einfach. Zweitens, sie macht Spaß. Und drittens entdecke ich mich in ihr immer wieder aufs Neue. Sobald ich die Musik in mich hineinlasse und in Bewegung transferiere, begebe ich mich auf eine völlig neue innere Expedition.

Verschwinden im Tanz

Zur Technik gibt es aufgrund ihrer Schlichtheit gar nicht so viel zu sagen: Die Meditation besteht aus drei Phasen und beginnt mit einer vierzigminütigen Tanzphase zu einer speziell komponierten Musik. Sie bewegen sich intuitiv, von innen heraus und begeben sich vollkommen und so passioniert wie möglich in den körperlichen Ausdruck hinein. Falls Sie zu den Meditierenden gehören, die beim Meditieren gedanklich leicht abdriften oder müde werden, wird Ihnen das kaum gelingen, weil die Musik Sie immer wieder zurück in ihren Bann ziehen wird.

Nach vierzig Minuten endet die Musik. Sie legen sich sofort hin und überlassen sich der Stille. Ihr Innenleben beruhigt sich organisch und schnell. Und das ist kein Wunder! Das Nervensystem ist durch das ganzkörperliche „Workout“ gut vorbereitet worden. Mittels tänzerischer Bewegung wurde es an die Hand genommen, entlastet und auf Stille eingestimmt. Inneres Ruhigsein muss nicht „hergestellt“ werden. Es entfaltet sich in Ihnen ganz von selbst.

In der dritten und letzten Phase kehren Sie noch einmal für fünf Minuten zu tänzerischer Bewegung zurück, die so etwas wie das Finale ist. Nachdem Ihr Nervensystem zur Ruhe gefunden hat, wird Ihr Ausdruck in dieser absolut femininen Phase eine andere „Farbe“ haben.

Für das Praktizieren der OSHO-Nataraj-Meditation benötigen Sie, um exakt zu sein, einen Zeitrahmen von einer Stunde und fünf Minuten. Die Originalmusik einschließlich Originalanleitung erhalten Sie im gut sortierten Buchhandel oder Sie laden sie sich auf Ihr Tablett oder Smartphone herunter.

Abschalten leicht gemacht

Wenn Sie einen guten Einstieg in das Gebiet der Bewegungsmeditationen suchen, ist die OSHO-Nataraj-Meditation ohne Zweifel ein griffiger Start. Besonders gut eignet sie sich als sogenannte „Brücken-Meditation", weil sie Ihnen gewissermaßen hilft, eine Brücke zwischen einem stressigen Arbeitstag und Ihrer privaten Zeit, zwischen zwei Zeitzonen beim Reisen oder konträren Gefühlszuständen zu bauen. Oftmals kommt sie auch gut bei denjenigen Meditierenden an, die von sich behaupten, niemals wirklich abschalten zu können, ganz egal, was sie tun. Genau dafür schafft diese Meditation ein perfektes Erfahrungsfeld: Wie Sie Ihren Verstand nämlich im Einzelnen „ausknipsen", müssen Sie nicht machen oder erdenken. Sie stellen die Musik an und tanzen die Anspannungen, die den Verstand stützen, mit jeder Minute ab. Die Chance ist groß, dass Sie den Schalter in der Ruhephase umlegen können, ohne dass Sie dafür etwas willentlich tun.

Eine ganze Stunde?

Auch diese Meditation dauert wie die meisten OSHO-Meditationen eine Stunde. Und das kommt nicht von ungefähr, weil es einen didaktisch durchdachten Hintergrund hat. Fakt ist, dass unsere angeheizten, gestressten Nervensysteme eine solche Zeitspanne benötigen, um einerseits die Erregung herunterzufahren und zum anderen, eine wirkliche Stille-Erfahrung zu machen.

Unsere emotionslastigen Körper, unsere gedankenverliebten Gehirne, ja, unsere gestressten Innenleben brauchen erst einen bestimmten Zeitraum, in dem entsprechende physiologische Impulse das in Gang gesetzte „Riesenrad Organismus" beruhigen. Dieses Rad können wir nicht plötzlich mit einem Ruck anhalten, wie wir einen Schalter umlegen oder einen Wasserhahn zudrehen. Selbst das Londoner „Eye", das berühmte Riesenrad an der Themse, braucht einen gewissen Weg, bis es zur Ruhe kommt und Menschen ein- und aussteigen lässt. Deshalb haben Oshos Meditationen die perfekte Länge.

Hier eine knappe Formel für Sie: Je gestresster Sie sich fühlen, je lauter Ihr Verstand schnattert und je gefangener Sie in Ihren Emotionen sind, desto länger braucht Ihr Nervensystem zum „Runterfahren" seiner Funktionsabläufe und desto länger und intensiver sollte der bewegungsbezogene Part der Meditationstechnik sein.

Weil jede von ihnen gewissermaßen wie eine Komposition aus zeitlich genauestens abgestimmten „Sätzen" ist, empfiehlt es sich, keine Veränderungen im Ablauf oder zeitliche Kürzungen vorzunehmen.

Praktisches

Vielen Meditierern fällt es leichter, die Meditation in der Gruppe auszuführen. Und ja, das hat was! Die Gruppenenergie beflügelt und macht den Gang durch die Phasen gewissermaßen leicht. Doch es geht auch sehr gut allein. Falls Sie die Musik nicht laut stellen können, benutzen Sie Kopfhörer. Wie bei allen aktiven Techniken empfehle ich Ihnen, die Augen zu schließen. Um die meditative Erfahrung zu vertiefen, können Sie eine Augenbinde tragen.

Wenn Sie die OSHO-Nataraj-Meditation machen, tun Sie es mindestens zwei Stunden vor dem Schlafengehen. Es hängt ein wenig davon ab, welchen Effekt die Meditation auf sie hat. Je mehr Sie sich energetisiert fühlen, desto größer sollte der zeitliche Abstand zur Nachtruhe sein. Je mehr Sie zur Ruhe kommen, desto schneller dürfen Sie zu Bett gehen.

Aus dem Bewegen in die Stille

Nachdem Sie nun schon drei der systematisch aufgebauten Bewegungsmeditationen kennengelernt haben, erkennen Sie vielleicht bereits ein System: Sie beginnen mit aktiven bis intensiven Bewegungsphasen, in denen sich Ihr Körper wie bei einem „Workout" von seinen Anspannungen und seiner Übererregung befreit und ziehen dann in die Stillephasen ein. Und das ist ein sehr natürliches Vorgehen, weil es den inneren Gesetzen unseres Nervensystems entspricht. Viele Menschen machen das ja rein intuitiv, indem sie nach einem beanspruchenden Tag joggen, schwimmen, kickboxen oder ins Fitnessstudio gehen, nur dass Sie diese Aktivitäten nicht mit Bewusstsein paaren und zum Stillwerden nutzen. Unter den bewegungsbezogenen Meditationstechniken sind diejenigen am beliebtesten, die eine offene Ausdrucksmöglichkeit bieten, wie Sie es beim Tanzen oder Lachen kennengelernt haben. Damit entfallen sowohl das Hineinpressen in eine Form als auch das willentliche Tun. Anstatt den Körper zu maßregeln, drücken Sie sich aus. Anstatt sich zu knebeln, lassen Sie ihn frei.

Ebenfalls ein Tanz: Die Whirling-Meditation

Schlagen wir jetzt den Bogen zu einer sehr anderen Art der Bewegungsmeditation, die ich hier, wo es immer noch um tänzerische oder tanznahe Elemente geht, gern einfügen möchte: die Whirling-Meditation. Dieses rotierende Bewegen um die eigene Achse, „Whirling" oder auch „Spinning" genannt, kommt aus der Tradition der Sufis. Bereits das Anschauen der meditierenden Derwische mit ihren wehenden, tellergleichen Röcken sorgt für Entspannung.

Doch Praktizieren selbst ist eine ganz besondere Erfahrung. Es führt Sie in einen tranceähnlichen und gleichzeitig zentrierten Zustand hinein. Zu Beginn braucht es ein wenig Übung, aber wenn Sie es einmal erfahren haben, ist es an Magie kaum zu übertreffen: Die Peripherie dreht sich, doch in Ihnen, im Zentrum der Bewegung, ist es still.

Ich selbst brauchte einige Jahre, bevor ich den „Dreh" zum Whirlen herausbekam. Lange Zeit trug ich den Wunsch in mir, irgendwann einmal whirlen zu können, doch wann immer ich es versuchte, war es, als drehte sich mein Magen um. Der Wechsel kam erst, als ich von einem Sufimeister einen wunderbaren Tipp erhielt: „Das ist keine Technik", sagte er mir. „Whirling ist ein Tanz." Tatsächlich brauchte es nur diesen einen Wink. Nachdem ich meine nächste Whirling-Erfahrung mit dem tänzerischen Ansatz praktizierte, gelangte ich vollkommen fließend in das Drehen hinein und hatte meine pure Freude dabei.

Whirling-Praxis

Wenn Sie Anleitungen zum „Whirlen" lesen und es diverse Vorgaben zur Art des Drehens gibt, müssen Sie diese nicht als in Stein gemeißelte sehen, es sei denn, Sie begeben sich in eine klassische Schule der Sufi-Tradition. Ich kenne viele verschiedene Whirler, deren Schrittrhythmus, Tempo und Armhaltung voneinander differieren. Von der Grundtechnik ist es so, dass der rechte Arm schräg nach oben angehoben ist. Die rechte Handfläche zeigt nach oben zum Himmel, während der linke Arm und die Handfläche zum „Erden" nach schräg unten gerichtet sind. Doch erfahrene Whirler bewegen ihre Arme intuitiv. Zumindest nehmen sie mit zunehmenden Drehungen diese Armhaltung immer weniger ein.

Originalanleitungen besagen außerdem, dass man sich entgegen dem Uhrzeigersinn dreht. Doch auch da habe ich andere Varianten erlebt. Und ja: Besonders wichtig ist der indifferente Blick.

Wie jeder Whirler seinen Zugang zum Whirlen findet, muss er auch das für ihn passende Ende entdecken. Man kann einfach stehenbleiben, die Augen schließen und sich in der typischen Sufihaltung mit vor der Brust überkreuzten Armen verneigen. Und man kann sich auch einfach auf den Boden werfen und im Kontakt zur Erde wieder zurückfinden. Wie man das macht, hat Osho beispielsweise in der Anleitung zur OSHO-Whirling-Meditation ziemlich simpel beschrieben: Man wirft sich einfach auf den Boden, ohne darüber nachzudenken, wie man fällt. Das mag sich zunächst gefährlich anhören, doch wenn man es spontan geschehen lässt, verletzt man sich nicht. Das ist wie bei kleinen Kindern. Sie beginnen sich erst dann zu verletzen, wenn sie darüber nachzudenken beginnen, was passieren könnte. Ohne zu überlegen sind ihre natürlichen Reflexe wach.

Und wenn wir schon beim Denken sind: Das Whirlen gelingt Ihnen nur, wenn Sie darin vollständig aufgehen. Für den Fall, dass Sie die Gelegenheit haben, an einer Lehrstunde oder einem Whirling-Workshop teilzunehmen, werden Sie sehen, dass dabei kein einziger Augenblick übrigbleibt, in dem Sie über etwas nachsinnen können. Sobald nur der leiseste Gedanke aufkommt und Ihnen Ihre Gedanken nur ansatzweise etwas zuschnattern wollen, verheddern Sie sich in der Drehbewegung oder fallen Sie augenblicklich aus dem Whirlen heraus.

Doch wenn Sie es einmal erfahren haben, wie Sie Teil der Bewegungen geworden sind, können Sie hinter diese Erfahrung nicht zurück. Dies ist so schön, dass einem das Herz vor Sehnsucht „schmerzt".

Das „Stillegedächtnis"

Falls Sie neugierig geworden sind, googeln Sie doch einmal, ob Sie in Ihrer Nähe Whirling-Erfahrungen machen können. Selbst wenn Sie nicht regelmäßig teilnehmen oder nur einen Workshop besuchen, geht der Effekt von Übungspraxis unglaublich tief. Das kenne ich aus eigenem Erleben. Sobald ich Sufimusik höre, knüpfe ich noch immer sofort an die entsprechende Selbsterfahrung an. Die sphärischen Klänge reproduzieren den Stille-Effekt in mir.

Und das empfinde ich wirklich als ein Wunder, obwohl es das wiederum gar nicht ist. Beim genaueren Hinsehen begegnen wir hier der Neurowissenschaft. Jeder Mensch hat etwas in sich, das auch als das

„Stillegedächtnis" bezeichnet wird. Wie Sie auch anderes im Gedächtnis abrufbar haben, gilt das auch mit der Information von Stille. Sie müssen nur herausfinden, wodurch dieser Zustand in Ihnen zustande kommen kann.

Whirling kreativ

Noch ein Letztes zum Whirlen: Da ich sehr lange nach meinem eigenen Zugang zum Whirlen suchen musste, habe ich viele Whirler nach ihren Tipps befragt und ihren Erfahrungen gelauscht. Eine Geschichte, die mir eine Whirlerin erzählte, hat mich dabei sehr berührt.

Sie hatte einige Zeit in einem Meditationszentrum in der Türkei verbracht, wo alle auf ihre Art und Weise whirlten, genau so, wie jeder konnte und wollte. Eine gehbehinderte Frau saß am Rand und sah den Whirlern mit gebanntem Blick zu. Da wurde sie kurzerhand auf einen Teppich gesetzt und von vier Helfern, die diesen an den Ecken hielten und dann schnellstens im Kreis rannten, zum Drehen gebracht.

Der Kreativität sind also nie Grenzen gesetzt. Und das gilt auch für Sie. Gern können Sie das Whirlen auch „technikfrei" wie die Kinder machen: Sie schauen einfach zum Himmel und drehen sich aus purer Lebensfreunde mit ausgebreiteten Armen um Ihre eigene Achse.

Feminines Yoga

Vielleicht wundern Sie sich jetzt nicht nur über diesen immensen Sprung, den ich vom tänzerischen Bewegen und dem Whirling zum Yoga unternehme, sondern auch über den Begriff. Denn vielleicht haben Sie vom femininen Yoga noch nie etwas gehört. Um eine Tatsache vorwegzunehmen: Yoga als Bewegungspraxis bedient einen maskulinen Weg der Selbsterforschung und auch die dem Yoga entstammenden Meditationen schließen sich dem an.

Wenn wir hier aber den roten Faden einmal weiterspinnen und auf dem Pfad der Bewegungsmeditationen weitergehen, lässt sich Yoga auf zweierlei Wegen zum femininen Meditieren nutzen: Einmal können Sie aus den Yogabewegungen an sich eine wunderbare Bewegungsmeditation machen, indem Sie in deren Dynamik, in deren Weite oder Intensität absolut und vollkommen eintauchen. Und zum anderen können Sie die Yogameditationen den vorher genannten Strategien anpassen, also selbst in sitzende Techniken Bewegung einfließen lassen, Musik verwenden und dem Körper Freiheit erlauben.

Es kommt darauf an, welche Yogarichtung Sie bevorzugen, welchem Ansatz Ihr Lehrer, falls Sie einen haben, folgt oder wie stark Sie sich an traditionelle Vorgaben halten. Wenn Sie klassische Bewegungen wie beispielsweise den Sonnengruß in aller Bewusstheit, ohne Leistungsgedanken und Kampf um Perfektion ausführen, trägt Ihr Yoga bereits klare Anzeichen einer Bewegungsmeditation mit femininem Geist.

Ehrgeizfreies Bewegen

Da in vielen Yogarichtungen aber die maskulinen Elemente überwiegen, drehen wir das Ganze einmal herum und schauen, welches Yoga übrig bliebe, wenn Sie die maskulinen Elemente im Sinne eines Experiments subtrahierten. Es hieße, aus dem Yoga das Halten, das An-, Aus- und Durchhalten, das Zielgerichtete, den Perfektionismus sowie das Leistungsstreben zu entlassen. Tatsächlich bliebe da die Bewegung, Dynamik und Atemfreiheit übrig und: der blanke Genuss.

Für den Fall, dass Sie eine Durchhalterin sind, Ehrgeiz und Leistungsstreben verehren und nur dann zufrieden sind, wenn Sie Ihren Körper unter Kontrolle haben, kann es jetzt tatsächlich „Autsch!" in Ihnen machen. Denn genau das ist das Ding: Wenn Ihr Beweggrund für Ihre Yogapraxis darin besteht, sich zu stählen, Ihre Limits zu sprengen und sich zu beweisen, dass Sie hart im Nehmen sind, ist es ein sicheres Zeichen dafür, dass Sie das maskuline Denken bereits in seinen Bann gezogen hat und der Verstand ihr Eigenempfinden regelt.

Nicht dass Sie mich hier missverstehen! Ohne Zweifel tut es gut, sich zu strecken, zu dehnen, Körper und Geist im Zusammenhang zu benutzen und den Körper mit seinen Fähigkeiten auszuloten. Doch wenn ein inneres Erreichenwollen und Leistenmüssen Ihre Yogapraxis prägt, verschließen Sie sich schnell dem Femininen, was nicht nur zu den bekannten Effekten führt, sondern Sie auch in Ihrem Verstand gefangen hält.

Super-Power-Yoga?

Erst kürzlich habe ich von einem „Superpower-Yoga-Retreat" gelesen und mich gefragt, was das wohl heißt. Der Kursleiter beschrieb es so, dass es im Vergleich zu anderen Yogaformen ganz besonders um das extrem lange Halten der Yogapositionen geht, das sich bis zu fünf und sogar sieben Minuten hinziehen kann. Gerade durch die Härte fühle man sich danach besonders entspannt, so der Tenor. Und ja. Das leuchtet schnell ein. Jeder Mensch ist nach „Selbstfolter" froh, wenn er wieder normal atmen und sich fühlen kann.

In meinem Buch „Meditation heilt" habe ich über den sogenannten „Pain-Offset-Relief" geschrieben, der nichts anderes beschreibt als das Entstehen eines gesteigerten Wohlgefühls durch das Nachlassen von Mühe und Schmerz. Es hat seinen Ursprung im Sadismus oder im Masochismus, je nachdem wie man es dreht. Wenn Menschen nicht wissen, wie sie Wohlgefühl in sich erlangen können, unterziehen sie sich besonderen Härten oder fügen sich sogar selbst Schmerzen zu. Das tun sie, weil sie wissen, dass ihnen das Nachlassen der Unannehmlichkeiten eine gewisse Erlösung oder zumindest für ein paar Sekunden etwas Wohlgefühl bringt. Nicht selten wird dieser Effekt unbewusst durch extreme sportliche oder körperbetonte Aktivitäten hervorgerufen. Die Durchhaltenden schwitzen, keuchen, pressen und kriechen. Sie schinden und überwinden sich und geißeln den Körper mit dem einzigen Ziel, dass sie sich danach besser fühlen werden. Alles wird gut, weil die Erlösung der Himmel auf Erden zu sein scheint.

Offensichtlich ist, dass dieser Taktik Menschen folgen, die sich selbst nicht fühlen und dadurch Wege finden müssen, durch die sich „Pleasure" anderweitig einstellen kann. Ich habe beobachtet, dass es solche Tendenzen auch vermehrt im Yoga gibt.

Freundliches Yoga

Deshalb: Wenn Sie ein Yogafan sind, beobachten Sie einmal, wie, auf welche Weise Sie Ihre Yogaübungen praktizieren. Falls Sie es gegen sich richten, es auf dem Sich-Schinden, Sich-Überwinden oder Sich-Maßregeln beruht, radieren Sie diese Eigenschaften aus Ihrer Yogapraxis heraus. Verwandeln Sie diese in ein dynamisches und fließendes, ein entspannendes, ja freundliches Yoga, das auch, wenn es kraftvoll ist, dennoch flüssig und im organischen Einklang mit der Atmung erfolgt. Unabhängig davon, ob Sie Yoga allein praktizieren, Videoanleitungen benutzen, Yoga online betreiben oder in einer Gruppe regelmäßig üben, seien Sie sehr bewusst bei der Sache, um sich hier wirklich treu zu sein.

Und ich weiß, dass das geht. Ich habe einmal an einer *Vinyasa-Flow*-Stunde teilgenommen, die femininer nicht hätte sein können. Sie deckte die ganze Palette femininer Potenziale ab, indem die Freude an der Bewegung, die Hingabe an diese und das ganzkörperliche Wohlgefühl im Mittelpunkt stand. Auch das *Luna-Yoga* oder das *Kundalini-Yoga* habe ich in Ansätzen mit einer körperaffinen Praxis kennengelernt. In einem solchen Fall werden die Yogabewegungen an sich schon zu einer Meditation. Und wenn Sie dann noch eine Stillephase anschließen, in der sich die Impulse setzen dürfen, schaffen Sie sich ein erstklassiges meditatives Erfahrungsfeld. Auch wenn Sie sich mit den klassischen Yogameditationen befassen, verbinden Sie diese mit all dem bereits Gesagten zur Körperfreundlichkeit und Femininität.

Bewegtes Meditieren im Hier und Jetzt

Schauen wir noch einmal zurück, wohin uns das körperorientierte und bewegte Meditieren gebracht hat. Auch wenn ich Ihnen hier nur eine Auswahl an meditativen Techniken und Übungsvariationen vorstellen konnte, zeigt Ihnen deren Ansatz, worauf es besonders ankommt, wenn Sie im Einklang mit Ihrer Femininität meditieren möchten. Unabhängig davon, welcher Meditationsart Sie folgen, richten Sie sich nie gegen Ihren Körper und behalten Sie seine aktuellen Bedürfnisse im Blick. Setzen Sie alles daran, dass er zufrieden ist und Sie sich dadurch bedenkenlos nach innen richten können. Nur dann wird es passieren, dass Ihr Verstand in den Hintergrund tritt, Emotionen verblassen und Stille sich in Ihnen ausbreiten kann.

4

Der Weg des Wassers im Hier und Jetzt

Kreatives Meditieren mit „Free-Style-Techniken"

Den Instinkt schärfen

Nachdem Sie einen Geschmack davon bekommen haben, wie ein femininer Weg des Meditierens aussehen kann, gehen wir jetzt einen Schritt weiter. Ich möchte Ihnen kreativere Zugänge zur Innenschau vorstellen, die sich schlanker in Ihr Leben schmiegen und Ihnen noch mehr Spielraum geben, dass Sie Ihre Meditationspraxis zum Bestandteil Ihres Lebens machen.

Mir ist vor einigen Jahren klar geworden, dass nicht jeder Mensch, der sich in seinem Inneren als still erleben will, auf immer und ewig vordefinierten Meditationstechniken folgen und dafür Stunden über Stunden investieren muss. Genausowenig bin ich eine Verfechterin der strikten Disziplin, der sich Meditierende entsprechend klassischer und maskulin ausgerichteter Meditationsanleitungen verpflichtet fühlen und sogar auf Biegen und Brechen unterordnen sollen. Ich halte viel mehr davon, dass Sie zuerst solide Erfahrungen mit verschiedenartigen Meditationsübungen machen und dann zunehmend intuitiv, weil empfindungssicherer vorgehen und Ihren ganz persönlichen Zugang zu Meditation finden.

Intuitiv meditieren?

Vielleicht fragen Sie sich jetzt, was die Intuition beim Meditieren verloren hat. Stimmt. Von dieser lesen oder hören Sie im Zusammenhang mit traditionellen Meditationskonzepten so gut wie nie. Doch die Gründe dafür liegen klar auf der Hand: Ein Grund ist der sich ständig verändernde Körper, der, wie Sie wissen, nicht nur an jedem Tag, sondern zu jeder Tageszeit und in Abhängigkeit von Ihrer aktuellen Beanspruchung ein anderer ist. Sein innerer Bedarf ändert sich manchmal innerhalb von Minuten, und diesen gilt es zu erspüren.

Stellen Sie sich nur einmal Ihre meditativen Bedürfnisse vor, wenn Sie nach einem Arbeitstag im Sitzen, auf einer langen Reise, im letzten Schwangerschaftsmonat, während einer dicken Erkältung oder an einem frischen Sommermorgen meditieren. Ich habe die Erfahrung gemacht, dass es für meditierende Frauen zufriedenstellender ist, wenn sie sich intuitiv, entsprechend dem gefühlten aktuellen Ist-Zustand ihres Organismus nach innen richten und dafür passende Methoden, Techniken und Tools aus dem Ärmel zücken können. Erst dann entsteht die Chance, dass eine Meditationstechnik nichts Separates und Aufgesetztes mehr bleibt, sondern mit dem Organismus, und ja, mit dem Leben verschmilzt.

Feminin und schöpferisch

Darüber hinaus sehe ich noch einen weiteren Aspekt: Diese intuitiv-kreative Vorgehensweise entspricht der Femininität der Frau, weil eine Frau, wie Sie wissen, hinsichtlich ihrer Physiologie eine Meisterin im Schöpfen und Schöpferischsein ist. Wenn sie in der Lage ist, Leben in sich zu erschaffen, kann sie mit ihrem Organismus auch bei der Innenschau kreativ vorgehen, oder?

Tatsächlich freuen sich Frauen erfahrungsgemäß, wenn sie Meditationsroutine nicht blindlings folgen müssen, sondern kreativ sein dürfen und sich flexibel einrichten können. Anstatt ihren Körper in ein methodisches Korsett zu schnüren, nehmen sie sich die Freiheit, das Leben kommen zu lassen, wie es kommt. Meditation fädelt sich in dieses ein und löst sich in ihm auf. Sie wird zu dessen Bestandteil, ja, gewissermaßen zu seiner innewohnenden Melodie.

Realitätsnähe

Das mag vielleicht auch Ihrer eigenen Alltagsrealität entgegenkommen. Frauen mit Kindern fällt es beispielsweise schwer, ihren Tag exakt zu planen. Oftmals steckt dieser voller Überraschungen und unvorhergesehener Wendungen. Für viele Mütter ist es nahezu undenkbar, sich regelmäßig eine Meditationszeit freizuschaufeln. Und warum auch? Warum sollten sie sich damit unter Druck setzen, wenn es einfachere, flexibler anwendbarere Übungen wie die „Free-Style-Techniken" oder die „Espresso-Explorationen" gibt, die ich Ihnen hier vorstellen möchte.

Natürlich. Wenn Stress, Schmerz oder massive körperliche Einschränkungen eine Rolle spielen und Sie diese meditierend beeinflussen wollen, braucht das Nervensystem regelmäßige Impulse. Doch selbst diese müssen Sie sich nicht blindlings, steif und stur verordnen. Hier wäre es dasselbe: Sobald Sie einen Grundstock an passgerechten Übungen beisammen haben, können Sie selbst vor dem Hintergrund gesundheitlicher Einschränkungen immer flexibler meditieren. Ganz aus der Nähe betrachtet, spielt es hier fast noch eine größere Rolle, weil Sie den aktuellen Bedürfnissen Ihres Körpers bei Beschwerden und Schmerzen noch viel aufmerksamer lauschen und folgen sollten.

Im Strom mit dem Leben

Und schließlich handelt es sich beim Meditieren nicht um ein Training, wie es im Rahmen des maskulinen Meditierens oftmals angenommen wird. Da heißt es, dass wir das Gehirn wie einen Muskel konzentriert und zielgerichtet trainieren müssen, wenn es die Meditationsimpulse nutzbringend verdauen soll. Doch das ist ein weit verbreitetes Missverständnis. Diese Idee fußt offenbar auf der Interpretation neurowissenschaftlicher Erkenntnisse, dass wir durch Meditation langfristige positive Veränderungen in den Hirnfunktionen bewirken können, wenn wir das Gehirn regelmäßig mit genormten Impulsen versorgen. Der Ansatz stimmt.

Das Gehirn braucht tatsächlich profunde Impulse, damit sich seine Funktionen zum Positiven hin adaptieren. Doch es wäre ein Fehler zu glauben, dass Sie Ihr Gehirn meditierend auf etwas abrichten, von dem Sie wissen, wie es sein soll. Und genau das funktioniert nicht. Sie können auf unterschiedlichen Wegen erproben, wie sich Ihr individuelles Gehirn ansprechen lässt und worauf es reagiert, indem Sie sich authentischer, entspannter, ausgewogener oder weniger stressanfällig fühlen. Aber Sie können die Ergebnisse weder antizipieren noch müssen Sie sich etwas Bestimmtes tagtäglich gezielt antrainieren; diese treten eher als ein Nebeneffekt ein, als dass sie einem vorformulierten Ziel entsprechen.

Vielleicht können Sie hier bereits spüren, wie sich der maskulinisierte Meditationsansatz Eingang in die Praxis verschafft hat: Während dieser auf ein regelmäßiges Üben und ein willentliches, oft konzentratives Inganghalten von definierten Meditationsimpulsen pocht, unterwirft sich ein feminines Vorgehen dem aktuellen Zustand des ganzen „Systems Mensch“. Es folgt anstrengungslos dem Strom des Lebens, dem Weg des Wassers in all seinen Formen.

Das lebendige Gehirn

Hier etwas zum Verständnis: Nachdem Sie erste Meditationserfahrungen gesammelt und ein Gefühl für das Erlebnis Meditation erworben haben, wird es für Sie immer selbstverständlicher, dass Sie sich in Ihrem Leben bewusster ausrichten, mit Ihrer Innenwelt verbunden sind und inneren Impulsen augenblicklich folgen. In diesem Zuge passiert es ganz von selbst, dass Sie Ihrem Gehirn infolgedessen immer mehr Impulse zur Umorganisation geben. Das passiert, weil Sie es mit jedem bewussten „Sich-nach-Innen-Ausrichten" zur Selbstregulation anregen.

Und diesen Vorgang müssen Sie nicht immer wieder neu in Gang setzen. Wenn er einmal entfacht ist, müssen Sie ihn am Leben erhalten. Ja, das ist wahr. Doch in Gang gehalten, entrollt er sich, weil auch das zur Vitalität des menschlichen Nervensystems dazugehört. Wie und auf welche Weise Sie das Lebendighalten tun, kann, aber muss nicht ausschließlich an Übungen gebunden sein. Auf lange Sicht ist es sogar sinnvoller, wenn Sie es zum Geist Ihres gesamten Agierens machen und in Ihre Alltagstätigkeiten fließen lassen. Besonders für Frauen fühlt es sich wesentlich organischer an, wenn sie sich im Laufe des Tages viele minimale Impulse geben, anstatt sich zu einem Gehirn-Trainings-Regime zu verdonnern. Meditation sollte mitten im Leben ankommen und sich dort entfalten.

Im Folgenden gebe ich Ihnen einen Überblick, mit dem Sie die kreativen Techniken dieses Kapitels in den Gesamtkontext Ihrer meditativen Explorationen einordnen können.

Ihr Fahrplan

Sobald Sie eine wirklich passende, ja sich so richtig mit Ihrem Organismus vertragende Übung gefunden haben, testen Sie diese mindestens an sieben aufeinanderfolgenden Tagen. Damit geben Sie sich die Chance, dass sich der Effekt der Übung in Ihnen entfalten kann.

Wenn Sie dabei bemerken, dass ein Impuls in Sie so richtig reinfährt oder Sie spüren, dass in der Übung noch mehr Gehalt für Sie drin ist, steigern Sie auf drei Wochen. Und wenn dieser dann immer noch nicht ausgeschöpft ist, bleiben Sie so lange dabei, bis Sie aus ihr allen abzapfbaren „Gewinn" herausgesaugt haben. Und das kann sich sogar bis zu einem Vierteljahr oder noch länger hinziehen. Das ist erfahrungsgemäß auch der Zeitrahmen, in dem Meditierende ein Gefühl dafür bekommen, wie sich der Zustand der Meditation anfühlt und womit er zusammenhängt. Diese Zahlen sind Anhaltspunkte und haben etwas damit zu tun, wann das Gehirn in etwa auf meditative Impulse anspricht und diese verdaut.

Zum Abspeichern: Bleiben Sie bei einer Technik so lange, wie sie Ihnen „innere Nahrung" gibt. Für den entgegengesetzten Fall, dass Ihnen eine praktische Sequenz langweilig wird, weil Sie ihr nichts mehr abgewinnen können, probieren Sie anderes.

„Free Style"

Nachdem Sie verschiedene Erfahrungen mit Meditationsansätzen gesammelt haben und vielleicht auch schon ein Gespür dafür entwickelt haben, welche Vorgehensweise mit Ihnen am besten harmoniert, haben Sie möglicherweise auch schon ein „inneres Verständnis" dafür entwickelt, wie sich die Erfahrung von Meditation als Zustand der Stille einstellen kann. Wenn Sie jetzt nicken, ist Ihre meditative Basisarbeit getan. Jetzt können Sie mit dem kreativen Mixen beginnen. Anhand der im Folgenden vorgestellten „Free-Style-Techniken" werden Sie sehen, ob Ihnen das freier gestaltete Meditieren liegt.

Und dann können Sie auch noch über den Tellerrand schauen: Mitunter passiert es, dass Sie Übungen begegnen, die Sie nach ersten Erfahrungen weit weg von sich geschoben haben. Aus welchen Gründen auch immer, sie harmonierten einfach nicht mit dem damaligen Zustand Ihres Nervensystems. Nie wieder, haben Sie sich vielleicht geschworen, werden Sie sich diesen unterziehen.

Doch das kann inzwischen, da Sie über andere innere Erfahrungen verfügen, anders aussehen. Sobald Sie nämlich ein Gespür für den „Zustand von Meditation" haben und sich sicherer mit Ihrer Innenschau fühlen, können Sie dann auch experimenteller werden und mit Techniken spielen, die früher vielleicht nicht zu Ihren Lieblingstools zählten. Lassen Sie alte Urteile beiseite und probieren Sie von Neuem.

Mit einer Portion Entdeckergeist können sich dadurch erstaunliche Wendungen ergeben.

Kreatives Meditieren

Nachdem die Route klar ist, können wir wieder praktischer werden.

Bei allem weiß ich, dass der Übergang von konkreten Anleitungen und klaren Vorgaben zum kreativen Tun gerade auf dem Gebiet der Meditation manchmal wackelig sein kann. Deshalb habe ich mich dazu entschlossen, Sie so gut ich kann abzuholen und Ihnen eine Brücke zur gestalterischen Freiheit zu bauen. Wir knüpfen in diesem Kapitel genau dort an, wo Sie sich bereits auskennen und erweitern dann Schritt für Schritt den Rahmen der Anleitungen.

Wenn Sie sich jetzt wieder an die **Rezepte-Bar** begeben, werden Sie dort zunächst Explorationssequenzen finden, innerhalb derer Sie kreativ, schöpferisch und intuitiv vorgehen. Im Folgenden stelle ich Ihnen meditative „Free-Style-Techniken" vor, die Ihnen bei der Auswahl Ihrer Bewegungen jegliche Freiheit lassen. Wie Sie den vorgegebenen Rahmen praktisch gestalten und mit Leben füllen, liegt ganz bei Ihnen.

„Freie" Bewegungsmeditationen

Nachdem ich Ihnen im letzten Kapitel verschiedene Formen der Bewegungsmeditationen vorgestellt und diese einem Tauglichkeitscheck aus femininer Perspektive unterzogen habe, gehe ich davon aus, dass Ihnen eine gewisse Systematik aufgefallen ist. Meditatives Erleben kann in Bezug auf die Bewegungsmeditationen aus mehreren Ansätzen resultieren: Es kann sich als Folge des aktiven Bewegens ergeben, weil sich das Nervensystem beruhigt und die Innenschau möglich wird. Und es kann auch beim bewusst tiefen Eintauchen in Bewegung wie beim Whirling, Tanzen oder dem meditativen Yoga geschehen. Und jetzt wird's schon kreativ: Diese beiden Vorgehensweisen können Sie grundsätzlich auf alle Bewegungen anwenden, die Sie mögen, ganz gleich, ob sie aus der sportlichen, tänzerischen oder vollkommen intuitiven Ecke kommen. Und das wenden wir gleich einmal an.

Free-Style-Meditation

Das Grundprinzip der folgenden Meditationssequenz kennen Sie bereits: Sie bewegen sich so intensiv und so bewusst wie möglich und schließen dem Bewegen nahtlos eine Stillephase an. In dieser zentrieren Sie sich sitzend, stehend, anlehnend oder liegend und gleiten übergangslos in einen Zustand entspannter Achtsamkeit hinein. Das Verhältnis zwischen Bewegung und Stillephase sollte in etwa ausgeglichen sein.

„Free-Style-Meditation" an der Rezepte-Bar:

Bewegt in die Stille hinein

Einstimmen

Wählen Sie eine Bewegungsart, die Sie mögen und idealerweise ohne vorherige Überwindung tun. Das kann Tanzen, Seilspringen, Hüpfen auf dem Trampolin, Hula-Hoop, Zumba, Joggen, ein zügiges Gehen auf dem Laufband oder in der Natur, Radfahren, Schwimmen, Skaten, Bewegung auf einem Stepper oder ein dynamisches Yoga sein. Was immer Sie mögen und Ihren Puls erhöht, ist geeignet.

Bewusstes Bewegen

Bewegen Sie sich so intensiv und bewusst wie möglich, sodass Ihre Atem- und Pulsfrequenz deutlich ansteigt. Spüren Sie dabei Ihren Körper. Nehmen Sie alles wahr, was Sie mit Ihrem Bewegungssinn erfassen können. Entsprechend Ihrer persönlichen Präferenz und

Ihrer Belastbarkeit kann diese Bewegungsphase zwischen 5 und 30 Minuten dauern.

Stopp und Körperbeobachtung in Stille

Halten Sie an! Setzen Sie sich auf der Stelle hin oder lassen Sie sich wie ein Sack auf den Boden fallen. Beobachten Sie jetzt bei geschlossenen Augen die inneren Bewegungen Ihres erregten Körpers: Ihre Atembewegung, das Ausdehnen und das Zusammenziehen Ihrer Rippen, Ihren Herzschlag, das Pulsieren des Blutes in Ihren Adern oder den Schweiß auf Ihrer Haut. Ruhen Sie so lange aus, bis sich die Vitalfunktionen wieder vollständig normalisiert haben, was in Abhängigkeit von Ihrer Bewegungsintensität und von Ihrer inneren Erregung andauern wird.

An dieser Stelle noch einmal ganz klar: Jegliche Art des Bewegens, und vorrangig jedes mit Bewusstheit ausgeführte Bewegen, kann das Nervensystem auf Stille vorbereiten und den Weg frei machen für die „Erfahrung von Meditation".

Stille durch Ekstase

Bleiben wir am besten gleich in Bewegung und kommen auf das meditativ verwendete Tanzen zurück. Mein Herz schlägt dafür, weil es die femininen Qualitäten wie Ganzheit, Hingabe und Bewegungsfluss erstklassig bedient. Die folgende Sequenz zeigt Ihnen eine ekstatisch angehauchte Möglichkeit, wodurch sich inneres Stillsein einstellen kann.

Ekstase an der Rezepte-Bar:

Verlieren Sie sich im Tanz!

Einstimmen

Stellen Sie eine rhythmische, energetisierende Musik an, eine, bei der Sie kaum sitzen bleiben können. Vielleicht starten Sie mit einem einzigen Musikstück und erhöhen dann dessen Länge oder die Anzahl der Songs. Mit ein wenig Erfahrung wissen Sie am besten, wie viel Zeit Sie benötigen, um in Ihrem Tanz vollkommen „aufzugehen". Falls die Lautstärke ein Problem ist, benutzen Sie Kopfhörer. Eine Augenbinde hilft Ihnen beim Ausblenden visueller Ablenkungen.

Verlorengehen im Tanz

Begeben Sie sich mit Ihrer ganzen Passion in den Rhythmus der Bewegungen hinein. Bewegen Sie sich so ekstatisch und intensiv wie möglich, dass Sie im Inneren schließlich unbeeinflusst von Gedanken, Emotionen, Sorgen und Grübeleien sind. Verausgaben Sie sich! Nehmen Sie den Fuß von der inneren Bremse! Halten Sie nichts zurück!

Fakultativ: Die Stille danach

Den Schluss gestalten Sie nach Belieben: Ruhen Sie im Stehen, Sitzen oder Liegen kurz nach. Oder Sie schließen eine längere Stillephase an, in der Sie Ihren Organismus ganz und gar zur Ruhe kommen lassen. Beides ist möglich und richtet sich danach, wie viel Zeit Sie zur Verfügung haben.

Ekstatisches

Wie Sie sehen, gibt es auch eine Form der Stilleerfahrung, die entsteht, wenn Sie so vollkommen und intensiv in Aktivität eintauchen, sodass Sie in dieser gewissermaßen verloren gehen. Im Zustand des ekstatischen Bewegens steigt nicht nur Ihr Verstand mit seiner Vorliebe für Sorgen, Grübeleien und Probleme aus, sondern es lösen sich auch destruktive Emotionen auf. Wie Sie es bereits beim meditativen Whirling im dritten Kapitel kennengelernt haben, ist kein Raum mehr zum Denken da.

Es ist kein Zufall, dass sich insbesondere junge Leute, wenn sie sich in den Verwirrungen der Pubertät befinden, zu wildesten Beats austoben, sich ausrocken, sich zu Heavy Metal schütteln oder sich im Rhythmus ekstatischer Technosongs verlieren. Genau: Sie wollen sich auflösen und sich innerlich von all den Ungereimtheiten befreien, die die Veränderung ihres Körpers mit sich bringt. Es waren nicht umsonst die Hippies der Sechzigerjahre, die sich nach Woodstock aufmachten und sich gleichzeitig dem Meditieren öffneten. Indem sie den Zustand beim Ausrocken erlebten, bekamen sie einen Geschmack davon.

Kopflosigkeit

Ob durch die musikalische oder bewegungsbezogene Ekstase hervorgerufen, dieser „Kopflos-Effekt" passt natürlich sehr gut zu den Frauen, die sich maskulinisieren, zu Berufsdenkerinnen werden und sich in den Winkeln des Verstandes verkeilen. Und schließlich formulieren viele meiner Klientinnen genau diesen Wunsch. Sie hätten liebend gern ein Zaubermittel abrufbar, das sie möglichst schnell von den ewigen Gedankenkreisen und den ewigen Grübeleien befreit.

Falls Sie das ebenfalls anspricht, kann ich Ihnen sämtliche Bewegungsformen oder Aktivitäten wärmstens empfehlen, die in ihrer Essenz die Ekstase berühren. Ohne dass Sie sich um die Querelen in Ihrem Kopf kümmern müssen, lösen Sie sich aus diesen heraus.

Frauenfreude unplugged: Natürliche Ekstase

Ich erinnere mich an ein Frauenretreat, das ich vor einigen Jahren leitete, und insbesondere an eine ekstatische Tanzmeditation.
Die Musik begann langsam und ich merkte, dass sich die Frauen so richtig Zeit zum Warmlaufen ließen. Nach zwanzig Minuten bekam ich das Gefühl, dass sie damit begannen, Schwung zu holen und sage und schreibe nach einer Dreiviertelstunde ausladenden Tanzens schalteten sie einen weiteren Gang nach oben. Dennoch war noch lange nicht alles ausgeschöpft. Ich spürte, wie sich eine bewegungsbezogene Ekstase ankündigte und puschte die Musik.
Tatsächlich kamen die Frauen erst nach sechzig Minuten so richtig in Fahrt. Jetzt waren sie in ihrem „ekstatischen Space" angekommen. Während kein T-Shirt mehr trocken war, sprühten sie vor Energie und waren dabei, die Limitationen ihrer Körper zu sprengen. Die Musik eskalierte und ihre Bewegungen auch. Juhu! Nur noch der Himmel ist größer!
Der Gong erklang. Vollkommen selig ließen sich die Frauen auf den Boden fallen und tauchten in die Stille ein. Man hätte eine Nadel fallen hören können. Die Zeit stand still.
Nach einer Viertelstunde klingelten die Zimbeln. Eine der Frauen hob den Kopf, sah sich um und sagte: „Jetzt muss sich mein Mann aber Mühe geben, wenn er diese Ekstase mit mir überbieten will." Plötzlich waren alle hellwach. Wie auf Kommando setzten sich die Frauen auf und führten eine lebhafte Diskussion über Sex, ihre Orgasmen und wie das mit dem Erregen am besten funktioniert.

Orgiastisch ekstatisch

Solche Ekstasen sollten uns nicht überraschen, nachdem wir wissen, welche femininen Qualitäten in einer Frau wohnen. Die Fähigkeit, ganz und gar zu empfinden und in diesem Ganzheitsempfinden wiederum vollkommen aufzugehen, vereint sich mit ihrer Sehnsucht nach Hingabe. Und noch etwas ist wunderbar: Sie als Frau brauchen dafür nicht einmal etwas Zusätzliches zu tun. Wenn Sie Ihren Körper kennen und diesen zu „nutzen“ verstehen, geben Sie sich Ihrem Eigenempfinden hin und lassen nach und nach die Zügel los. Mit den „Zügeln“ meine ich sich möglicherweise bemerkbar machende muskuläre und moralische Hemmungen, etwaige Furcht vor Ihrer eigenen Wildheit oder vor Ihrem „Gesichtsverlust“. Selbst wenn Ihr Körper angespannt oder gehemmt sein sollte, können Sie das Gas-Bremse-Verhalten leicht hinter sich lassen und Ihre Limits sprengen. Ihre Natur übernimmt. Ekstase geschieht.

Sexuell heilen

Es gibt viele Parallelen zwischen dem Erleben von Ekstase durch Bewegung, sexuellem Erleben und Meditation. Weil die Frau - im Unterschied zum genitalorientiert funktionierenden Mann - grundsätzlich zu tiefen, ganzkörperlichen wie multiplen Orgasmen fähig ist und sich deshalb in der Ekstase zu Hause fühlt, kann sie diese Erfahrung auch in die Meditation einschleusen. Und hier kommt's: Selbst wenn eine Frau aus unterschiedlichen Gründen seit Langem keine Orgasmen mehr hatte oder vielleicht sogar nicht einmal welche kennt, ändert das nichts an der Tatsache, dass sie die Fähigkeit dazu dennoch als Grundqualität in sich trägt und folglich in ihre Innenschau einbringen kann. Das heißt, dass eine Frau, die sich voll und ganz, mit Haut und Haar auf ihre Innenwelt einlässt, innere Erfahrungen machen kann, die der Tiefe oder Größe eines sexuellen Orgasmus entsprechen. Und dabei passiert es wie im Reißverschlussverfahren: Indem sie innere Ekstase erlebt, heilt sie auch ihre Sexualität. Meditativ und ekstatisch kommt die Frau in Fluss und heilt sich von innen heraus.

Ekstase leben

Weil das so naheliegend ist, knüpfen Sie daran gleich einmal in Ihrem Leben an und suchen es nach Möglichkeiten zur Ekstase ab. Ganz gleich, ob Ihnen Ekstatisches durch Tanz, Sport, Kreativität, Lachen, Berührung, Herzensangelegenheiten, die Liebe, Sex oder eine „Free-Style-Technik" in diesem Buch passiert - machen Sie sich diese Möglichkeiten bewusst. Denn genau dieses „voluminöse" Empfinden der eigenen Grenzenlosigkeit stimuliert Ihre Lebendigkeit und verleiht Ihnen Flügel. Und noch eins: Eine Frau, die mit ihrer Ekstase vertraut ist, kann weder ein Mäuschen oder ein Rehlein sein noch wird sie sich als harte Emanze, Macho- oder Powerfrau geben müssen. Anstatt dessen findet sie im Einklang mit ihrer Femininität zu sich zurück und ist einfach nur sie selbst.

Ihr Ekstase-Portofolio

Erster Schritt: Ihre ekstatischen Momente

Entspannen Sie sich und begeben Sie sich in die **ME-TIME-LOUNGE**. Vielleicht darf ein wenig Heiterkeit in Sie einziehen, wenn Sie jetzt spontan die ekstatischen Momente in Ihrem Leben aufschreiben. Falls Sie Startschwierigkeiten haben, hilft es vielleicht, wenn Sie bei Ihrer letzten Ekstase beginnen und sich chronologisch zu den davorliegenden zurückhangeln. Oder Sie beginnen bei Ihrer stärksten, einflussreichsten oder unvergesslichsten Ekstase.

(Es gibt viel Platz dafür auf der nächsten Seite)

Zweiter Schritt: Ekstatisch leben

Listen Sie jetzt Möglichkeiten auf, wie Sie mehr ekstatische Momente in Ihr Leben einladen können. Keine Angst, ich verdonnere Sie jetzt nicht zu 24 Punkten. Doch wenn Sie denen nahekommen, hätte ich nichts dagegen. Das wäre der Beginn eines wahrlich ekstatischen und gleichzeitig meditativen Lebens. Ich hoffe, dass Sie mein Augenzwinkern fühlen können.

Innenschau durch Latihan

Schlagen wir jetzt einen weiteren Bogen und zwar zu einer dritten Methode, die ich Ihnen unter der Rubrik der meditativen „Free-Style-Techniken“ vorstellen möchte, und das ist das Latihan. Diese Bewegungsmeditation stammt ursprünglich aus Indonesien und ist absolut simpel: Sie stellen sich im Raum auf, schließen die Augen, horchen in sich hinein und drücken bewegt aus, was aktuell ausgedrückt werden kann. Doch bevor ich Ihnen einige Tipps dazu gebe, probieren Sie es zunächst einmal aus.

Indonesisches an der Rezepte-Bar:

Latihan

Einstimmen

Sie können sich einen Timer auf zirka 15 Minuten stellen, aber auch ohne Zeitvorgabe vorgehen. Genauso wählen Sie, ob Sie in Stille „latihanen“ oder eine zurückhaltende Backgroundmusik anstellen. Stehen Sie oder setzen Sie sich hin und schließen Sie die Augen. Sie können auch eine Augenmaske benutzen.

Das „Latihanen“

Steigern Sie jetzt Ihre Körperwahrnehmung auf das Maximalste und lauschen Sie in sich hinein. Erspüren Sie das „Innenleben“ Ihres Organismus und nehmen Sie wahr, was in diesem jetzt gerade vor sich geht. Sobald Sie nur den geringsten Impuls zum Bewegen spüren, folgen Sie ihm. Ganz wichtig dabei: Sie FOLGEN. Anstatt Bewegung zu erzeugen, geben Sie sich organisch dem jeweiligen Impuls hin. Lassen Sie vollkommen unzensiert, welche Art von Ausdruck entsteht.

Stillsein

Wenn der Timer tönt oder Sie intuitiv aufhören möchten, lassen Sie Ihre Bewegungen bewusst langsam ausklingen, und zwar so lange, bis sich diese, wie sie gekommen sind, wieder zur Ruhe begeben haben. Ruhen Sie dann wahlweise sitzend, stehend oder liegend im Kontakt mit Ihrem Körper nach.

Multidimensionales

Weil das Latihan spontan und organisch abläuft, variabelste Bewegungs- und Ausdrucksformen offenhält und Freiheitsliebe weckt, passt es für Frauen besonders gut. Falls Sie zu denjenigen Frauen mit einer hohen Sensibilität zählen, können Sie sich hier vollkommen ausbreiten. Je feiner Ihr Körpergefühl entwickelt ist, desto akzentuierter lauschen Sie in sich hinein und desto feiner und differenzierter wird Ihr inneres Ausgleichen sein.

Tatsächlich habe ich noch keine einzige Frau erlebt, die sich gegen das Latihan ausgesprochen hätte. Es ist, als wäre es geradewegs für den weiblichen Körper mit seiner hohen Empfindsamkeit gemacht. Da es weder Anweisungen noch Zensur gibt, kann die ganze Spielbreite von Emotionen und Gefühlen zum Ausdruck gebracht werden. Und genau in dieser Spielbreite ist es! Die immens große Strecke zwischen den beiden Polen, zwischen dem Feinen und dem Robusten, dem Sensiblen und dem Wilden, dem Harmonischen und Unausgegorenen gibt Ihnen einen immens großen Spielraum zur Selbstexploration, sodass es Ihnen leichtfallen sollte, sich mit Ihren femininen Qualitäten in Kontakt zu verbinden.

Hier noch etwas aus der Erfahrungskiste: Während Latihanbewegungen anfangs oftmals leise, gewogen, seidig bis fein ausfallen, können diese mit zunehmender Praxis und in Abhängigkeit von verschiedenen Lebenssituationen durchaus kräftigere Züge annehmen. Wenn Sie beispielsweise nach einem stressigen Tag die Augen schließen, Sie vielleicht gerade einen Streit hatten, sauer auf etwas oder jemanden sind, eine negative Nachricht erhalten haben und in sich hineinhorchen, werden Sie in Ihrem Inneren wahrscheinlich drängendere Impulse wahrnehmen und sich folglich umfassender und variabler bewegen. In explosiven Situationen können sich diese dann auch noch steigern, durch die entstandene innere Schieflage zu zackigen, impulsiven Bewegungen führen oder sogar in kathartischen Ausdrucksformen entladen. Falls Ihnen das irgendwann passieren sollte, ist das nichts Ungutes oder Schlechtes. Nein, nein, im Gegenteil! Das ist wunderbar!

Selbstbefreiung

Insbesondere Frauen schlucken und unterdrücken viel zu viel in ihren angepassten Leben. Wenn Sie sich noch einmal auf die Energietorte besinnen, wissen Sie vielleicht aus eigener Erfahrung, dass sich Frauen oft verausgaben, sich der Probleme anderer annehmen und die Tortenstücke immer wieder aufs Neue weggeben, selbst dann, wenn sie diese selbst am dringendsten brauchen. Und all das, was Frauen schlucken oder zurückhalten, woran sie knabbern, würgen und leiden, darf sich beim Latihan in Bewegung übersetzen und sich seinen Weg nach draußen bahnen.

Das ist nicht nur gut, sondern sogar notwendig! Denn alles, was der Mensch wegdrückt, sich schönredet oder unterm Teppich hält, verschwindet ja nicht. Es verschanzt sich im Unterbewusstsein und manifestiert sich im Körper. Dort taucht es vor allem als Spannung in den Kiefer-, Nacken-, Hand- und Atemmuskeln auf. Und diese Anspannungen suchen beständig nach Möglichkeiten sich auszudrücken, was dann zumeist an den verkehrten Stellen passiert. Latihan kann deshalb die Funktion einer inneren „Großreinigung" haben.

Die Free-Style-Techniken im Vergleich

Nachdem Sie bereits drei Free-Style-Techniken kennengelernt haben, nämlich „Bewegt in die Stille hinein“, das ekstatische Bewegen und das Latihan, schlage ich Ihnen ein kleines Experiment vor: Praktizieren Sie jede der drei Free-Style-Techniken jeweils an drei aufeinander folgenden Tagen zur selben Zeit und an demselben Ort, damit Vergleichbarkeit entsteht.

Das kann insofern eine hochinteressante Sache sein, als Sie möglicherweise Unterschiede im jeweiligen Effekt auf Ihr Selbstempfinden herausarbeiten werden. Diese geben Ihnen Aufschluss darüber, wo Ihre größte Empfänglichkeit bezüglich der kreativen Techniken liegt. Ist es die Sicherheit des Schritt-für-Schritt-Ansatzes, die Sie brauchen? Ist es das Loslassen in Ekstase, das Sie reizt? Ist es die Freizügigkeit beim Latihan, die Sie zentriert? Reflektieren Sie diese Unterschiede unbedingt in der **ME-TIME-LOUNGE.**

Stille und Balance finden durch Espresso-Explorationen

Dem Eigengefühl vertrauen

Nachdem Sie vielleicht bereits eine Ahnung haben, welche Art von meditativem Impuls mit Ihrem Körper „klickt", werde ich Ihnen jetzt noch kürzere Impulse, die „Espresso-Explorationen", vorstellen. Diese „meditativen Espressos" sind kürzer und knapper gehaltene Anleitungen, die besonders gut für die Anwendung zwischendurch geeignet sind. Sie greifen beispielsweise hervorragend, wenn Ihnen bewusst ist, dass Sie etwas für Ihren Ausgleich tun sollten, aber nur wenig Zeit haben. Das höre ich von Frauen immer wieder. Sie spüren deutlich, dass sie eingreifen sollten, aber der Blick auf die Uhr lässt es nicht zu, dass sie sich in längere meditative Übungen hineinbegeben. Schnell winken sie ab. Ach! Es wird schon gehen. Und dann hangeln sie sich geradeso bis zum Schlafengehen durch oder landen ausgepowert kurz vor acht auf der Couch. Falls Ihnen dieses Szenario bekannt vorkommt, könnten die Espresso-Explorationen in ihrer kondensierten Form eine Alternative für Sie sein, die Sie zwischendurch anwenden.

Eigenempfinden und Intuition

Vielleicht haben Sie beim Gang durch die vorgestellten Praktiken einen Algorithmus bemerkt: Je freier die Techniken werden, desto größer wird der Anspruch an Ihre Wahrnehmung und an Ihr Eigengefühl. Während diese bei der Aus-der-Aktivität-in-die-Ruhe-Übung noch relativ gering ist, werden Sie beim „Sich-Verlieren im Tanz" schon wesentlich mehr sich selbst überlassen und beim Latihan stehen Sie gänzlich allein mit sich da. Ich weiß. Wenn Sie jetzt noch spontaner vorgehen und Ihr Üben außerdem kondensierter wird, kann das für Sie möglicherweise eine Herausforderung sein, je nachdem, welche meditativen Erfahrungen Sie bereits gesammelt haben und wie sehr Sie Ihrem Eigengefühl vertrauen. Ganz klar hier: Je mehr Sie das Terrain der festgeschriebenen Meditationsanleitungen verlassen, desto stärker werden Sie sich auf Ihre Intuition verlassen.

Und damit kann es passieren, dass wir eine der inneren weiblichen Schwachstellen berühren. Denn durch den Blick auf die Entwicklung des Rollenbildes der Frau wissen wir, wie mit der Intuition der Frau verfahren wurde und welchen Stellenwert sie in unserem gegenwärtigen Leben hat. Dafür nämlich, dass die Frau einst über einen gesicherten Zugang zu ihrem Innenleben verfügte, sie ihrem Bauchgefühl gemäß handelte, häufig aus ihrem Gespür für das Leben entschied und Entscheidungen im Einklang mit Körper, Geist und Seele fällte, wurde sie bestraft. Wie Sie wissen, verschwand damit die Anerkennung des Intuitiven als gleichwertige Quelle von „Wissen" von der Bildfläche des öffentlichen Lebens und wurde von der Allmacht des nachweisbaren Wissens ersetzt. In unserem heutigen Werteverständnis wiegt kognitives Wissen tausendmal mehr als intuitives „Wissen". So viel ist klar.

Die alte Wunde

Und jetzt werden Sie staunen! Es kann nämlich vorkommen, dass Sie mit den späten Ausläufern dieser Geschichte beim eigenverantwortlichen Meditieren in Berührung kommen. Falls sich diese kreativeren Techniken für Sie fremd anfühlen sollten, Sie sich dabei als komisch, linkisch und zu entblößt wahrnehmen, ist das weder Ihrer Unfähigkeit geschuldet noch liegt es an der Unmöglichkeit der Übung! Es ist bedingt durch die Konditionierung der Frau. Diese sitzt Ihnen in den Gliedern und hat einen Zugriff auf Sie, indem sie Ihnen den Zugang zu Ihrer Intuition und zu Ihrem natürlichen Empfinden für Selbstregulation verwehrt.

Deshalb meine Ermutigung an Sie: Wagen Sie sich an alles Intuitive, Kreative und Offene in Ihren persönlich stimmigen Schritten vor. Aber wagen Sie sich! Sie können nichts verkehrt machen. Das Einzige, was passieren kann, ist, dass Sie sich mehr und mehr mit Ihrem Innenleben verbinden, diesem vertrauen und sich wohler in sich fühlen.

Die Spur der sanften Stille

Dabei nehme ich bei Klientinnen oft das Bedürfnis wahr, sich mit dem, was sie tun, sicherer fühlen zu wollen. Mitunter fragen sie auch danach, wie sie sich im Inneren am besten orientieren können und wie es in ihnen still werden kann, sollte oder müsste. „Ich brauche eine Vorstellung", so Helena. „Wenn ich die nicht habe, irre ich in meinem Kopf herum und mache mich selbst verrückt." Und so geht es vielen Meditierenden, wenn sie damit beginnen, sich mit ihrer Innenwelt vertraut zu machen. Das liegt gewissermaßen in der Natur der Dinge. Hier ein erster Vorschlag: Wenn Sie sich mit geschlossenen Augen in sich hinein entspannen und, einmal ganz feminin gesagt, in der Selbst-Hingabe üben, versuchen Sie, ob Sie der Spur der „sanften Stille" folgen können. Ja genau: Dort, wo es in Ihnen sanfter und stiller wird, geht es lang. Und das probieren Sie am besten gleich mit einer knapp gehaltenen Espresso-Exploration praktisch aus. Notieren Sie Ihre Beobachtungen in der **ME-TIME-LOUNGE**.

SPURENSUCHE AN DER REZEPTE-BAR:

Die Spur der sanften Stille

Sieben bewusste Atemzüge

Schließen Sie die Augen, wann immer es Ihnen für ein paar Momente möglich ist, und legen Sie beide Hände sanft auf Ihr Brustbein. Nehmen Sie sieben bewusstere Atemzüge und entspannen Sie sich mit jeder Ausatmung etwas mehr.

Sanfte Spurensuche

Jetzt richten Sie Ihre Aufmerksamkeit auf Ihr Körperinneres. Erspüren Sie, ob Sie dem Empfinden von Sanftheit und Stille - oder sanfter Stille - auf die Spur kommen können. Folgen Sie dieser und verweilen Sie mit ihr so lange, wie es Ihnen gefällt.

Ich habe diese Übung vielen Frauen vorgestellt und wissen Sie was? Ich habe nicht eine einzige Frau kennengelernt, die sich dabei verirrt oder fehlgeleitet gefühlt hätte. Sie alle kamen der Spur der sanften Stille tatsächlich auf die Spur.

Gestillte Sehnsucht

Während wir gerade dabei sind, uns um die Spuren der Stille im Organismus zu kümmern, gebe ich Ihnen noch einen weiteren Impuls. Den Begriff der „Stille" könnten Sie auch noch anders verinnerlichen, indem Sie ihn wörtlich nehmen. Vielleicht ist es kein Zufall, dass er dem Sinn nach von „etwas stillen" oder von „gestilltwerden" entspricht, dem Stillen eines tiefen Sehnens, eines inneren Bedürfnisses. Da die Erfahrung von Meditation als Zustand der Stille eine vollkommen natürliche ist, und gleichzeitig einem unserer Grundbedürfnisse entspringt, können Sie diese auch abrufen. Wäre es nicht so, würden sich nicht auf dem ganzen Globus Menschen für Meditation interessieren und es gäbe nicht Millionen von Google-Ergebnissen, wenn Sie den Begriff Meditation in die Suchmaschine eingeben.

Und schließlich machen Ihnen genau das die Kinder vor, wenn sie sich spontan zur Seite setzen und sich zumeist spielend in sich kehren. Wenn diese Vorstellung, dass die Stille in Ihnen Ihre innere Sehnsucht stillt, mit Ihnen „klickt", haben Sie einen stimmigen inneren Fingerzeig parat, den Sie auch gut mitten in Ihrem Alltag anwenden können: Sie schließen für einen Moment die Augen und schauen mit Ihrem „inneren Auge", ob Sie die Fährte zu dem inneren Raum aufnehmen können, wo ausschließlich alle inneren Bedürfnisse gestillt sind.

Bedürfnisse stillen an der Rezepte-Bar:

Stille stillt

Einstimmen

Schließen Sie die Augen und nehmen Sie Kontakt mit Ihrem Körper auf, indem Sie Ihre Hände locker über Ihrer Brust kreuzen und Ihren Kopf sinken lassen. Nehmen Sie ein paar bewusste Atemzüge und entspannen Sie sich mit jeder Ausatmung etwas mehr in sich hinein.

Das Gestillte finden

Begeben Sie sich mit Ihrer Aufmerksamkeit zu dem Bereich in Ihrem Körperinneren, wo Ihre Bedürfnisse allesamt gestillt sind, ja, wo Sie sich als wunschlos erleben. Bleiben Sie mit diesem Bereich so lange in Kontakt, wie Sie wollen, selbst wenn es nur für ein paar Momente ist. Auch diese Übung eignet sich sehr gut als Espresso-Exploration zwischendurch. Vorausgesetzt, dass Sie diesen gestillten Bereich berühren, können Sie diese in jedem denkbaren Augenblick aus dem Ärmel ziehen.

Reflektieren Sie Ihre Erkenntnisse in der **ME-TIME-LOUNGE.**

Viele „Stillen"

Und ja. Es gibt nicht nur viele Wege in die Stille, sondern auch unterschiedliche „Stilleerfahrungen". Diese sind ja keine homogen genormten Zustände, die Sie, übertrieben gesagt, abhaken können, weil Sie deren Kriterien erfüllen.

Hier müssen wir natürlich berücksichtigen, dass uns sowohl die Sprache als auch die in traditionellen Meditationsanleitungen benutzten Begriffe fehlleiten. Denn die innere Stille ist ja keine absolut „stille Stille", keine Grabesstille, wie man meinen könnte. Da unsere Sprache im Inneren keine Entsprechungen hat, reflektieren wir ein internes Zur-Ruhe-Kommen mit dem Verstand und handeln es auf dem akustischen Level ab. Das heißt, dass wir auf die Abwesenheit von innerem „Lärm" fokussieren und uns auf ein inneres Nicht-Empfinden, Nicht-Beeinflusstwerden von etwas Störendem beziehen. Wir nehmen an, dass unsere Gedanken und all das, was uns beschäftigt hält oder uns beeinträchtigt, ganz und gar verstummen werden.

Doch wenn Sie hier den Verstand mit seinen Assoziationen einmal beiseite lassen, geht es im Inneren des Organismus eher darum, dass sich das Empfinden von Stille auf ein „Nicht-Betroffensein" von innerer und äußerer Bewegung, auf ein Nicht-Vereinnahmtsein durch Einflüsse bezieht. Die Außenwelt hat keinen Zugriff auf diesen zentral gelegenen inneren Bereich, von dem aus Sie sich wahrnehmen. Wenn Sie dort ruhen, mögen Gedanken und Gefühle immer noch nach Ihnen grabschen und Ihre Aufmerksamkeit zu ködern versuchen. Doch dort, im Zentrum, erwischen sie Sie nicht. Dort haben sie keinen Zugriff auf Sie. Insofern ist es in diesem Bereich tatsächlich „still".

Wege in die Stille

In diesem Kontext möchte ich Ihnen etwas über meine eigenen Stilleerfahrungen erzählen. Wie bereits erwähnt, habe ich meine erste profunde Meditationserfahrung in der Pause zwischen zwei Feldenkrais-

Bewegungssequenzen gemacht. Ich liebte diese bewusst ausgeführten Bewegungsexplorationen über alles und begab mich damals vollkommen in die „Moves" hinein. Wer die Feldenkraismethodik kennt, weiß, dass zwischen den Explorationen ganz bewusst Pausen eingelegt werden, damit das Gehirn die Impulse verdaut. Obwohl Moshe Feldenkrais, als er die Methode entwickelte, noch keine Brain-Scans zur Verfügung hatte, wusste er, dass das Gehirn Zeit zum Verarbeiten von Bewegungsimpulsen benötigt und die weiteren Erfahrungen danach auf einem neuen Niveau weitergehen. Für mich war es eine unsagbar weiche Pause, falls Ihnen das etwas sagt. Ich lag auf der Matte, hatte aber das Gefühl, wie in einem Bett aus Wolken zu liegen. So entspannt fühlte sich mein Körper mit einem Mal. Und dann war nur noch Stille da.

Weil mich dieser Moment so immens traf und ich ihn natürlich wiederholen wollte, glaubte ich, dass ich mir immer wieder dieselben Bedingungen schaffen müsste, damit sich diese Stille erneut eingeladen fühlt. Doch erst als ich mich mit weiteren aktiven Bewegungsmeditationen befasste, erfuhr ich, dass sich Stille auf sehr vielen Wegen einstellen kann. Sie kann sich mit einem Schlag einstellen, ja, das kann sie. Doch sie kann sich auch über mich legen oder allmählich in mich hineinkriechen. Und mehr: Während mir die plötzlichen Stillemomente eher durch meine Totalität, meine Passion oder das Aufgehen in Bewegung oder Aktivität geschehen, passiert mir das graduelle „Einschleichen" eher dann, wenn ich mich einfach in mich hineinentspanne, mich loslasse – und! – je mehr ich mich mir und meiner Femininität hingebe. Je femininer ich mich fühle, desto ebenmäßiger schleicht sich die sanfte Stille in mich ein. Manchmal ist es wie eine katzenpfötchenhafte Zärtlichkeit und ein anderes Mal eine freundliche Helligkeit oder nur ein milder Hauch auf meiner inneren Haut. Wie Sie sehen, gibt es hier vieles zu entdecken, das weit entfernt von einem „Abarbeiten" von Meditationsübungen liegt.

Damit möchte ich Sie weder überfordern noch in eine Richtung lenken. Mir ist es wichtig, dass Sie Ihren eigenen Weg finden. Und für diesen sind Sie nur dann offen, wenn Sie verschiedene meditative Erfahrungen und ja, auch verschiedene Zugänge zu innerer Stille für möglich halten.

Balanceempfinden

Neben dem Gefühl für Stille und dem inneren Gestilltsein gibt es noch einen dritten Orientierungspunkt, den Sie mit in die Meditationspraxis nehmen können, und das ist ihr Empfinden für Balance. Doch bevor wir uns dies genauer ansehen, muss ich Ihnen etwas gestehen: Sicherlich erinnern Sie sich an das erste Kapitel, in dem ich Ihnen eine Reihe femininer Eigenschaften vorgestellt habe. Ich hatte das Gefühl der Frau für Fluss und für Ganzheit hervorgehoben, ihre Fähigkeit zur Passivität, Empfänglichkeit und Hingabe herausgearbeitet und sehr viel zu ihrer Sensibilität und zu ihrem ausgeprägten Körperempfinden angemerkt. Und vielleicht ist Ihnen dabei aufgefallen, dass ich Ihnen eine der femininen Kernqualitäten vorenthalten habe, und zwar die unbändige Sehnsucht der Frau nach Ausgewogenheit und Balance. Das habe ich, weil Sie diese jetzt, nachdem Sie die innere Abspaltung der Frau von ihren femininen Qualitäten nachvollzogen haben und auch schon mehr über das feminine Meditieren wissen, in ihrer Essenz jetzt besser verstehen können. Schauen wir uns also diese essenzielle Eigenschaft der Frau etwas näher an und machen wir sie uns im Kontext der kreativen und kondensierten Innenschau zunutze.

Natürliches Balancegefühl

Während die anderen femininen Qualitäten durchaus sehr leise und nicht immer so leicht aktivierbar sein können, ist das Empfinden für innere Balance etwas so Grundlegendes, dass Sie so gut wie jede Frau danach fragen können und eine Antwort erhalten. Machen wir doch gleich einmal die Probe aufs Exempel. Ich frage Sie ganz spontan, ob Sie sich jetzt genau in diesem Moment in Ihrer Balance befinden. Entscheiden Sie sich, ohne lange nachzudenken, für ein Ja oder ein Nein. Also: Fühlen Sie sich jetzt gerade in Balance?

Ganz gleich, wie Ihre Antwort ausgefallen ist, Sie brauchten sicherlich nicht darüber nachgrübeln, was ich damit meine. Das feminine Gefühl für Balance ist ein sehr eindeutiges Grundgefühl. Und nicht nur das. Indem Sie ihm folgen, lotsen Sie Ihre Aufmerksamkeit sofort in Ihr Körperinneres hinein. Und weil das so ist, können Sie es in jedem Augenblick als inneren Wegweiser benutzen. Sie klappen Ihren Blick nach innen und suchen nach Balance. Und genau in diesem Zuge balancieren Sie sich aus und streifen Sie den Zustand der Stille. Fassen wir das in einer Espresso-Exploration zusammen.

Ihre Espresso-Frage:

Befinden Sie sich in Balance?

Schließen Sie die Augen und horchen Sie in sich hinein:
Befinden Sie sich in innerer Balance?

Nehmen Sie aufmerksam wahr, was die spontane Suche nach der Antwort augenblicklich in Ihrem Körper oder mit Ihnen macht. Ja genau: Was löst sie aus? Wie antwortet Ihr Körper auf die Frage nach Balance?

Sehnsucht nach Balance

Wenn ich hier von Balance als einem eindeutigen Grundgefühl spreche, beziehe ich mich darauf, dass das Empfinden für inneres Gleichgewicht, wie wir gleich noch sehen werden, eine natürliche Qualität unseres Organismus ist. Nicht umsonst taucht heute in so gut wie jeder Spa-Broschüre oder Wellnesswerbeanzeige der Begriff Balance auf. Das passiert zum einen aus genau demselben Grund, aus dem sie uns hier als Orientierung dient. Doch hauptsächlich wird der Begriff verwendet, weil sich viele Menschen im gegenteiligen Zustand, in einer Dysbalance erleben und der Begriff Balance ihre natürliche Sehnsucht nach Ausgewogenheit weckt.

Viele Frauen setzen sich überhaupt erst in Bewegung und tun etwas für sich, weil ihnen die Balance fehlt und dies ihnen vermittelt, dass etwas nicht stimmt. Andere wiederum beginnen sich mit Meditation zu befassen, weil diese als „Balancemittel" bekannt geworden ist. Mit der Assoziation einer sich ausgleichenden Waage finden sie eine Art inneren Konsens, an dem sie sich orientieren können. „Balance?", fragte mich Tina gespannt, als wir ihre Online-Sitzung planten. „Die habe ich nicht mehr, seitdem ich studiert habe." Und damit hatten wir im Handumdrehen einen Anknüpfungspunkt gefunden.

Sowohl das Gefühl als auch das Verlangen nach Balance ist in uns immer da, unabhängig davon, ob es uns bewusst wird oder nicht. Es ist wie das Grundwasser. Das ist, auch wenn wir es nicht sehen, immer da.

Homöostase

Grundlegend ist erst einmal eines: Das Funktionieren unseres ganzen Organismus beruht auf dem Prinzip des Balancehaltens und des Ausgleichs. Für dieses zeichnet unser Zentrales Nervensystem verantwortlich, dessen Urfunktion im Überwachen der hormonellen, neuromuskulären und biochemischen Ausgewogenheit besteht. Dabei behält es das Funktionieren des komplexen „Systems Mensch" im Auge, eine

Aufgabe, die die feinste Abstimmung innerer Vorgänge verlangt. Dieses stete Herstellen eines ausgewogenen Zustands in einem System nennt man *Homöostase*. Es bezieht sich auf das Wirken natürlicher Regulationsmechanismen, die in unserem Organismus unendlich viele Prozesse aufeinander abstimmen und miteinander koordinieren. Das menschliche Nervensystem ist in seinem Funktionieren darauf ausgerichtet, dass es diese körpereigene *Homöostase* so lange aufrechterhält oder wiederherstellt, wie der Mensch lebt.

Vom Leben als Balanceakt

Tatsächlich hat der feminine Körper eine besondere Affinität zu Balance: Wenn Sie Balance mit einer antiken Schalenwaage vergleichen, merken Sie schnell, dass dieser Zustand etwas Flexibles und kein starrer Vorgang ist. Eine Waage mag Momente des Stillstands berühren, doch zumeist befindet sie sich in einer minimalen ausgleichenden Bewegung. Und so „funktioniert" eine Frau in ihrem Inneren. Immer wieder tariert sie sich aus, wägt ab, sucht den Ausgleich und strebt sie danach, sich in Balance zu erleben.

Das beginnt bereits mit dem Zeitpunkt, wenn bei einem Mädchen die Menstruation einsetzt. Der weibliche Zyklus verkörpert nichts anderes als ein fortlaufendes hormonelles Ausbalancieren, das von seinem Ursprung her auf der Funktion der Fortpflanzung beruht, aber wenn wir näher hinsehen, die Frau hormonell ausgleicht. Diesen Balanceprozess lebt eine Frau etwa von ihrer Pubertät an fortlaufend, sodass diese Art von Balanceerhaltung für sie etwas vollkommen Normales, ja, Selbstverständliches ist.

Für den Fall einer Schwangerschaft wird ihr innerer Balanceakt auf die Spitze getrieben: Während die schwangere Frau mit ihrem eigenen Körper ihr Kind mitversorgt, muss ihr Nervensystem immer wieder ausgleichend tätig werden und Feinabstimmungen vornehmen, damit beide, Frau und Kind, biochemisch und hormonell im Gleichgewicht bleiben. Wäre das nicht der Fall, würde sich das Kind mehr nehmen, als die Mutter hergeben kann. Oder die Mutter würde mehr behalten, sodass das Kind unterversorgt wäre. Die Balance wird durch dieses riesige Feedbacksystem, das unser Nervensystem ist, permanent überprüft und ausreguliert. Und ja. Auch das Gegenteil ist der Fall: Gerade weil der Körper der Frau so balanceorientiert ist, leidet die Frau auch darunter, wenn ihr das Gleichgewicht fehlt. Beispielsweise kann die Phase der Wechseljahre deshalb eine besonders herausfordernde Zeit für Frauen sein, weil sie sich gewissermaßen in eine vom Körper organisierte Dysbalance begibt. Sie verlässt den über Jahre gewohnten Monatszyklus, während die Hormone vorübergehend instabil sind und sich viele Frauen irgendwie „unrund" und unausgewogen fühlen. Das ist auch einer der Gründe, warum ich Frauen in den Wechseljahren empfehle zu meditieren. Indem sie sich innerlich sammeln und zentrieren, können sie die gefühlte Dysbalance ausgleichen.

Nachdem Sie nun so viel über das Balancebedürfnis der Frau erfahren haben, schieben wir eine Übung zur Selbstreflexion ein.

Aus der 24-Antworten-Reihe:

Balanceakte

Erster Schritt:

Wobei fühlen Sie sich in Balance? Schreiben Sie mit der linken Hand und ohne länger nachzudenken Momente oder Situationen auf, in denen Sie sich in Balance erleben.

Zweiter Schritt: Balance vertiefen?

Entwerfen Sie jetzt, wie Sie solche Balancesituationen noch weiter fördern, ausweiten, vertiefen und betonen könnten. Tragen Sie mindestens 24 Punkte zusammen.

Ausgleich „on the go"

Gerade weil die Frau mit dem inneren Empfinden von Balance so urvertraut ist, spielt sich ihr Ausbalancieren nicht notwendigerweise mit konstruierten oder aufbereiteten Übungen und Techniken ab. Je mehr sie mit ihrem Gefühl für Balance verbunden ist, desto mehr löst sie das innere Ausgleichen mitten im Tun, sozusagen „on the go". Instinktiv leitet sie Veränderung ein und braucht dies auf lange Sicht nicht einmal mehr aktiv zu tun, weil ihr der Ausgleich schlichtweg geschieht.

Doch warum habe ich Ihnen ein so langes Lied über das weibliche Gespür für Balance gesungen? Stimmt. Es hat einen Grund. Und dieser basiert auf meiner Beobachtung, dass viele Frauen, obwohl sie so einen ausgeprägten Sinn für Ausgewogenheit und Gleichgewicht haben, in einer chronischen Dysbalance leben. Das heißt, dass Sie diese irgendwann in ihrem Leben aufgegeben und aus dem inneren Grundempfinden ausradiert haben. Ja. Irgendwann ist ihnen das passiert.

Damit Sie mich hier nicht falsch verstehen: Vorausgesetzt, Sie lassen sich auf dieses bunte, quirlige und unberechenbare Leben ein, liegt es nahe, dass Sie ab und zu die Balance verlieren, in eine Dysbalance fallen und sich unausgeglichen fühlen. Das liegt in der Natur der Sache und ist als solches überhaupt nicht schlimm. Unser Nervensystem ist dafür geschaffen, dass es das ausgleichen kann.

Doch der springende Punkt dabei ist, dass Sie, wenn Sie in eine Schieflage geraten, wieder in Ihre Balance zurückkehren sollten. Und genau diesen Vorgang des Re-Balancierens haben Frauen, wenn sie in chronischer Erschöpfung oder sogar im sogenannten Burnout angekommen sind, nicht geschafft. Erfahrungsgemäß wird es genau dann problematisch, weil das Zurückkommen viel Kraft kostet, die dann fehlt. Um Ihnen hier ein Gefühl zu geben: Wirklich „ausgebrannte" Frauen brauchen zwischen ein und zwei Jahren, bis sie sich vollständig regeneriert haben.

Damit Sie in eine solche Situation gar nicht erst hineinrutschen und Ihr Gespür für Balance immer wieder auffrischen, gebe ich Ihnen eine simple Form der Selbstreflexion mit, die ich den „Ampel-Balance-Test" nenne. Anhand der Ampelfarben können Sie sich umgehend ausbalancieren, wie Sie es vorhin bereits kennengelernt haben.

Der Ampel-Balance-Test

Wann immer Sie spüren, dass Sie extrem beansprucht sind, stellen Sie sich so eindringlich wie möglich die Ampelfrage: Ist alles im „grünen Bereich"? Diese Frage hat ja sogar in unseren allgemeinen Sprachgebrauch Eingang gefunden, nur dass wir sie zumeist anderen Menschen stellen. Noch einmal: Ist alles im grünen Bereich? Oder ist Gelb im Spiel? Wenn ja, wohin tendiert das Gelb? Zum Grün oder zum Rot? Wenn es zum Rot neigt: Wie weit ist Rot noch entfernt? Und wenn Rot blinkt: Welcher ist der schnellste Weg zurück?

Entsprechend Ihrer Erkenntnisse und anhand Ihrer meditativen Erfahrungen leiten Sie dann die notwendigen Veränderungen ein. Während Sie bei einem Aufblinken von Gelb noch mit spontanen Techniken experimentieren können, greifen Sie ab dem satten Gelb und insbesondere ab dem Gelb-Rot-Bereich auf profundere Übungen zurück. Wählen Sie diejenigen, mit denen Sie die positivsten Erfahrungen gemacht haben. Tun Sie alles in Ihren Kräften Stehende, damit Sie niemals im Rotbreich verbleiben.

Balance und Stille

Und jetzt! Jetzt schließen wir den Kreis und sammeln all das Gesagte über Stille, das Stillen von Bedürfnissen und Balance als innere Orientierungspunkte ein.

Denn ja: Es gibt eine direkte Wechselwirkung zwischen Balance und Stille - oder zwischen Stille und Balance, je nachdem, wie Sie es nehmen, und der inneren Bedürfniserfüllung. Während Sie sich durch Stillemomente automatisch in Ihrem Inneren ausgleichen, wird es in

Ihnen durch das innere Ausbalancieren wiederum automatisch stiller. Egal von welcher Seite Sie kommen, ob vonseiten der Stille oder vonseiten der Balance, der andere Part wird automatisch bestärkt. Und genau diese Wechselwirkung ist nicht nur ein Tool, das Frauen sehr treffsicher bedienen können, sondern entspricht auch ihrem innigsten Bedürfnis, sich in sich wohlzufühlen. Wenn Sie das gut verinnerlichen und Sie mit dieser Wechselwirkung vertraut sind, haben Sie eine Megaressource zur Verfügung, durch die Sie nicht ohne Weiteres aus der Bahn zu werfen sind.

Sich entspannt zentrieren

Mittiges

Auch weiterhin geht es darum, dass Sie Meditation immer mehr zum Bestandteil Ihres Lebens machen und kreative Tools kennenlernen, die so simpel sind, dass sich diese nahtlos in Ihren Alltag integrieren.

Nachdem wir das Feld der „großen Techniken" längst hinter uns gelassen haben, sind wir sowohl momentbezogener als auch instinktiver vorgegangen. Ganz gleich ob Sie sich mit Latihan-Bewegungen, Ekstase, Ampel- oder Ausgleichszuständen befasst haben, es ging immer mehr darum, dass Sie innerlich stiller werden, sich ausbalancierter fühlen und mit Ihrer Aufmerksamkeit bei sich ankommen. Genau dieses Bei-sich-Ankommen ist die Voraussetzung dafür, dass Sie Ihre Aufmerksamkeit nach innen wenden können und Ihr „inneres Auge" schärfen.

Greta verdrehte die Augen, als ich diesen Ausdruck verwendete. „Immerzu soll ich bei mir ankommen!", wehrte sie ab. „Das kann ich schon nicht mehr hören. Wie kann ich denn bei mir ankommen, wenn ich nicht weiß, wie ich zu mir gelange?" Und ja: Logisch irgendwie. Auch Gretas Frage zeigt, wie wichtig innere Anhaltspunkte beim Meditieren sind.

Weil eben dieses „Bei sich-Ankommen" oder auch das „Mit-sich-verbunden-Sein" wie ein Schlüsselzustand für Frauen ist, um sich mit Ihrem Innenleben und mit Meditation befassen zu können, schauen wir es uns jetzt etwas genauer an. In der Meditationssprache bezeichnet man ihn als „zentrierten Zustand", was nichts anderes bedeutet, als dass Sie mit Ihrem „Zentrum, mit Ihrer „Mitte" in Kontakt ist. Und diese mittige, zentrierende Erfahrung ist ein Ausdruck von Meditation.

Sich zentriert fühlen

Wenn Sie sich mit dem Zustand des Zentriertseins vertraut machen möchten, können Sie die damit assoziierten Begriffe wörtlich nehmen und sich praktisch auf die gefühlte Mitte Ihres Körpers beziehen. Wie immer empfehle ich Ihnen, dass Sie das sofort mit einer praktischen Erfahrung koppeln und mit einem „Zentrierungsespresso" beginnen, der nicht knackiger sein könnte.

Zentrierung an der Rezepte-Bar:

Finden Sie instinktiv Ihre Mitte!

Schließen Sie die Augen und orten Sie jetzt, ohne lange zu suchen, die Mitte Ihres Körpers. Wo befindet sich die gefühlte Mitte Ihres Organismus?

Legen Sie eine Hand auf diese Region und nehmen Sie drei tiefere Atemzüge. Bleiben Sie währenddessen mit genau dieser, Ihrer Mitte verbunden.

Wenn Sie sich mit dieser simplen Vorstellung in sich zentrieren können, haben Sie ein wirkliches Powerrezept in der Hand. Nein, ich übertreibe nicht! Sie können diese minimale Übung zu einem Ihrer inneren „Checkups" machen. Selbst wenn Sie die Balancefrage mit „Nein" beantworten, beim Ampeltest Gelb oder Rot blinkt, Sie sich aus der Bahn geworfen, nervös, gestresst, verkopft, unfeminin oder ich weiß nicht was fühlen, wird Ihnen dieser direkte Kontakt zur Körpermitte die Hand reichen. Er wird Sie augenblicklich mit sich verbinden, ganz gleich ob Sie Ihre Mitte wirklich treffen. Mit ein bisschen Übung müssen Sie dafür nicht einmal mehr die Augen schließen.

Zentriert sein heißt natürlich sein

Und wissen Sie was? Dieses Zentriertsein ist keine zusätzliche Erfahrung, keine auf Sie draufgesetzte Übung oder Ihnen fremde Erfindung der Erleuchteten aus alten Kulturen des Ostens. Nein, ganz und gar nicht! Es ist etwas vollkommen Natürliches, wenn Sie zentriert sind und aus Ihrer eigenen Mitte heraus leben. Das müssen wir einem Kind beispielsweise nicht erklären. Kinder wissen instinktiv, wie es ist, im Moment und mit sich verbunden zu sein. Sie ruhen, wenn sie still spielen, einfach in ihrer Mitte und handeln, sobald sie aktiv und enthusiastisch werden, aus dieser heraus. Weil das so ist, brauchen wir Kindern auch nicht das Meditieren beizubringen. Und das war in Ihrer eigenen Kinderzeit nicht anders! Auch Sie haben Ihre vollkommen natürliche Befähigung, mit sich verbunden zu sein, gelebt, bis diese irgendwann womöglich in den Hintergrund trat.

Das De-Zentrieren passiert durch viele Einflüsse, doch die stärkste Kraft ist zweifellos die Ausrichtung des Schulsystems mit seinem eingeengten Fokus auf kognitives, erfahrungsfremdes Lernen. Es ließe sich hier eine lange Liste mit Gründen aufzählen, warum den meisten Menschen diese wunderbare Fähigkeit der inneren „Anbindung" abhandenkommt. Doch es gibt auch eine gute Nachricht: Es ist nämlich dennoch ein Fakt, dass Sie das Zentrieren nicht vollkommen neu lernen müssen. Wenn Sie sich determiniert nach innen richten, können Sie sich jederzeit darauf zurückbesinnen.

Ins Zentrum atmen

Bleiben wir praktisch: Nachdem Sie instinktiv die gefühlte Mitte Ihres Organismus ermittelt haben, können Sie diese Espresso-Exploration jetzt vertiefen und noch sicherer im Kontaktieren Ihres Zentrums werden.

Zentrierung an der Rezepte-Bar

Beatmen Sie Ihre Mitte!

Verbinden

Schließen Sie die Augen. Verbinden Sie sich erneut mit der gefühlten Mitte Ihres Körpers, wie Sie es bereits kennen. Legen Sie jetzt eine Hand auf die Vorderseite Ihres Körpers und zwar genau in der Höhe, in der Sie Ihre Mitte instinktiv fühlen. Die andere Hand platzieren Sie auf die Rückseite Ihres Körpers auf derselben Höhe. Ihre Körpermitte befindet sich folglich zwischen Ihren Händen.

Die Mitte beatmen

Lenken Sie jetzt sieben Atemzüge zum Mittelpunkt Ihres Körpers, der zwischen Ihren Händen liegt. Beobachten Sie dabei die Sanftheit der Bewegung, die zwischen Ihren Händen entsteht. Gern können Sie Ihre Erfahrungen in der **ME-TIME-LOUNGE** reflektieren.

Der Kreis

Und ja: Tatsächlich ist die Sehnsucht des Menschen nach Mittigkeit so etwas Essenzielles, dass es in vielen Ausdrucksformen zutagetritt. Sie findet sich in vielen meditativen Symbolen und symmetrischen Zeichen und findet ihren simpelsten Ausdruck in der Form eines Kreises. Auch hier kommen uns die Kinder zuvor: Wenn kleine Kinder beispielsweise das Zeichnen für sich entdecken, beginnen sie ohne jegliche Vorgabe runde Kreise zu malen. Sie verbringen anfangs Stunden damit, aus ihren Kringeln Kreise zu formen, diese zu schließen und sie immer symmetrischer zu malen. Ich erinnere mich, wie meine Tochter mit unbändiger Ausdauer einzig mit dem Schließen der Kreislinie befasst war. Es schien, als könnte sie es einfach nicht gelten lassen, dass der Kreis offen blieb.

Doch warum beschreibe ich das so detailliert? Das mache ich, weil ich Sie daran erinnern möchte, dass das Runde, Mittige und Zentrische einem Grundgefühl entspricht, mit dem wir in unseren ersten Lebensjahren noch verbunden sind und das sich deshalb reaktivieren lässt. Das ist das eine. Und es kommt auch nicht von ungefähr, dass der Kreis als Symbol für das Zentrum, für Geschlossenheit und Ganzheit in so gut wie allen meditativen Traditionen benutzt wurde. Auch dort diente er als Erinnerung an die Mitte, als Fingerzeig auf die Meditation.

Im Zentrum zu Gast

Beim Whirling beispielsweise, das Sie unter den bewegungsbezogenen Meditationstechniken im dritten Kapitel kennengelernt haben, dreht sich der Tänzer mit seinem tellerartigem Rock um die eigene Achse und erlebt sich in dieser, obwohl er sich dreht, absolut still. Osho, der die Meditationswelt mit seinen aktiven Techniken revolutioniert hat, hat ein ähnliches Bild verwendet. Er verglich den Zustand der Meditation mit der Nabe eines Rades: Diese entspricht unserem Zentrum, in dem wir unberührt von allem sind, während sich das Rad um die mittige Nabe weiterdreht.

In der japanischen Tradition finden wir den kalligrafischen, in einem einzigen Strich gezogenen Kreis. Und das wohl bekannteste Sinnbild des Mittigseins ist das Mandala, das uns eine Vision von unserem Inneren vermittelt: Zuerst zieht es unseren Blick auf das Zentrum in der Mitte, das von einer Hülle umgeben ist.

Der Mandala-Effekt

Bleiben wir kurz beim Mandala. Wenn Sie sich verschiedene Mandalas ansehen, finden Sie trotz Unterschiedlichkeit immer ein Zentrum und eine Peripherie, die dieses umgibt und es zum Außen abgrenzt.

Übertragen auf unseren Organismus sehe ich das so: Die Außenwelt mit all ihren Reizen und Impulsen entspräche genau dem zuletzt genannten, dem Raum außerhalb des Mandalas. Der Raum zwischen dem Außenkreis und dem Zentrum spiegelt die inneren „Bewegungen", die Gedanken, Gefühle, Emotionen, also alles, was uns im Inneren beschäftigt hält. Dieser liegt wie ein „Mantel" um das Zentrum herum. Und dieses finden wir schließlich in der Mitte, wo es entweder punktuell oder aber weiter gefasst sein kann. Es symbolisiert den Raum des Stillseins, der von den anderen Schichten weder erfasst wird noch infiltrierbar ist.

Und das transferieren wir jetzt in das Erfahrungsfeld Ihres Körpers: Während sowohl Ihre individuelle Außenwelt als auch Ihre Emotionen und Gedanken weiterhin existieren, haben diese, wenn Sie entsprechend des Mandalazentrums in Ihrer Mitte ruhen, keinen Zugriff auf Sie. Diesen zentrierten Umstand bezeichnet man als Nichtidentifikation, als das Nicht-eins-Sein mit den inneren Turbulenzen, mit allem, was Ihr Innenleben umgibt. Sie baden sich in „Neutralität", in Stille, in Balance.

Genau: Hier fließt alles zusammen. Im Zustand der Nicht-Identifikation sind Sie insofern gut aufgehoben, als nichts und niemand an Ihnen zerrt und Einfluss auf Sie hat. Und genau dabei regenerieren und stabilisieren Sie sich von innen heraus.

Die Mandala-Erfahrung

Zeichnen und Reflektieren

Malen Sie spontan ein Mandala, am Besten auf ein großes Blatt Papier: Es soll ein Zentrum haben, eine umliegende Hülle, die gern aus mehreren Schichten bestehen kann, und einen Außenraum. Wenn Sie mögen, können Sie es später noch mit Farben und Mustern füllen. Doch jetzt schauen Sie sich das Zentrum des Mandalas an: Wie groß ist es? Wie weit fällt Ihr Zentrum aus? Und: Wie haben Sie die Schicht zwischen Zentrum und Außenkreis dargestellt?

Spüren

Wenden Sie jetzt die Mittigkeitsübung an, die Sie bereits kennen: Orten Sie das gefühlte Zentrum in Ihrem Körper. Legen Sie eine Hand an die Vorderseite und die andere an die Rückseite Ihres Körpers und atmen Sie siebenmal in den Raum, der zwischen den Händen liegt.

Reflexionen

Ich habe Ihnen diese reflexiven Fragen nicht umsonst gestellt. Wenn Sie nämlich zu verschiedenen Tageszeiten oder nach verschiedenartigen Belastungen, in Stressphasen, emotionalen Krisen das spontane Malen eines Mandalas wiederholen, werden Sie sehen, wie unterschiedlich groß Sie sowohl Ihr Zentrum als auch die Schicht zwischen Letzterem und der Außenschicht zeichnen. Während ein winziger zentraler Punkt für ein eher punktuelles Zentriertsein steht, mag ein großes luftiges Zentrum ebenfalls einem bestimmten Seinszustand entsprechen.

Und auch der Raum um das Zentrum herum mag aktuelle Aufschlüsse über Ihren Ist-Zustand geben. Ich erinnere mich sehr gut an ein sechsjähriges Mädchen, mit dem ich gearbeitet habe. Sie füllte den Raum zwischen dem Zentrum und der Außenbegrenzung des Mandalas mit schwarz-roten Wolken. Damit beschrieb sie den Umstand, in dem sie sich befand, wenn sie sich traurig fühlte und nicht einschlafen konnte. Ihr innerer Himmel war dann, wie sie mir in ihren eigenen Worten erklärte, gefüllt mit „schlechten Einfällen" und „ekeligen Träumen". Und diese Wolken störten sie. Ohne sich dessen bewusst zu sein, dass sie ihren inneren Zustand haargenau aufs Papier gebracht hatte, drückte sie genau das aus, was sie vom Schlafen abhielt.

Generell möchte ich gar nicht so viel hineininterpretieren. Sie können selbst herausfinden, wie sich unterschiedliche innere Zustände in Ihrem Mandala widerspiegeln.

Hier noch ein weiterer Espresso-Tipp:

Zeichnen oder kritzeln Sie, wann immer Sie Zeit haben, spontan ein Mandala: Im Büro, in einer Pause vom Computer oder nach Feierabend. Zum einen werden Sie sehen, wie unterschiedlich die Zentren entsprechend Ihres Ist-Zustandes sind, und zum anderen, wie schnell Sie sich dabei sammeln können.

Kalligrafie an Ihrer Rezepte-Bar

Der kalligrafische Kreis

Und jetzt reduzieren Sie die Mandala-Erfahrung einmal auf das Minimum und bringen das Zentrum kalligrafisch auf ein großes Blatt Papier. Legen Sie einen Stift oder einen Pinsel und Tusche bereit. Dann zentrieren Sie sich.

Und zeichen nun in einem einzigen Zug, ja, nur in einem Anlauf einen geschlossenen symmetrischen Kreis.

Legen Sie den Stift oder den Pinsel danach sofort beiseite.
Platzieren Sie die Hände schalenförmig um Ihren Bauch und schließen Sie die Augen.

Atmen Sie einige Male bewusst ein und aus und lassen Sie beim Ausatmen Ihren Bauch weit werden.

Wenn Sie diese Übung, wie beim Mandala, viele Male und unter unterschiedlichen Bedingungen wiederholen, werden Sie nicht nur bemerken, wie der simple Akt Sie zentriert, sondern auch, wie der Kreis durch die unterschiedliche Ebenmäßigkeit des Strichs Ihnen Rückmeldung über Ihre aktuelle Verfassung gibt. Wie bereits beim Man-dala kann diese Übung eine gute Zwischendurch-Zentrierung sein.

Ich weiß: Ob Mandala oder kalligrafischer Kreis, es klingt fast zu einfach, um das Malen dieser beiden Symbole als lebendiges Tool zur Balance- und Stillebahnung zu akzeptieren. Aber das kann es sein! Schon immer sind die einfachsten Wege der Innenschau die naheliegendsten gewesen.

Den Mandala-Effekt im Leben finden

Übertragen wir jetzt den Zentrierungseffekt noch weiter aufs reale Leben. Wann immer Sie in Ihrem Alltag das Gefühl haben, dass Sie Stille brauchen, zentrieren Sie sich anhand einer oder mehrerer Espresso-Techniken oder wenden Sie Ihren eigenen Geheimtipp an. Wodurch Sie letzten Endes Ihr Zentrum kontaktieren und Ihren mittigen Stillpunkt berühren, spielt keine primäre Rolle. Wichtig ist, dass Sie Ihre persönliche Präferenz kennen und dass es passiert.

Ich sage es mal so: Wenn Sie beim Zähneputzen, Kochen, Rosenschneiden, Arbeiten, Eisessen, Blumengießen, Fotografieren, beim Toilettengang, Mitternachtsyoga, Bungeespringen, Tiefseetauchen, Achterbahnfahren oder in der Warteschlange beim Aldi in Ihrer Mitte ankommen, weil Sie sich dabei auf sich besinnen, ja, warum denn nicht?

Und anders herum: Selbst wenn Sie den härtesten Meditationskurs bei einem Super-Guru buchen, das Meditationsretreat im Sechs-Sterne-Hotel belegen oder über zwanzig Jahre jeden Morgen pünktlich um vier Uhr auf Ihrem nepalesischen Meditationsschemel sitzen, muss das noch lange nicht bedeuten, dass Sie ein Gefühl für Ihr inneres Mittigsein kennenlernen. Ob durch anerkannte Techniken, standardisierte Methoden, kreative Meditationsimpulse oder scheinbar flüchtige, aber bewusst erlebte Augenblicke: Immer kommt es auf Ihre echte Zentrierungserfahrung an.

Empfänglich bleiben

Eine Sache halte ich für wichtig: Eben weil die innere Zentrierung auf unterschiedlichen Wegen eintreten kann, empfehle ich Ihnen, dass Sie sich so wach wie möglich für diese halten. Bleiben Sie offen! Bleiben Sie empfänglich dafür, dass sich Stille- und Zentrierungserfahrungen neu oder sogar vollkommen anders als erwartet „herausarbeiten" dürfen. Einmal abgesehen davon, dass wir hier bereits unterschiedliche Worte für ein und dieselbe Erfahrung verwenden, wissen Sie nicht, wodurch

Ihnen das Zentriertsein passieren kann und mit welchem Wort Sie dieses letzten Endes assoziieren.

Selbst wenn Sie über einige Meditationserfahrungen verfügen und sich für eine Insiderin halten, die Atemmeditationen seit Jahren praktizieren und meinen, die aktiven Meditationen schon in- und auswendig zu kennen, halten Sie sich dennoch offen für Neues! Innenschau ist eine konstante innere Expedition. Sie als Forscherin können nie wissen, was Sie an der nächsten Ecke erwarten wird.

Und das sage ich nicht nur aus der Tatsache heraus, dass es immer gut ist zu lernen und seinen inneren Horizont zu weiten. Im Zuge der femininen Innenschau hat das noch zwei weitere Vorteile: Indem Sie offen und empfänglich bleiben, bewahren Sie sich zum einen davor, den eingeengten Blick anzunehmen, den der maskuline Weg der Meditation oftmals erzeugt. Und darüber hinaus bringen Sie eine wunderbare meditative Qualität in die Welt, die durch den verbreiteten Aktivismus von der Bildfläche des Lebens und ja, aus dem Selbstempfinden der Menschen verschwunden ist, nämlich empfänglich zu sein. Stellen Sie sich einmal eine Welt vor, in der wir Dinge reifen und sich entwickeln lassen und für Optionen offen bleiben. Wie entspannt wäre das! Noch einmal: Halten Sie sich empfänglich für Neues und schätzen Sie dieses Empfänglichsein als inneres Juwel!

Bei Vollmond meditieren

Kommen wir jetzt noch ein letztes Mal auf den Kreis als Symbol für Zentrierung zurück. Es kommt nicht von ungefähr, dass sich insbesondere Frauen zum vollen Mondlicht hingezogen fühlen. Die meisten Frauen menstruieren bei Vollmond und haben, wenn sie aufmerksam sind, in diesen Nächten einen besonders guten Zugang zu ihrer Intuition.

Falls auch Sie dazu eine Affinität verspüren, kreisen Sie sich die Vollmondnächte im Kalender ein und nutzen Sie diese zur Meditation. Die Innenschau kann mit allen Techniken stattfinden, mit denen Sie sich wohlfühlen. Am wunderbarsten ist es, wenn Sie bei Vollmond im Freien meditieren, beispielsweise am Wasser, in dem sich der Mond spiegelt, auf dem Gipfel eines Berges oder auf einem Dachgarten, wo Sie dem Mond näher zu sein scheinen. Wenn Sie sich mit anderen Frauen oder einer Freundin zum Meditieren bei Vollmond treffen, kann das nicht nur eine erfüllende, sondern ein tiefe meditative Erfahrung sein.

Momente nutzen

Und schließlich ist es wieder Zeit für eine Frauenfreuden-Geschichte. Ja, auch Momente wie die folgende können Sie zum Anknüpfen an sich selbst nutzen. Wer sagt denn, dass Stillemomente nur durch superernstes Üben entsteht?

Frauenfreude unplugged: Die „Atombusen"-Story

Wann immer ich mich an diese Situation in einem Wiener Bekleidungsgeschäft erinnere, zaubert sie mir nicht nur ein Lächeln auf die Lippen, sondern passiert es, dass ich mich an diesen winzigen Moment erinnere, in dem es mucksmäuschenstill im Laden war.

Ich hatte mich gerade in ein Kleid verliebt, als eine Frau, die sich einen wilden Dutt auf dem Kopf zusammengesteckt hatte, das Geschäft betrat. Sie sah sich kurz um und rief der Verkäuferin, die an der Kasse im hinteren Bereich des Ladens mit etwas beschäftigt war, zu: „Hallo? Hallo!"

Die Verkäuferin schaute auf.

„Ich brauche ein schwarzes Oberteil mit Glitzer drauf!"

Die Verkäuferin trat hinter ihrer Theke hervor.

Die Frau weiter: „Mit langem Arm! Dreiviertel geht auch. Aber ich sag's gleich, ich hab einen Atombusen unter meiner Bluse versteckt."

Die Verkäuferin nickte.

„Wir finden schon was", sagte sie zuversichtlich. „Wenn Sie ihn nicht hier im Geschäft sprengen, ist das kein Problem."

Stille.

Die weißhaarige Kundin neben mir schaute mich fassungslos an. Genau in dem Moment, als sie die Stirn zu runzeln begann, rutschte ihr die Brille von der Nase. Klassischer gings nicht. Wie auf Knopfdruck prusteten wir los.

Flüssig leben

Ihr meditativer Lebensstil

Ich könnte noch weitere hundert Seiten darüber schreiben, wie Sie kleine, spontan ausgeführte Meditations-Espressos in Ihr Leben transferieren können. Aber das würde vielleicht sogar verhindern, dass Sie Ihren ganz persönlichen Zugang dazu finden. Viel wichtiger ist es, wenn Sie spüren können, worauf Sie achten sollten und worum es in Ihrem Inneren geht.

Das heißt aber nicht, dass die jetzt beginnende Phase eine weniger spannende ist. Im Folgenden möchte ich Sie nämlich damit vertraut machen, wie Sie die Meditation sogar zu einem integrativen Bestandteil Ihres Alltags, ja, zu Ihrem Lebensstil werden lassen können. Und das geschieht wiederum nahezu wie von selbst: Indem Sie meditative Praktiken, Übungen oder die Espresso-Explorationen immer mehr in Ihr Leben flößen, beeinflusst das schließlich Ihr gesamtes Selbstempfinden. Ihnen wird, so viel darf ich Ihnen voraussagen, immer bewusster, dass sich die Effekte Ihrer meditativen Explorationen in jeden noch so winzigen Erfahrungsbereich Ihres Lebens mischen. Je aufmerksamer Sie für sich sind, desto schneller werden Sie zu der Erkenntnis gelangen, dass Meditation Ihr gesamtes Leben ausnahmslos durchwebt.

Wasser hat viele Ausdrucksformen

Wenn ich von einem „meditativen Leben" schreibe, stellen sich die meisten Frauen ein stilles, monotones, nonnen- oder mönchhaftes Dasein vor, in dem alles in Ruhe, langsam und bedächtig vonstattengeht. Viele Frauen sehen sich, wenn ich davon spreche, mit vor dem Bauch gefalteten Händen dasitzen, während das Leben an ihnen unberührt vorbeizieht. Oder ganz anders: Im Zuge der sogenannten Mindfulness- oder Achtsamkeitsbewegung glauben nicht wenige Frauen, dass sie ihr Leben fortan ständig beobachten müssen und unentwegt dafür zu sorgen haben, dass sie im Moment ankommen.

Evelyn, die sich im ersten Ausbildungsjahr zur MBSR befindet, fühlt sich genauso im Nachdenken gefangen wie zuvor, nur dass es nun nicht mehr die Sorgen um ihre Gesundheit sind, die sie sich macht, sondern ihre Angst, den Moment zu verpassen.

Aber nein! Das alles hat mit einem meditativen Lebensstil nichts zu tun! Wenn Sie sich allein vor Augen halten, dass ich Ihnen bunte, verschiedenartigste Meditationstechniken vorgestellt habe, nämlich passive und aktive, bewegte und stille, ekstatische und feine, darf auch das meditative Leben in allen Farben und Variationen stattfinden.

Der feminine Weg des Wassers ist ja auch nicht nur ein geradlinig fließender. Wasser kann sprudeln, plätschern, quellen, gurgeln, Wellen schlagen, Stromschnellen erzeugen, Strudel bilden, gegen die Brandung schlagen oder als Wasserfall in die Schluchten donnern. Und ja: Genauso vielgestaltig wie die Wege des Wassers sind, so farbig darf auch Ihr meditatives Leben sein.

Meditativ-vital

Das Einzige, was Sie in diesem Kontext zu tun haben, ist, dass Sie den Begriff „meditativ" irgendwann geraderücken und seine Assoziation mit einer homogenen Stille, mit Rückzug und dem Zurücknehmen, mit Enthaltsamkeit oder dem Heiligsein kappen. Ja genau: Ein meditatives Leben beinhaltet beide Pole, das Herausgehen und das In-sich-Hineinbegeben; das Verlorengehen und das Zurückkommen; das Nach-außen-Schauen und die Introvision. Genauso wie ein meditatives Leben die Kunst des Weglassens bedient, umfasst es die Kunst der Fülle. Wie es mitunter auf die Minimalistik der Ebbe reduziert ist, zeigt es sich in seinem vollen Potenzial als Flut.

Insofern ist ein meditatives Leben überhaupt kein langweiliges oder lebloses Unterfangen. Im Gegenteil! Wenn sich meditatives Erleben, Bewusstwerdung und Femininität paaren, schwindet der gewohnheitsmäßige Einheitsbrei. Ein solches Leben lotet alle möglichen Pole aus und ist - wortwörtlich - mit allen Wassern gewaschen.

Sehen können

Doch bringt uns das Ganze wieder zur Realität der Frau in der Welt zurück, ja genau dorthin, wo wir losgegangen sind. Wenn die Frau sich in einer vorwiegend maskulin ausgerichteten Arbeits- und Lebenswelt behaupten möchte, wie soll sie dann dieses farbige und alle Pole auslotende, selbstreflektive, meditative Leben führen? Denn: Wie wir herausgearbeitet haben, bekommt es ihr weder gut, wenn sie sich zurückzieht und ihre Talente in der Nische lebt, noch zieht sie Vorteile daraus, wenn sie sich in Kampfstimmung versetzt und sich so ihren Platz in der gesellschaftlichen Hierarchie erboxt. Tatsächlich muss ihr Pfad irgendwo dazwischen liegen, ja, gewissermaßen in der Mitte entlangführen.

Wenn ich Sie hier zu einem meditativen wie auch femininen Lebensstil ermutige, stellt sich tatsächlich die Frage, wie dieser im realen Leben funktionieren soll. Lassen Sie mich dazu einige äußere und innere Aspekte nennen.

Der meditative Weg

Ein erster grundlegender Gesichtspunkt liegt darin, dass Sie sich zunächst bewusst machen, wo und wie Sie sich im Laufe Ihrer Lebensjahre eingerichtet und etabliert haben und welche Regeln in diesem Umfeld gelten.

Die größten Fallstricke liegen dort, wo sich die Frau unbewusst ist, wo sie entweder wie eine Marionette an den Seilen anderer hängt oder wie ein Blatt im Wind durch äußere Veränderungen hin und her gewirbelt wird. Ganz klar: Wenn Sie wissen, wie Ihre Realität aussieht, stellt Ihnen diese viel weniger ein Bein. Weder bringt es Sie emotional zu Fall, wenn Sie benachteiligt werden, noch zieht es Sie abgrundtief herunter, wenn Ihre Einsichten und Kenntnisse für andere keine Wertigkeit haben. Ich sage nicht, dass das gut und richtig ist und so bleiben sollte. Keinesfalls! Dennoch besteht der erste Schritt in der bewussten Offenlegung Ihrer Realität.

Noch einmal: Es macht einen Riesenunterschied, ob Sie eine Situation von einem zentrierten Standpunkt aus durchschauen oder ob Sie ihr ausgeliefert sind. Erst wenn Sie sich dessen bewusst werden und wirklich „durchsehen", können Sie entscheiden, wie Sie damit verfahren wollen.

Den Kampfgeist entfernen

Ein zweiter Punkt ist, dass Sie, wenn Sie in einem wettkampf- und leistungsorientierten Umfeld tätig sind, durchaus aktiv, passioniert, enthusiastisch, progressiv und auf einem hohen Energielevel arbeiten können. Es ist vollkommen okay, wenn Sie Erfolge feiern, Visionen, Pläne und Wünsche haben. Doch nehmen Sie aus all dem die Kampfesnote heraus! Legen Sie die kämpfende Haltung beiseite und ziehen Sie das offene oder auch unterschwellige Gewaltsamsein, jegliche Angriffslust oder Wettkampfgehabe ab.

Wenn Sie kampflos zu leben lernen, werden Sie staunen, wie viel Kraftzuwachs Ihnen das bringt. Und diesen verwenden Sie dann - dreimal dürfen Sie raten - für sich und für Ihre Innenschau.

Doch wie soll dieser innere Pazifismus funktionieren, wenn alle anderen um Sie herum kämpfen und Sie als Einzige unbeteiligt sind? Diese Frage stellte mir Annika, die als selbstständige Architektin pausenlos im Ringen um Aufträge ist.

Gute Frage, doch es geht.

Es geht, indem Sie Ihren Körper zu Hilfe nehmen.

Entspannen und zentrieren Sie sich im Einklang mit seinen Bedürfnissen. Und aus dieser Bündelung heraus handeln Sie „entspannt aktiv" oder „aktiv entspannt", je nachdem, wie Sie es nehmen möchten. Der Geist von „entspannter Aktivität" ist einer der wichtigsten Schlüssel, wenn ich mit Frauen in verantwortungsvollen Positionen oder extrem herausfordernden Berufen arbeite. Diese verstehen sofort den Unterschied zwischen angespanntem Kämpfen oder zentriertem wie bewusstem Operieren. Gerlinde sagte es einmal so: „Ich arbeite hochkonzentriert, doch ich lasse die Boxhandschuhe zu Hause am Haken."

Das alles geht freilich nicht über Nacht. Doch wenn Sie es mit dem Meditieren ernst meinen und sich in Ihre Selbstreflexion reinknien, werden Sie sehr schnell ein Gefühl für ein Agieren entwickeln, das - dem Weg des Wassers entsprechend - ohne Kampfgeist auskommt und dennoch kraftvoll ist. Wasser kämpft ja auch nicht. Selbst in seiner lebendigsten, wildesten Form findet es seinen Weg.

Für „mittigen Durchzug" sorgen

Lassen Sie mich Ihnen hier eine sehr simple Atemweise vorstellen, die Sie anwenden können, wenn Sie Zugriff auf Ihre Kräfte haben möchten und Sie auf die Boxhandschuhe und andere Kampfmittel verzichten wollen.

Luft holen an der Rezepte-Bar

Das Körperzentrum belüften

Spüren Sie Ihre Atmung und schalten Sie diese um: Atmen Sie durch den geöffneten Mund ein und aus und vertiefen Sie diese Atemweise. Lenken Sie Ihren Atem zuerst zu Ihrem Nabel und dann bis zu Ihrem

Beckenboden hinab, bis der Atem Ihren „Damm" zwischen Scheide und Darmausgang erreicht. Pusten Sie sich auf diese Weise so richtig durch.
Diese Atemweise können Sie immer einschalten, selbst dann, wenn Sie von Personen umgeben sind. Machen Sie dann einfach den Mund nicht so weit auf.

Wandlose Nischen finden

Kommen wir nach diesem kurzen Ausflug in die Zentrierungspraxis wieder zum meditativen Leben. Jetzt werden Sie vielleicht staunen, wenn ich Ihnen das Suchen von femininen Nischen empfehle. Damit meine ich aber nicht dieselben Nischen, die sich Frauen des Rückzugs halber geschaffen haben. Hier meine ich „wandlose" Nischen, in denen Sie den feminin-meditativen Lebensstil umsetzen können. Halten Sie Ausschau nach Tätigkeitsfeldern, Plattformen, Podien oder Terrains, auf denen Sie Ihre persönlichen wie femininen Werte repräsentiert sehen, wo diese willkommen sind und als ein Vorzug Anerkennung finden.

Für viele Frauen ist das auf beruflichem Gebiet der Gang in die Selbstständigkeit. Sie schaffen sich genau die Arbeitsbedingungen, die sie brauchen, um ihre Fähigkeiten auszuleben und dabei gesund zu bleiben. Doch wiederum muss das nicht automatisch so sein. Mitunter haben größere Unternehmen aufgrund ihres finanziellen Spielraums sogar mehr Schlupflöcher, in denen sie sich mit ihren Talenten verwirklichen können.

Während immer mehr Firmen unter anderem eine Abteilung oder eine verantwortliche Person für Mitarbeitergesundheit beschäftigen, in der Mittagspause Yogakurse anbieten, einmal pro Woche den Masseur bestellen oder After-Work-Events organisieren, mag es sein, dass dies in einem kleineren, aber überschaubarerem Rahmen nicht möglich ist. Ich kenne auch Firmen, die einen Extra-Meditationsraum für ihre Mitarbeiter eingerichtet haben. Deshalb: Nicht alles ist Gold, was glänzt, aber es muss auch nicht alles unpersönlich oder trist sein, was unpersönlich und trist wirkt. Ich animiere Frauen grundsätzlich dazu, hinter die Fassaden zu schauen, bevor sie etwas unterschreiben, Umständen wirklich auf den Zahn zu fühlen, immer mehr ihre meditative Messlatte anzulegen und sich sehr bewusst ihren Platz im Leben und Arbeiten zu wählen.

Umdisponierung

„Was tun?", fragte mich Ursula, die in der Chefetage eines Konzerns arbeitet, von einem Rudel maskuliner Männer umgeben ist und sich in diesem Umfeld wie ihren „Clematis auf der Terrasse beim Eingehen zusehen" kann. Sie hat durchschnittlich zwei Schwächeanfälle pro Jahr, einen zu Beginn ihres Sommerurlaubs und einen kurz vor Weihnachten. Sobald sie arbeitsfähig ist, fängt sie in ihrem Job wieder von vorn an. Was also tun?

Immer wenn mir Frauen von ähnlichen Situationen erzählen oder eine solche Frage stellen, gebe ich ihnen eine Aufgabe mit. Ich bitte sie herauszufinden, wie lange ein Fisch ohne Wasser auskommen kann. Ja, genau: Wie lange kann ein Fisch ohne sein Grundelement, das Wasser, existieren? Diese Frage gilt es als Erstes zu klären.

Die Antwort muss nicht unbedingt zu der Konsequenz führen, dass sie kündigen oder den Beruf aufgeben. Nein, nein! Aber es heißt, dass ein Mensch einen Nährboden braucht, auf dem er wachsen und gedeihen kann, genauso, wie ein Fisch Wasser haben muss. Und wie Sie sich diesen besorgen, müssen Sie in Ihrem konkreten Umfeld sehen. Keine Frau hat wie in Ursulas Fall etwas davon, wenn sie gemeinsam mit ihren Clematis zugrunde geht.

Deshalb: Falls Sie auf Unstimmigkeiten in Ihrem Umfeld aufmerksam werden, begeben Sie sich auf Nischensuche. Werden Sie auf Tätigkeitsfelder aufmerksam, wo Ihre femininen Potenziale wachsen dürfen und Sie sich in Bewusstheit üben können. Messen Sie die Stimmigkeit einer Option an den Bedürfnissen Ihres Körpers. Denn zur Erinnerung: Er ist derjenige, der als Wächter der Ganzheitlichkeit zufrieden sein muss.

Den Körper schmelzen lassen

Lassen Sie mich Ihnen jetzt eine Übungssequenz vorstellen, die Sie anwenden können, wenn Sie in einer Fisch-ohne-Wasser-Situation oder in einer „Clematis-Eingeh-Bedrohung" stecken. Die Sequenz eignet sich ebenfalls für diejenigen Momente, wenn sich Ihre Gedanken wieder einmal endlos abspulen, Sie sich auf maskulinem Terrain verloren haben, ins Kämpfen geraten sind und ja, wenn das Feminine in Ihnen außer Sicht- und Fühlweite geraten ist.

Carmen, eine Klientin, die ein Immobilienbüro leitet und, wie sie selbst sagt, den ganzen Tag über „der beste Mann im Hause" ist, wandte dies regelmäßig an. Ich erinnere mich an unser erstes Treffen. „Feminin?", fragte sie ungläubig. „Können Sie mir sagen, wie ich in diesem Rattenrennen das Feminine retten soll?"
Und ja, wir fanden etwas. Wenn Carmen abends im Bett liegt und ihr die vielen Meetings vom Tag durch den Kopf ziehen, klinkt sie sich bewusst aus diesen aus. Sie betritt im Geiste ihre persönliche Rezepte-Bar und

vertraut ihren Körper der „Körperschmelze" an. Dabei schläft sie ein und zumeist sogar fünf bis sechs Stunden durch. „Ich zerfließe wie Kräuterbutter auf einer Ofenkartoffel", sagt sie, „und das fühlt sich himmlisch an."
Doch diese Sequenz ist keine reine „Zu-Bett-Geh-Übung". Mit ein wenig Übung können Sie diese auch im Laufe des Tages zwischenschalten, idealerweise dann, wenn Sie sich kurz zurückziehen können.

Zerfließen an der Rezepte-Bar

Die Körperschmelze

Schmelzen von Fuß bis Kopf

Legen Sie sich bequem auf den Rücken oder sitzen Sie entspannt. Schließen Sie die Augen. Stellen Sie sich vor, wie es wäre, wenn Ihr Körper jetzt all seine Form aufgeben, schmelzen und sich verflüssigen dürfte. Beginnen Sie mit den Füßen und weiten Sie die Schmelze dann auf Ihre Unter- und Oberschenkel, Ihre Hüften und das gesamte Becken aus. Fahren Sie mit dem Oberkörper fort. Schließlich entledigen sich auch die Arme und Hände, der Hals und der Kopf ihrer Form und schmelzen dahin.

Das Verweilen und Wiederkommen

Zählen Sie im geschmolzenen Zustand langsam bis zwanzig und treten Sie danach die Rückreise an: Wenn Sie Ihren Körper jetzt wieder Form annehmen lassen, beginnen Sie an derjenigen Stelle des Kopfes, die Ihnen als Erstes spontan in den Sinn kommt. Gehen Sie beim Formgeben schrittweise von oben nach unten vor, bis Sie Ihre Füße wieder fühlen. Und hier ist Ihre Chance: Während Ihr Körper seine Form zurückerhält, haben Sie die Möglichkeit, ihn von Neuem und mit maximalem Wohlgefühl zusammenzufügen. Tun Sie dies mit größter Bewusstheit, ja genau, so achtsam, wie es geht.

Reflektieren Sie diese Übung in der **ME-TIME-LOUNGE.** Es könnte sein, dass diese Übung für Sie wie für Carmen zu einem Geheimtipp wird.

Frei und privat

Schließlich komme ich zu dem wichtigsten meditativ-femininen Bereich: Während ich mir bewusst bin, dass der gegenwärtige Arbeitsmarkt nur begrenzten Spielraum lässt und Sie sich dort vielleicht auch mit weniger idealen Bedingungen zufriedengeben müssen, sollten Sie jedoch in Ihrem Privatleben absolut freie Hand haben!

In Ihrem Privatleben können Sie sich alle Freiheit der Welt nehmen und Bedingungen dafür schaffen, ein durch und durch feminin-meditatives Leben mit Ihren ureigenen Prioritäten führen zu können. Auch wenn das nicht perfekt, einfach und von heute auf morgen umsetzbar ist, sitzen Sie hier ja am Hebel und haben Ihre innere Ausrichtung in der Hand. Das heißt, dass Sie sich nach Ihrem eigenen Ermessen entfalten und ausprobieren können. Wenn Sie von Menschen umgeben sind, die Sie anerkennen und lieben, wird das kein Problem sein. Im Gegenteil. Sie werden aufgrund ihrer zunehmenden Lebendigkeit und Balance sogar kniffelige Situationen oder Beziehungskisten kitten können. Ihr Privatleben ist Ihre meditative Übungsplattform Nummer eins!

Frauen meditieren anders

Während ich bisher mehr auf die äußeren Bedingungen eingegangen bin, die ein bewusster wie meditativer Lebensstil braucht, rührt dieser natürlich daher, dass Sie sich Ihrem veränderten Selbstbild entsprechend einrichten möchten. Und das wiederum basiert auf der Tatsache, dass Sie sich, wenn Sie meditieren, in Ihrem Inneren als zunehmend still erleben und immer sichereren Zugang zu einem wortlosen Bereich Ihres Organismus haben. Sie erfahren immer mehr Stille in sich, ganz unabhängig davon, wie aktiv oder passiv Sie sind. Und dieses Stillerwerden erhöht sich noch einmal mehr, wenn Sie sich mit Ihren femininen Qualitäten vereinen. Insofern kommen wir da an, wo wir losgegangen sind. Frauen meditieren anders. Ja. Und sie meditieren vor allem dann anders, wenn sie mit ihren femininen Qualitäten verbunden sind.

Dann nämlich tritt eine immense Erweiterung ihrer Stilleerfahrungen in Kraft. Ganz gleich, ob es sich um die feminine Fähigkeit des Fließens, des Sich-Hingebens oder Vertrauens, des Passiv- und Empfänglichseins, des Fühlens oder der Intuition dreht: Insbesondere diese typisch weiblichen Fähigkeiten sind gewissermaßen aus ein und demselben „Stoff" gemacht, aus einem, der auf Begriffe und Worte durchaus verzichten kann. Was gibt es schon zu sagen, wenn eine Frau vertraut? Was gibt es zu kommentieren, wenn sie sich hingibt? Was gibt es zu urteilen, wenn sie sich fühlt, etwas spürt und spürend versteht? Richtig! Es gibt nichts dazu zu sagen. Sie lebt es einfach. Sie ist.

Ohne Worte

In diesem Kontext fällt mir eine winzig kleine, aber wirkungsvolle Anregung ein, die ich in Oshos „Buch der Geheimnisse" gefunden habe. Diese lehrte mich, was es für eine wundersame Sache ist, wenn ich das Außen kommentarlos stehen lassen kann, um seine Essenz voll zu erfassen. Schauen Sie einmal auf der nächsten Seite, ob Sie dieses knappe Tool ebenso mögen, das ich hier in meine eigenen Worte gekleidet habe.

Neutralität an der Rezepte-Bar

Die Nichtbenenn-Übung!

Was auch immer Sie mit Ihren Sinnen aufnehmen, lassen Sie es unkommentiert stehen: Nehmen Sie beispielsweise den Duft einer Blüte wahr, das Gezwitscher eines Vogels, den Geschmack einer Praline, den Klang von Musik oder das Klopfen der Regentropfen auf dem Dach. Doch! Doch belassen Sie es bei der bloßen Wahrnehmung dessen. Halten Sie Ihren Geist an, noch bevor er Sie zum Kommentieren animiert und Sie „Mmm!", „Lecker!", „Toll!", „Irre!" oder „Oh, ist das schön!" sagen lässt. Saugen Sie auf diese Weise die Essenz des Erlebens vollständig und ohne Ablenkung in sich hinein.

Allein sein

Und ja: Schaffen Sie sich in Ihrem Leben unbedingt Zeiten, in denen Sie still, wortlos und mit sich allein sein können. Natürlich gibt es auch Frauen, die zu häufig allein sind, zurückgezogen leben und eher nach Gesellschaft suchen sollten. Doch diese Situation meine ich hier nicht. Ich gehe hier davon aus, dass Zeit, in der Sie mit sich allein sind, rar ist. Und dieser Vorschlag kommt nicht von ungefähr.

Eine groß angelegte europaweite Studie zum Wohlbefinden der Menschen zeigte zur Überraschung ihrer Initiatoren, dass sich gestresste oder beanspruchte Menschen bei denjenigen Tätigkeiten am meisten erholen, die sie allein mit sich erleben, und nicht, wie man es antizipiert hatte, bei Aktivitäten in Familien oder Gemeinschaften tun. Aus meiner Sicht ist das absolut verständlich. Denn in unserer impulsverdichteten, informationslastigen Zeit kommunizieren wir unentwegt. Und selbst dann, wenn wir es nicht verbalisieren, denken wir intern kommunizierend nach. Insbesondere Frauen mit ihrer Überbetonung des Außen - Stichwort Energietorte - sind prädestiniert dafür.

Tatsächlich verleiht uns die Stille in uns am meisten Kraft. Deshalb noch einmal: Schaffen Sie sich bewusst Ihre Stillephasen, in denen Sie mit sich allein sind. Und wenn das schwierig sein sollte, nutzen Sie die Nicht-benenn-Übung dafür. Diese ist der winzigste, kondensierteste Stillepunkt, den Sie sich geben können. Und ja. Vielleicht lassen Sie Ihre **ME-TIME-LOUNGE** auch über das Lesen des Buches hinaus geöffnet. Auch das kann ein Ruhepunkt für Sie sein.

Auf den Weg des Wassers vertrauen

Und schließlich fügt sich alles zusammen: Wenn Sie sich einem meditativen Lebensstil verschreiben, weil er sich für Sie durch und durch richtig, intelligent oder einfach nur gut anfühlt, werden Sie darin alle denkbaren Aspekte des Lebens wiederfinden, die dem femininen Element des Wassers gleichen. Und mit diesem schwimmen Sie mit: Wenn Ihr Leben fließt, fließen Sie ebenso. Wenn Ihr Leben sprudelt, dann sprudeln Sie auch. Wenn es rauscht, dann rauschen Sie. Wenn es überläuft, laufen Sie über. Wenn die Ebbe da ist, lassen Sie Ebbe da sein. Und wenn es still bleibt wie ein See, erlauben Sie auch das. Welche Gestalt es auch immer annimmt, bleiben Sie mit ihm in Harmonie. Lassen Sie Ihr Leben wie das Wasser immer unzerteilt sein, flüssig und in diesem Sinne „ganz". So ganz wie Ihr natürliches Erleben als Frau.

Diese Sinnbilder sind beiweitem keine bloßen literarischen Konstruktionen. Da Ihr Körper zu einem Großteil aus Wasser besteht, entsprechen diese auch Ihrem Inneren. Sicherlich fühlen Sie ad hoc, wenn Ihr Körper im Fluss ist, Sie sich „flüssig" fühlen oder bewegen, Ihr Blutkreislauf in Wallung kommt, sie schwitzen oder weinen oder es in Ihrem Verdauungssystem rauscht oder gluckst.

Auf alle Fälle wissen Sie, ob in Ihnen Energie fließt, Ihre Energietanks leer oder vollgefüllt sind, oder ganz simpel, wenn Sie Durst haben oder es Sie nach etwas dürstet.

Weil der gelebte Weg des Wassers viele Formen hat, kann ich nur eines sagen: Lassen Sie sich von seiner Flüssigkeit inspirieren. Bleiben und leben Sie flüssig. Stellen Sie sich nie gegen den Strom.

Begeben Sie sich nun noch einmal an die Rezepte-Bar und lernen Sie die beiden Wellen des Vertrauens kennen.

Zwei Wellen des Vertrauens an Ihrer Rezepte-Bar

Umspült werden

Schließen Sie Ihre Augen und entspannen Sie sich. Verbinden Sie sich mit der Imagination, dass Sie am Strand liegen und zwar genau dort, wo die Wellen ankommen, wieder umkehren und sich ins Meer zurückziehen. Stellen Sie sich vor, wie Sie sich fühlen, wenn eine sanfte Welle des Vertrauens Sie langsam umspült. Nachdem Sie von dieser geradeso vereinnahmt werden, zieht sie sich auch schon wieder zurück, bis die nächste Welle Sie erreicht. Jede Welle tränkt die Zellen Ihres Körpers mit Vertrauen und dringt nach und nach bis zu Ihrem gefühlten Zentrum vor. Machen Sie sich bewusst, dass diese Welle eine unendliche ist. Sie erreicht Sie, wo immer Sie sind.

Umspülen

Und jetzt nimmt die Welle die genau entgegengesetzte Richtung an. Stellen Sie sich vor, dass Ihre innere Mitte, die Sie schon viele Male geortet haben, die Quelle der besagten Vertrauenswoge ist. Im Rhythmus Ihres Atems fließt aus Ihrem Zentrum jeweils eine Welle des Vertrauens aus Ihnen hinaus. Das Wasser sucht sich seinen Weg von ganz allein. Es verteilt sich überall dort, wo es willkommen ist.

Literaturverzeichnis

Ankerson, Wiebke; Berg Christian: Schlusslicht Deutschland. AllBright Bericht. Berlin, Mai 2018.

Biron, Michal; De Reuver, Renee; Toker, Sharon: All employees are equal, but some are more equal than others: dominance, agreeableness, and status inconsistency among men and women. European Journal of Work and Organizational Psychology, 2015; 25 (3): 430 DOI: 10.1080/1359432X.2015.1111338.

Davidson, Richard; Begley, Sharon: The Emotional Life of Your Brain. Penguin Books, London, 2012.

Feldenkrais, Moshe: Bewusstheit durch Bewegung. Suhrkamp-Verlag, 1996.

Feldenkrais, Moshe: Das starke Selbst. Suhrkamp-Verlag, 2005.

Hanna, Thomas: Das Geheimnis gesunder Bewegung. Wesen & Wirkung - Funktionaler Integration. Junfermann Verlag, Paderborn, 1994.

Hanson, Rick: Hardwiring Happyness: The New Brain Science of contentment, calm and confidence. Rider, London, 2013.

Hanson, Rick: Understanding Neuroplasticity. YouTube video, 2011.

Huffington, Ariana: Thrive. Harmony Books, New York, 2014.

Kabat-Zinn, Jon: Gesund durch Meditation. Droemer-Knaur, 2013.

Osho: Das Buch der Geheimnisse. 112 Meditations-Techniken zur Entdeckung der inneren Wahrheit. Goldmann Arkana 2009.

Osho: Das Orangene Buch, Die Meditationstechniken für das 21. Jahrhundert., Innenwelt Verlag, 2011

Schmidt, Jörg; Stettes, Oliver: IW-Report. Empirische Befunde auf Basis des IW-Personalpanels 2017. Köln, April 2018.

Soutschek, Alexander; Burke, Christopher J.; Beharelle, Anjali Raja; Schreiber, Robert; Weber, Susanna C.; Karipidis, Iliana I.; Ten Velden, Jolien; Weber, Bernd; Haker, Helene; Kalenscher, Tobias; Tobler, Philippe N.: The dopaminergic reward system underpins gender differences in social preferences. Nature Human Behaviour, 2017; DOI: 10.1038/s41562-017-0226-y.

Technische Universität München: Women do not apply to 'male-sounding' job postings. In: ScienceDaily, 3. April 2014.

Trager, Milton; Guadogno Hammond, Cathy: Meditation und Bewegung. Trager Mentastics. Heine Verlag, 2000.

University of Michigan. "Women's preference for smaller competition may account for inequality." ScienceDaily. In: ScienceDaily, 12. Mai 2016.

Weizmann Institute of Science: Stress affects males and females differently. In: ScienceDaily, 26.May 2016.

Wessel, J. L.; Hagiwara, N.; Ryan, A. M.; Kermond, C. M. Y.: Should Women Applicants "Man Up" for Traditionally Masculine Fields? Effectiveness of Two Verbal Identity Management Strategies. Psychology of Women Quarterly, 2014; DOI: 10.1177/0361684314543265.

Zarulli, Virginia; Barthold Jones, Julia A.; Oksuzyan, Anna; Lindahl-Jacobsen, Rune; Christensen, Kaare; Vaupel, James W.: Women live longer than men even during severe famines and epidemics. Proceedings of the National Academy of Sciences, 2018; 201701535 DOI: 10.1073/pnas.1701535115.